本书是 2013 年度教育部人文社会科学研究规划基金项目
《人格权及其救济制度研究》 的最终成果
课题项目批准号：13YJA820059

尹志强◎著

RENGEQUAN JIQI JIUJI
ZHIDU YANJIU

人格权及其救济制度研究

中国政法大学出版社

图书在版编目（ＣＩＰ）数据

人格权及其救济制度研究/尹志强著.—北京：中国政法大学出版社，
2019.12
　　ISBN 978-7-5620-9376-3

　　Ⅰ.①人…　Ⅱ.①尹…　Ⅲ.①人格—权利—法学—研究—中国　②社会
救济—福利制度—研究—中国　Ⅳ.①D923.14　②D632.1

　　中国版本图书馆CIP数据核字(2019)第283901号

出 版 者　中国政法大学出版社
地　　址　北京市海淀区西土城路 25 号
邮　　箱　fadapress@163.com
网　　址　http://www.cuplpress.com（网络实名：中国政法大学出版社）
电　　话　010-58908435(第一编辑部)　58908334(邮购部)
承　　印　固安华明印业有限公司
开　　本　880mm×1230mm　1/32
印　　张　10
字　　数　269 千字
版　　次　2019 年 12 月第 1 版
印　　次　2019 年 12 月第 1 次印刷
定　　价　43.00 元

目录

导　论

　　早期天赋人权说认为：权利不外乎人格或意思自由，他们都发端于人类自己所有的思想，从而使人身权与财产权在两方面达到同构。天赋人权说还认为，所有权是人格的延伸，所有权之上负载人性，因此，财产权始终不能与广义的人权分离开。根据法国早期的民法理论，人所拥有的全部财产（广义财产）是人格的表现，体现了人格与外部事物的联系，与人格共生共灭，因此"无财产就无人格"，也就能够得出"对所有权的保护就是对人的保护"[1]的结论。在我国制定民法典的过程中，有关人格权制度的讨论集中于人格权法的地位、人格权的类型以及人格权的保护三方面，三部分内容既可统一对待又可分别论述。关于人格权法的地位，涉及民法典的体系和结构，属于独立研究课题；关于人格权的类型，因主题需要，也有必要进行适度的论述；本课题虽然也会涉及人格权法的地位，但主要还是围绕人格权的类型和人格权的救济制度展开讨论。

　　首先，围绕着民法典的制定工作，民法学界在对债权编还是合同编、物权编的具体内容以及知识产权的地位等问题研究讨论的同时，也热烈讨论了人格权这一热门话题。尤其是进入 21 世纪后，人格权方面的讨论和成果俯首即拾，有时甚至超出了民法范围。但是，由于认识上的差异，关于人格权在民法典中的地位，学者之间有截然不同的观点，而且即便立法部门明确要将人格权独立成编，

----

〔1〕　李永军："私法中的人文主义及其衰落"，载《中国法学》2002 年第 4 期。

理论界的反对声仍未有大量地减少；而对人格权的救济制度应完全置于侵权责任编还是分立于人格权编和侵权责任编，理论界也有不同意见。其次，我国目前有关人格权的救济制度，立法与司法解释的规定冲突频出，民法实务中类似案件的判决结果差异巨大，在同一地区内由于城镇居民与农村居民身份的不同，死亡赔偿金数额可以相差近百万。这些问题促使理论界必须找出解决办法，或者给出令人信服的合理解释。最后，随着现代科技的不断进步，人们在享受到其所带来的方便、快捷利益的同时，也面临着权利被侵害的巨大风险，个人信息被非法披露、利用的现象屡见不鲜，而学者对此类问题的讨论也还没有形成统一的观点。所以随着民事立法工作的深入进行，有关人格权的基本理论问题和司法救济问题成为急迫需要解决的任务。

人格权制度是有关人的生命、健康、姓名、肖像、名誉、隐私等人格利益的确认和保护的法律制度。从民事权利体系角度分析，人格权是民事权利中最基本的、最重要的一项民事权利，因为人格权是直接与权利者的存在和发展相联系的。对人格权的侵害就是对权利者自身的侵害[1]，所以，人格权之保护是现代法律的基本任务，所谓"无救济无权利"，但权利是否能够获得救济以及获得何种救济，不仅是判断权利安全性的指标，更是法律完善以及法律在多大程度上被尊重的标识。只是在传统大陆法系国家，以法国和德国为代表的近代民法典中有关人格或人格权方面的规定内容简约，虽然不能就此得出相关国家对人格权不重视的结论，但毕竟可供法院适用的规范有限，"对自然人的规范过于简单，因此没有涉及一些重要的人格权"[2]，以至于不得不通过法官造法的方式解决实际生活中的人格权救济问题，并最终通过修改法律加强对人格权的保护。就我们熟悉的几个国家看，直到 20 世纪后半期各国的人格权

---

〔1〕 谢怀栻："论民事权利体系"，载《法学研究》1996 年第 2 期。
〔2〕 ［德］迪特尔·梅迪库斯：《德国民法总论》，邵建东译，法律出版社 2000 年版，第 778 页。

保护才得到显著加强。理论上认为是第二次世界大战中，人们在经历了一个人权遭遇无视的时代后，开始反省法律不足的结果，同时，也因为这一时期媒体及科技的发展使人格权明显变得更加容易受到侵害，损害结果也被进一步扩大。[1]

　　《法国民法典》虽然设置了人法编，但基本未就人格权给予明确规定，在 20 世纪 70 年代和 90 年代有关人法的两次修订中，不得不增加人格权内容；《德国民法典》对于人格权的规定与法国明显不同，在总则部分规定了姓名权，其他人格权则是在"侵权行为"中通过法益方式给予确认和救济，肖像权则是在著作权法中给予救济。实际生活中大量的人格权确认及其救济是通过法官的创造性司法裁判活动实现的，最著名的如一般人格权的创设和保护。为加强对人格权的救济，德国在 2002 年《关于修改损害赔偿规定第二法（Das Zweite Gesetz zur Änderung schadensersatzrechtlicher Vorschriften）》中扩大了其非财产损害赔偿的适用范围；《日本民法典》继承了德国法的模式，但同样因为对人格权制度规范的简约，直到第二次世界大战后，才在民法中增加了对人格尊严和两性平等内容的保护制度。新近制定的民法典中，被我国学者广泛讨论的《埃塞俄比亚民法典》《越南民法典》对于人格权的规定是比较完善的，既有确权性规定，又有专门的救济性规范；而据徐国栋教授的考察，对人格权的规定，最有特点的是《乌克兰民法典》，其将人格权独立成编的做法是具有开创性意义的。[2]

　　在现代社会，科技发展迅猛，人格权受到威胁的风险越来越大，人们权利意识的不断增强，更唤起个人对人格权的自觉和社会对个人人格的重视。就民法的发展历史考察，人格权属于新生权利，在当今法律制度中，人格权是民法中新的增长点，不仅人格权

---

　　〔1〕　〔日〕五十岚清：《人格权法》，〔日〕铃木贤、葛敏译，北京大学出版社 2009 年版，第 1~2 页。

　　〔2〕　当然，也有著名学者对此有特别的看法，认为其将人格权独立成编本身是为加入欧盟而展现的在人权问题上的进步，并非为加强对人格权的保护。

的类型在逐渐增多，权利内容也在不断丰富，如人格权中的经济利益逐渐被各国法律所重视。在立法中，对人格权的规范必须充分反映其在民法中的地位，大陆法国家传统模式的不足促使各国被迫修订其人格权法部分，此点应对我国有重要启示。

在制定我国民法典的过程中，对人格权的地位、具体人格权的类型以及人格权的保护等根本问题争论得最为激烈。立法机关在人格权法是否独立成编这一问题上并不确定，理论界更是观点不一，甚至有些观点针锋相对，例如：由三位著名的学者主持的民法典学者建议稿观点就是不同甚至是相反的。现在虽然《人格权编》的独立在立法上逐渐明朗，但理论上的争论并未消弭。关于人格权的类型问题，学者的建议更是丰富。而有关人格权救济制度中存在的问题其实与人格权的地位和人格权的类型是密切联系的，理论上争论的问题大多也没有形成统一意见；现行的法律规定中，有关精神损害赔偿的范围、生命权救济中的平等等问题已经引起全社会的讨论，特别是被媒体普遍诟病的所谓"同命不同价"问题，已经引申为更深层的讨论。《侵权责任法》出台后，因其第2条对人格权规定的范围，以及第16条、第17条、第22条对人身损害和精神损害规定的不足而广受批评。为此，在理论上对人格权救济制度进行充分研究，厘清人格权、精神损害及其赔偿等概念的基本含义，阐明人格权救济的完整体系，以建立我国科学、完善的人格权救济制度，是民法学人的当然任务。

第一章　人格 人格权和人格权法

为明确研究对象，对于人格的概念、人格权的类型及人格权法的地位要进行必要的探讨。"人格"是一个多学科使用并不断发展的概念，具有抽象性。法学上的"人格"最初主要在身份意义上使用，体现人的主体地位，即所谓法律人格，德国法称之为权利（法律）能力。而人格权中的"人格"是在更广泛意义上使用的概念，即表露在事实层面上的人之作为一个人所必须具备的要素，即通常所谓的"人格利益"，属于权利客体内容。在此意义上的人格可以称其为事实人格，具体包括民事主体的生理活动能力的安全、人身自由、主体人身专有标识的安全、获得良好的社会评价、个人尊严、个人生活秘密等，即应受法律保护的人格利益。从人格权法的发展趋势分析，我国未来的民法典应当采用既规定具体人格权又规定一般人格权的模式。基于人格权本身的特性所决定，这种模式的前提是反对人格权法定。应明确一般人格权是"框架权利"，在具体人格权中应只规定体现基本利益、为人们普遍接受的权利类型。

有关人格权法的地位问题，我们基本同意人格权法独立成编，其内容是确定人格权的基本类型、人格权的形式规则等，理由是人格权与主体资格之间的差异，使人格权具有独立的功能；国外的实践证明，仅"委身"于侵权法，人格权无法发挥其全部效力。同时我们认为人格权法与侵权法的协调是需再深入研讨的问题。

第一节　人格的含义

一、人格的语源及含义

（一）人格的语源

人格，作为多门类社会科学研究的对象，在不同的语境下，因研究的角度不同、侧重的研究价值不同，表现形式自然也会有所区别，在概念表达上并不完全相同。在哲学意义上，人格是人之所以为人而区别于物的独特品性，或者是指人在世界上的规定性；在社会伦理学意义上，人格是个人的尊严、价值和道德品质的总和，即"人之特质与品格也"；在心理学意义上，人格是指外界对个体自我产生的各种影响，或者体现为个体针对外在环境所表现出的各种特征。人格即个性[1]。我国有学者认为，非法学领域的人格具有三种含义：一指作为社会文化意义的人的资格。它是人的本性内核，表明人是一个精神的存、价值的存在、意义的存在，而不是一个物理的和生物的存在，还反映出人与自我的关系，即人是目的，不是手段，更非客体。二指人的作为主体的能力、素质和才能。因为作为社会文化意义的人，需有自我决定、自我意识和自我支配等自治的能力；而生物意义上的人与其他动物一样，由于缺乏这种能力，被动受制于自然。人从生物意义上的人演进到社会文化意义的人的过程，就是这种能力不断培养和增强的过程，借此能力，人方才成为社会文化意义的人，资格还需要基于各种能力去实现。三尤指向具体的人的品格和特点的整体，以及人与他人和环境的适应性。因为人作为主体是唯一的、不可混淆的和不可替代的，每个人凭借其品格和特点与他人区别开来并影响到他人，通常所讲的个人人格魅

---

[1]　罗竹凤主编：《汉语大辞典》，上海辞书出版社 1986 年版，第 344 页。

力便指此。[1] 其实，法学上尤其私法上的人格对于上述三种含义都有体现，并且随着社会的发展和进步而被赋予新的含义，这不仅表现在法学中对于人格人与自然人之间的区别上，也表现在人格的主体性要素，如权利能力、行为能力及责任能力的具备体现的是一个自然人作为民事主体的完整资格。当然，作为客体内容的人格利益上的人格是在20世纪中期才被私法逐渐重视起来的。

从语源上讲，人格的英文词语为 Personality，德语为 Persönlichkeit，法语为 Personalité。这三种语言中的 Person 也可作人格来理解，它还有与生物意义上的人（拉丁语为 Homo）相对的社会文化意义上的人的含义。当人们在社会文化意义上用 Person 指称人时，这个人是有社会文化身份的，所以，人们常将 Person 追溯到拉丁语 Persona，它指戏剧面具和戏剧角色，或演员面具和演员角色。对 Persona 的身份含义进行抽象，人们便把 Person 当作人格即作为社会文化意义的人的资格来理解。[2] 演员在戏剧中戴不同的面具饰演不同身份的人物，由此，源于面具的"人格"就此引申出多种含义：外表的样子、演员在戏剧中充当的人物的性格或角色、一个具有优异的品质的人、声望和尊严，在古罗马还被用来表示"自由的公民"。也就是说，彼时的人格与身份密切联系，而不是如同现在人们对人格（权）与身份（权）这样泾渭分明。

在德国学者汉斯·哈腾鲍尔看来，"人格"这一概念是18世纪末期创造出来的。正如许多法律上的概念是从启蒙时代的思想中突然冒出来的一样，人格这一概念突然间挂在了许多人的嘴边。在那个时代里，人们不说"自然人格"而只是倡导"人格"。但是，人格并不是每个人都能够因为自己的自然人肉身而获得赋予的。因此"人格"这一称谓在当时实际上成了一种名誉头衔，这和"人"这

---

〔1〕 郑永流："人格、人格的权利化和人格权的制定法设置"，载《法哲学与法社会学论丛》，北京大学出版社2005年版。

〔2〕 郑永流："人格、人格的权利化和人格权的制定法设置"，载《法哲学与法社会学论丛》，北京大学出版社2005年版。

一概念所表达的意思有巨大的区别。"人格"这一名词不同寻常的发展过程说明，它原来并不是法律上的概念，而是伦理中的概念，是康德把这一概念引入到哲学中的。在康德的观点中，人和人格的概念是同时出现的。从他的表述看，人是法律上的概念，人格却是习惯上的概念，表明人应该具备发展自己的自由能力。这种解释的结果造成了这一概念到处套用的情况。为了弄清楚"人格"这一伦理上的概念在法学上的含义，法学家们又花费了数十年时间，但是他们想把"人格"这个时髦名词确定为法学概念的努力还是没有收获成功。大约在康德的"人格理论"统治法学界80多年之后，1866年格奥尔格·卡尔·纽内尔（Georg Carl Neuner，1815~1882）的著作《私法法律关系的性质以及种类》出版后才有了改变。在人的理论发展历史背景下，纽内尔提出了"人格的权利"这一概念。但此概念与"人格权（Persönlichkeitsrecht）"一词还是有所不同的，而且它仅仅被当成一个只具有政治含义的宪法上的概念[1]，往往同"人的权利（Personenrecht）"一词混淆使用[2]，即使有的法学家意识到了人格权在民法领域的意义和特殊性，也往往只是将它与智力成果中所包含的人格利益联系在一起[3]。对这一新的权利的内容，纽内尔继承了康德的观点："对于人格的权利我们的理解是：这是一种人能够自己确定自己的目的、并且能够按照确定的目的发展自己的权利。"[4]

我国有学者认为：在汉语中，作为英文词 Personality 意译的

〔1〕 Neuner, Georg Carl, Wesen und Art der Privatrechtsverhältnisse（1866），S. 15；vgl. auch Hattenhauer, Hans, Person-Zur Geschichte eines Begriffs, JuS 1982（S. 405-411），S. 409.

〔2〕 Z. B. Hölder, Eduard, Natürliche und Juristische Personen（1905），S. 1.

〔3〕 v. Girke, Otto, Deutsches Privatrecht, Bd. I（1895），S. 702 ff; Gareis, Karl, Das juristische Wesen der Autorrechte sowie des Firmen- und Markenschutzes, Buschs Archiv 1877, S. 185 ff.

〔4〕 ［德］汉斯·哈腾鲍尔："民法上的人"，孙宪忠译，载《环球法律评论》2001年第4期。

"人格"是近代资产阶级法学家在宣传大陆法系的法学理论过程中，从日文中引入的。[1] 不管怎样，汉语中的"人格"作为外来语，在不同学科中含义并不完全相同，即便在法学领域，在不同制度中其含义也非一致。

（二）人格与身份

人格与身份的关系在历史上是一个变化的过程。从法学上的人格发展过程看，最初的人格实质上是一种身份，彼时，并非所有生物意义上的人都具有人格，不同的人通过具有不同的人格而区别其身份。比如罗马法中，一个完全的民事主体必须具备"自由权、市民权和家族权"，丧失任何一项即构成人格减等，丧失家族权谓人格小减等，而丧失市民权谓人格大减等，丧失自由权即沦为奴隶，不再具有人格。可见，罗马法中的人格具有强烈的身份性，是划分社会阶层的工具，在私法方面又发挥着确定交易主体的功能。所以，有学者认为罗马法上的"人格"概念具有"公私法兼容、人格与身份并列、财产关系和人身关系合为一体"的性质。[2] 这种现象随着法国革命的胜利，随着"所有法国人都享有民事权利"的观念在法律上的确立而被抛弃。到德国民法典时，民事主体的人格则由"权利能力"所代替。当然，作为身份意义的人格，与现代人格权之人格是不同的。

传统民法意义上的身份及身份权只发生在亲属之间，如配偶权、亲权、亲属权等。我国理论上对身份权的研究是不够的，很多人认为荣誉权、婚姻自主权、知识产权中的署名权等本质上体现人格尊严的权利为身份权等，有学者甚至认为不宜再使用"身份权"一词。[3] 我认为反映主体地位意义的人格与身份含义密切联系，而人格权中的人格在受到侵害后的救济制度中，身份具有重要意

---

〔1〕 王利明主编：《人格权法新论》，吉林人民出版社 1994 年版，第 2 页。

〔2〕 姚辉："人格权的研究"，载杨与龄主编《民法总则争议问题研究》，台湾五南图书出版公司 1998 年版。

〔3〕 谢怀栻："论民事权利体系"，载《法学研究》1996 年第 2 期。

义，是确定赔偿权利人的重要依据，因此在总体上还是应该区别人格与身份。

（三）人格与财产

虽然人格与财产的关系经历了不断变化的发展过程，但人格与财产的关系并不像人们想象得那么遥远。按照耶林的说法："物与我结成密切关系并非偶然，并且是基于我的意思，我通过使之成为我之物，而给他打上我人格的烙印，因此有人侵害之就是侵害我的人格，谁若殴打含于其中的我自身——所有权无非是扩展到物之上的我的人格而已。"[1] 在人格与身份混同的时代，身份的拥有同样意味着对财产的拥有，古代的继承即是身份继承（如我国的宗祧继承）。近代法上的人格，是一种包含人的全部基本生存条件，能够使人成其为人的一般法律地位。这种法律地位的确定，不仅要求人具有精神条件（自由、安全、尊严），也必须包含生存的物质条件。民事主体的财产实际上是其劳动的结晶，在其财产上包含了主体的感情，体现了其人格，因此对人财产毁损本质上是对财产所有人的不尊重，如同"穷国无国格"一样，在某种特定意义上说，没有财产的人没有人格。财产神圣的背后是人格神圣，权利的不可侵犯性本质上是人格的不可侵犯性。

在法律地位平等的现代社会，人们的基本法律观念是人格平等，但这里的人格平等仅仅指作为民事法律关系的主体地位平等，此种平等不能当然表现为在实际生活中，每个人的精神世界以及与其他人对自己的评价的相同，在财产法上人们之间的差异是被允许的。虽然在法律制度的设计上，人格权与财产权是分别规范的，但无法否认的是财产对人格尊严的影响。尹田教授曾撰文专门讨论人格与财产的关系问题，也认为"无财产即无人格"这一观点承受了很多批评，因为传统理论坚持认为"人格权不以一定的财产利益为

---

[1] [德] 耶林："为权利而斗争"，胡海宝译，载梁慧星主编：《民商法论丛第2卷——谢怀栻先生从事民法五十周年特辑》，法律出版社1994年版，第31~32页。

内容，人格权的客体即人格利益，既无法直接表现为等价的商品，也不能作为财产加以消耗、分割或转让。"[1] 我们不认为人格与财产是可以绝对分开的两种利益。一方面，正常情况下，每个人的财产都是其付出心血后得来的，财产上也都包含有自己的意志，他人对你财产的不尊重，也是对你人格的不尊重，他人对你财产的毁损，你也会感到痛苦、沮丧、愤怒，也会产生精神损害（也正因此，我们赞同针对财产的侵害，受害人有权提出精神损害赔偿）。另一方面，随着商品经济的无孔不入的发展，人格的商业利用问题越来越被人们重视，人格中的某些特征具有财产转化特性，如姓名、肖像等被广泛运用。人们普遍开始重视人格权（尤其是姓名权和肖像权）中蕴含的财产利益，人格权客体的人格要素在人们尚未认识到其可带来丰厚的经济利益时，法律认为其为非财产权，其判断尚属符合实际，可面对当代人（特别是某些公众人物）能够支配利用自己的人格要素，获得重大经济利益的现象出现时，仍然坚持人格权只具有非财产特征，确已不符合社会发展的现实。[2]

人格权被侵害时对于当事人财产利益造成的损失也越来越严重，促使司法实践中对人格权的财产救济手段也被越来越普遍的适用。

二、人格在法律上的含义

人格在法律上也具有多重意义，以至于有学者认为"人格是法律上一个最抽象的概念"[3]。在民法上，学者们认为人格主要具有下列含义：

1. 人格是指具有独立法律地位的权利主体

具有独立法律地位的权利主体主要包括自然人和法人，在此意

〔1〕 姚辉："人格权的研究"，载杨与龄主编《民法总则争议问题研究》，台湾五南图书出版公司1998年版，第104页。

〔2〕 马俊驹：《人格和人格权理论讲稿》，法律出版社2009年版，第104页。

〔3〕 梁慧星：《民法总论》，法律出版社2017年版，第90页。

义上人格与人、主体的含义等同，同时说明人格是人格权的载体，人格权的产生与消灭以人格的产生与消灭为前提，人格消失，人格权也就当然消灭。在此意义上，死者是没有人格权的。

2. 人格是指作为民事权利主体法律资格的民事权利能力[1]

因为具有民事权利能力的人才能成为民事主体，也才可以成为民法上的人，所以，民事权利能力、人格、民法上的人、主体等概念基本上可以表达相同的意思。在此意义上，人格是自然人或法人享有民事权利的基础。没有人格（能力）就不能成为法律上的人，当然也就不能享有民事权利。在现代社会，人格由法律赋予，民事主体的这种资格本人不能转让，也不能放弃，并且各主体的资格没有差别，所以人的民事权利能力（主体资格）都是平等的。

3. 人格是一种应受法律保护的利益

人格利益与受法律保护的财产利益不同，主要指生命、健康、身体、自由、名誉、姓名等。公民享有的各种人格利益乃是安全、活动自由的利益，主要是一种精神利益，而不是人的人身利益。人格权以人格利益为客体，并不是以人的人身利益为客体。从这个意义上说，王利明教授认为："对财产利益的保护旨在为主体维持其自身生存与发展以及从事各种活动提供物质基础，那么，对人格利益的保护则旨在维护主体作为人的存在，并且作为主体从事财产活动提供前提条件。人格利益也是个人作为社会成员的存在所必不可少的。"[2] 作为法律保护利益的人格是人格权客体意义上对人格的理解。

三、人格权中的"人格"

如前所述，"人格"这一概念在法学上被归纳为法律地位的民事主体和作为民事主体必备条件的民事权利能力，这两点是从法律

〔1〕梁慧星：《民法总论》，法律出版社2017年版，第91页。另参见王利明：《人格权法研究》，中国人民大学出版社2005年版，第6页。
〔2〕王利明：《人格权法研究》，中国人民大学出版社2005年版，第7页。

上直接赋予或由法律抽象而成的。然而人们实际上可能在另一个意义上使用一个外延更广的人格概念，即表露在事实层面上的人之作为一个人所必须具备的要素，这是作为权利客体的一系列利益的总称，即通常称其为"人格利益"。虽然从根本上说，人格利益也无非是法律所确认和保护的利益，因而也是一种法律意义上的人格，但是，它在性质及构成上却是不同于与主体和权利能力等值的法律人格，因此它是一种事实人格。

事实人格是人之作为人的要素或者条件。就其性质而言，可分为物质性要素和精神性要素两大类，前者包括自然人的生命、身体、健康等；后者包括自然人的自由、姓名、肖像、名誉、隐私、贞操以及法人的名称、名誉、信用，等等。若以上述要素的价值功能为标准，则又可分为生存要素（如生命、身体、健康）、尊严要素（如名誉、自由、隐私）和标表要素（如姓名、名称、肖像）等。在法律上，事实人格体现为人在社会生活及社会关系中所享有的与特定人身不可分离的利益，即所谓人格利益，基于人格利益而产生的权利，即为人格权。相比法律人格而言，事实人格在法律上的确立要晚得多，与此相应，以事实人格为客体的人格权也只是晚近民法的产物。在现代法中，事实人格是个人价值与社会价值的最好综合体现。

在人格权范畴内，所谓人格仅指事实人格，具体包括民事主体的人身自由、生理活动能力的安全、主体人身专有标识的安全、获得良好的社会评价、个人尊严及婚姻家庭关系中的人身利益、个人生活秘密以及其他各种自由等，概括而言，即应受法律保护的人格利益。

作为人格权客体的事实人格和前述法律人格既有区别、又有联系。

第一，法律人格的产生，远早于事实人格。虽然就价值形态而言，自从有了人类社会，便相应产生了各种事实人格，然而作为法律上概念，事实人格中的诸多要素，在民法中的正式确立是距今不过几百年的事情。前已述及，最早出现于罗马法中的法律人格概念是主体所享有的权利的总称，主体由于享有"人格"所包含的所有权利才得以成其为权利义务主体，故而人格同时成为民事主体的标志。在身份社会的古罗马，这种人格并不是平等赋予、平等享有的。至《德国民法典》首创"权利能力"概念之后，法律人格始与实体权利相分离，抽象成为主体享有权利、承担义务的资格。作为民事权利能力的法律人格是法律赋予民事主体享有的一种可能性，尚未转化为民事主体的实际利益。不论民事主体是否实际加入民事法律关系，其法律人格均平等享有。至此，权利的实际享有与享有权利的资格相分离，人格成为更加抽象的概念。民事权利能力的内容和范围均由法律规定，与民事主体的个人意志无关，但同时它又与主体有着不可分割的联系，本人既不能转让或放弃，他人亦无权限制或剥夺。权利能力概念虽出自《德国民法典》，然而一切自然人皆平等具有权利能力的思想却起源于资产阶级大革命的直接成果《法国民法典》。也就是从那时开始，基于同样的历史和人文背景，人之作为人、人平等享有人格的基础性因素得到了考虑，虽然导源于自然法思想的《法国民法典》还不曾明确地规定事实人格，但个人主义思潮的发展，尤其是社会经济基础的变化，必然引导抽象的法律人格寻找其存在的事实基础，从而最终使得生命、自由、姓名、名誉之类的事实人格在法律上得到体现。"法律人格（民事主体—权利能力）—事实人格"的发展进程向人们展示了一个"从具体到抽象，再到具体"的螺旋式上升模式，这一升华过程与社会经济生活直接相关。

第二，法律人格与事实人格具有完全不同的内涵及外延。法律人格包括民事主体和权利能力两种含义。事实人格是民事主体依法享有的与特定人身或组织不可分离的人格利益，在外延上包括前已述及的各项人格要素。必须说明的是，事实人格是一个开放的体系，随着人类社会的进步和科技的发展，其外延将不断扩大。

以上两点足够说明，法律人格与事实人格是性质各异的两个概念。法律人格关乎民事法律关系主体地位的确定，在民法体系上属于民事主体范畴；事实人格作为人格权的客体，则是民事权利体系中的内容。当然，二者之间的联系，正是基于人格权而达到统一。法律人格中的第一种含义是指民事主体，在这个意义上，人格是人格权的载体，人格的产生或消灭不仅使得民事主体产生或消灭，也将导致人格权的享有或丧失。在现代社会，人格与人格权如影相随，无人格，即无人格权。在第二种含义上使用的人格是自然人或法人享有人格权的基础，没有人格（权利能力），不能成为法律上的人，当然亦不得享有人格权。而人格（权利能力）的享有和实现的程度又是以人格权的享有和实现程度为标志的。在现代民法中，人格都是平等的，我国从《民法通则》时就明确规定："公民的权利能力一律平等"。由此决定了自然人或法人在享有人格方面的平等性。此外，人格（权利能力）与自然人的生命及法人的存续期间相始终，既不能转让，亦不得放弃，由此也决定了人格权所具有的人身属性。

第二节　人格权

一、人格权概念

与民法的其他主要概念相比较，人格权概念在罗马法中并未出现。日本学者五十岚清考证认为，"人格权作为权利得到认可是近代初期法国的人文主义法学家多内鲁斯的功绩"[1]。从法律制度角度看，人格权至今也未形成完善的制度体系，自 19 世纪人格权概念提出后，理论界对其含义就有不同的观点。在人格权的发展过程

---

〔1〕〔日〕五十岚清：《人格权法》，〔日〕铃木贤、葛敏译，北京大学出版社 2009年版，第 2 页。

中甚至产生了否定人格权概念的观点。[1]

（一）人格权的定义

在承认人格权的理论中，学者从不同角度对人格权进行定义。主要包括：

（1）从利益角度定义人格权。德国学者奥托·冯·吉尔克（Otto von Gierke，1841～1921）认为："人格权是指对人格利益支配的权利，换言之，存在于自我的权利，由于其权利客体的特殊性，而与其他权利不同。"[2] 吉尔克认为人格权涉及生命、身体完整、自由、名誉、社会地位、姓名和区别性标志，以及作者和发明者的权利等。吉尔克是人格权以及一般人格权的积极倡导者，在其1895年所写的《德国私法》一书中，他强烈呼吁、要求承认"一般人格权"这一概念，并以近乎狂热的激情为采纳人格权这一概念发出了呐喊："我们所说的'人格权'，就是指保障一个主体能够支配自己的人格必要组成部分的权利。正是在这意义上，该权利可以被称为'对本人的权利'，而且通过这一客观性的表述可以清楚地将它与其他权利区别开来。……作为一种私法上的特别权利，人格权与我们所说的一般人格权有清楚的区别，因为后者指的是由法律制度保障的、要求自己作为一个人应该享有的请求权。人格权是一种主观权利，它必须得到每一个人的重视。"[3] 邓曾甲认为："以人格

---

〔1〕 人格权否定说是由德国的萨维尼等提出的，萨维尼在他1849年出版的著作《当代的罗马法体系》第1卷中，拒绝承认一般人格权可以成为一个民法上的概念。否定人格权的理由是因为其概念内容和范围的不确定性会影响法律安全。这种概念法学的理念被《德国民法典》的起草者温特沙伊德接受，这也直接影响到德国民法典对人格权的规定。否定人格权的观点，在现代社会看来是不能被接受的，德国的人格权概念虽然仍未在立法中明确规定，但不论是司法实践还是法学理论研究，人格权都是被普遍承认的。

〔2〕 O. Gierke, Deutsches Privatrecht Band I, Leipzig, 1895。转引自王利明：《人格权法研究》，中国人民大学出版社2005年版，第12页。

〔3〕 ［德］汉斯·哈腾鲍尔："民法上的人"，孙宪忠译，载《环球法律评论》2001年第4期。

上的利益为内容的权利叫人格权。"〔1〕 刘春堂认为:"人格权乃存于权利人自己人格上之权利,亦即以权利人自己之人格利益为标的之权利,如生命、身体、自由、健康、贞操、名誉、肖像、姓名等属之。"〔2〕

(2)从主体资格或专属性要素角度定义人格权。法国学者菲利普认为:"人格权是指作为人具有主体资格所必须具备的权利。"胡长清先生认为:"人格权者与吾人之人格不可分离,而与财产权无直接关系之权利也。"〔3〕 王伯琦先生认为:"人格权者,人在法律上具有人格所必备之权利也。"人格权无疑具有主体的专属性,但此仅为人格权之一特性。作为定义,应该将概念的最本质特征完整描述。

(3)从人格权与人格的关系角度定义人格权。郑玉波先生认为:"人格权者,乃存在于权利人自己人格之权利,申言之,即吾人于与其人格不可分离的关系上所享之社会的利益,而受法律保护者也。"〔4〕 德国学者艾尔茨巴赫认为:"人格权是保障个人人格并与人格不能分离的法益为目的的排他权。"〔5〕

我国具有代表性的学者中对人格权的定义也有所不同:梁慧星教授认为:"人格权是指存在于权利人自己人格上的权利,亦即以权利人自己的人格利益为标的之权利。"〔6〕 显然属于从利益角度对人格权进行的定义。

王利明教授则从权利客体和功能角度将人格权定义为:"以主体依法固有的人格利益为客体的,以维护和实现人格平等、人格尊

---

〔1〕 邓曾甲:《日本民法概论》,法律出版社 1995 年版,第 13 页。
〔2〕 刘春堂:《判解民法总则》,台湾三民书局 1984 年版,第 40 页。
〔3〕 胡长清:《中国民法总论(上册)》,商务印书馆 1939 年版,第 90 页。
〔4〕 郑玉波:《民法总则》,台湾三民书局 1987 年版,第 101 页。
〔5〕 参见王利明:《人格权法研究》,中国人民大学出版社 2005 年版,第 13 页。
〔6〕 梁慧星:《民法总论》,法律出版社 2017 年版,第 104 页。

严、人身自由为目标的权利。"[1]

也有学者认为:民法上的人格权指民事主体对其生命、健康、身体、姓名、肖像、名誉、隐私、信用等各种人格利益所享有的排除他人侵害的权利。就该定义而言,显然人格权以彰显保护为核心内容,即着眼于受到侵害后的救济为基点。

民法典制定过程中,《人格权编》三审稿前并无人格权定义,三审稿时,用列举的方式于第 774 条第 1 款规定:"人格权是民事主体享有的生命权、身体权、健康权、姓名权、名称权、肖像权、名誉权、荣誉权、隐私权等权利。"从逻辑学角度看这显然并非规范性定义。

对于人格权的理解必须明确以下几点:

(1)人格权随自然人的出生而当然享有,并不以个人意志而转移。因此,人格权无须主体实施某种行为或是否有完善的意思能力,也不管其年龄、其他社会地位如何,人格权都具有平等性。进一步讲,人格权是主体的专属性权力,通常不能转让、抛弃,他人不得非法剥夺。人格权也随主体的死亡或消灭而消失,所以,人格权也不能由他人继承。

(2)人格权概念在法律上是历史发展的结果。在以《法国民法典》和《德国民法典》为代表的近代民法中,事实上并无人格权概念,也无完整的人格权制度。《法国民法典》从自然法的理论出发,认为人的生命、自由、尊严等伦理价值,系"自然权利",来自自然法,而非人定法,所以,这些价值不属于"法定权利"。因此,在作为实在法的民法典看来,人是先在于民法典而具有伦理价值的。从实在法角度以观,伦理价值乃是实在法面前的"人"的固有属性,即其构成了"人"的组成部分。由此所导致的结果是,由于权利是指向客体的,而人的伦理价值系属主体范畴,因此,在《法国民法典》上,不可能存在"人格权"的概念,这种立法思维

---

[1] 王利明:《人格权法研究》,中国人民大学出版社 2005 年版,第 14 页。

在《德国民法典》那里得到了沿袭。正如当时的立法者所指出的：
"不可能承认一项'对自身的原始权利'"〔1〕。所以，尽管《德国
民法典》第823条第1款，将"生命、身体、健康和自由"等人格
价值与"所有权或其他权利"并列规定，但"这样并不是说，有
一种生命、身体、健康和自由的不可侵犯的权利"〔2〕，而仅仅表
明，这些人格价值在侵权法的保护上与权利适用同样的规则。德国
民法学者迪特尔·梅迪库斯说：德国民法典"对自然人的规范过于
简单，因此没有涉及一些重要的人格权"〔3〕。在现代，尤其是第二
次世界大战后，人格权被各国所重视，原没有规定人格权者，通过
修正法律或者通过法官的造法对人格权给予越来越广泛的保护，而
新近制定了民法典的国家如越南、埃塞俄比亚等对人格权都有专门
的规范。

　　王利明教授认为："如果仅以德国民法典没有规定独立的人格
权制度为由，而置现实需要于不顾，将人格权制度在民法典中用民
事主体制度或侵权法的几个条款轻描淡写地一笔略过，不仅是削足
适履，更是放弃了时代赋予当代中国民法学者的伟大机遇与神圣职
责。"〔4〕事实上依王教授的观点，侵权法也是要独立成编的，不可
能仅为"几个条款"。人格权不能独立成编不是大家的责任感缺乏，
更不是要削足适履地为符合大陆法国家的传统，而是人格权与物
权、债权、知识产权或婚姻继承等有本质上的差异，考虑到侵权行
为法的独立，人格权独立成编，会使两编之间的关系协调确实成为

　　〔1〕 ［德］霍尔斯特·埃曼："德国民法中的一般人格权制度——论从非道德行为
到侵权行为的转变"，邵建东等译，载梁慧星主编：《民商法论丛》，金桥文化出版有限
公司2002年版，第413页。
　　〔2〕 ［德］卡尔·拉伦茨：《德国民法通论》，王晓晔等译，法律出版社2003年版，
第170页。
　　〔3〕 ［德］迪特尔·梅迪库斯：《德国民法总论》，邵建东译，法律出版社2000年
版，第778页。
　　〔4〕 王利明：《中国民法典学者建议稿及立法理由·侵权行为编》，法律出版社
2005年版，第5页。

问题。有关问题还需认真深入地探讨。

（3）不能认为人格权法定。人格权具有普遍性和概括性特点，通过法律规定方式不可能将人格权所包含的各种具体利益完全覆盖，试图靠列举方式达到保护人之所以为人的目的是不可能的；同时，人格权的类型也是随着人们观念的变化而不断完善和变化的。所以，人格权法定的观念是不能被接受的。我国有专家认为"人格权是一种法定权利"。理由是"若无法律的确认和保护，人格利益是不能成为主体实际享有的民事权利的"，并认为：人格权法定化有助于确认公民具体享有的各项人格权；人格权只有法定化，才能明确权利边界，防止权利冲突以及权力的泛滥。他们还认为"人格权的商品化也要求人格权应当法定化"等。[1] 这种观点当然是有一定道理的，但是，人格权法定非常容易造成某些重要利益囿于法律的未规定而不能得到救济的后果，我国隐私权的实现方式就是很好的实例。

否定人格权法定观点并不意味着人格权不需要法律确认。在制定法律的过程中，将已经被普遍认可的人格利益确认为权利是必要的。笔者不同意有些学者提出的观点，即认为"人格权只能一般地原则性规定，不能具体地个别规定，即不能列举规定，因为列举规定意味着限制和封闭。很有可能导致法律的安全性受到危害，同时可能导致有些法益不能收到保护"[2]。在现代社会中，因为人生而为主体，所以也无需再饶舌地讨论人权"天赋"还是"法赋"问题。自然权利学说仅是一种关于权利来源的政治假说，它是近代资产阶级在反抗专制和绝对主义国家斗争中的一种合理的杜撰，这种假说的真正目的不在于要探究权利的真正来源，而是用来限制国家的任意和争得自己利益。权利先于制定法这种杜撰在国家这一必要的恶还存在并不时作恶的情况下，仍显出合理性。但从权利先于制

---

〔1〕 王利明：《中国民法典学者建议稿及立法理由·侵权行为编》，法律出版社2005年版，第18页。

〔2〕 米健："人格权不宜独立成编"，载《人民法院报》2004年10月15日。

定法中并不能推出制定法不应当或者不需要对这些权利做出规定，权利需要由制定法来规定，由制定法确认及至设定权利是法治社会的基本要求。法律明确规定权利不仅仅具有一种宣示性的意义和确认性的意义，更在于告诉你，你究竟有多少权利。从另一个角度说，制定法不仅仅是裁判规范，更重要的是行为规范——应该告诉人们应该怎样行为。只是在权利由法律确认的情况下，必须要明白权利并不以制定法规定者为限，还可以通过其他途径，比如德国以司法判例的形式承认更多的权利，因此，认为权利制定法化以后可能限制权利的范围，这种担心是没有必要的。

所以，人格权应是指：民事主体所固有的，以人格利益为内容的人身权。

（二）人格权的权利属性

有关人格权的权利属性问题上，在我国学者之间存在其是宪法上的权利还是民法上的权利的激烈争论，其实在国外这样的讨论同样存在。之所以有这样的争论，其根本原因是之前的民法对人格权的保护不力，从后文中对域外法律对人格权的保护的介绍中可以看到，近代各国民法典对人格权的保护显然是不够的。而在现代，尤其是第二次世界大战后，人们对人权的反思促使各国要么修订法律，要么通过对宪法规定的适用来达到对人格权的救济目的。比如在德国，学说和判例从 1949 年的德国《基本法》第 1 条和第 2 条规定中推导出一般人格权，并给予民事救济。当然，也应该看到，德国仅通过判例和学说，对人格权的保护显然是不充分的，因为对人格权最有效的保护和救济方法是精神损失赔偿，但德国民法原则上不认同这种观点。因此，学说和判例从《基本法》第 1 条的人的尊严至高无上这一点出发，对侵犯一般人格权的行为，在满足一定要件的前提下，认可了精神损失赔偿。其中最著名的是 1973 年的

"索拉亚"案件。[1]

日本《民法典》对人格权的救济也是非常简约的，为加强对人格权的保护，承认并发展新的人格权，日本的法院大量使用了其《宪法》第13条："全体国民作为个人而受到尊重。对于谋求生存、自由及幸福的国民权利，只要不违反公共福利，在立法及其它国政上都必须受到最大的尊重。"而且该条文的引用适合于隐私权、肖像权、名誉权等不同的人格权的保护。

所以，在德国和日本，学者虽然认为"可以说人格权（特别是新的人格权）是从宪法推论出来的"，但也认为仅以此很难解答两者（宪法上的人格权与民法上的人格权）之间的相互关系。日本的星野英一教授认为："在法国两者是对等关系，在法律存在以前就已经存在的属于人类的人权，一方面可以向国家主张宪法上的权利，另一方面表现为可以向他人主张的人格权。"[2]

但是，从德国和日本的做法中不能推导出，人格权仅为宪法中的权利，而非民法上的权利这一结论，因为德国和日本的做法是基于民法规定的不足而不得不引用宪法规定的无奈之举。

在现代社会，人格权的重要性已是毋庸置疑的，基于法律的一般理论，宪法上的人格权规范是为了使个人的人格利益，不受来自国家或其他公共团体的侵害而设立；而民法上的人格权规定则是为防止人格利益受到来自他人的侵害而设定的权利，实际上就人格权的保护而言，在法律的层面上公法与私法的界线逐渐模糊，对于来自国家的侵害和来自个人的侵害区别不大。宪法系国家的根本法没有问题，但是主张人格权属于宪法上的权利的学者应该回答这样两个问题：人格权的基础，是否必须由宪法奠定？宪法对人格权的保护是否充分？

---

[1] [日]五十岚清:《人格权法》，[日]铃木贤、葛敏译，北京大学出版社2009年版，第12页。

[2] [日]五十岚清:《人格权法》，[日]铃木贤、葛敏译，北京大学出版社2009年版，第13页。

1. 人格权首先是一项民事权利

在很多国家和地区，人格权是由民法上的人格权慢慢发展为宪法上的人格权的，所谓"私法的宪法化倾向"（constitutionalization of private law），也就是说，在人格权法律的构造上，有宪法上的人格权与私法上的人格权，二者的关系对人格权的发展具有重大的影响。因为人格权属于基本人权，所以，在民法规定的同时，宪法也给予保障。人格权作为宪法中的基本人权之一，其渊源可以追溯到美国的《独立宣言》以及法国的《人权宣言》，第二次世界大战后通过的《世界人权宣言》第12条规定："任何人的私生活、家庭、住宅和通信不得任意干涉，他的荣誉和名誉不得加以攻击。人人有权享受法律保护，以免受这种干涉或攻击。"1966年的《公民权利和政治权利国际公约》重申了上述权利。在国内法中，德国《基本法》基于对纳粹独裁政权时代对人的人格及其固有价值的藐视所导致的灾难的深刻反思，将第1条第1款中人的尊严的不可侵犯性，以及第2条第2款中自由发展人格的权利，置于了宪法的首位，并规定国家权力对此负有义务。[1] 当然在德国，人格尊严不仅由基本法所确认，联邦最高普通法院还在具体的民事侵权案件中，直接以此作为请求权基础，并通过对"读者来信案""骑士案"等一系列侵权案件的处理，确认了一般人格权概念，并认为"当今的基本法已经确认，人有权要求其尊严得到尊重（《基本法》第1条），只要不损害其他人的权利并不违反道德规范，就有权要求自由地发展其人格，这作为一项私权，应当得到所有人的尊重（《基本法》第2条）。这些内容在基本法中被确立后，一般人格权也就应当被视为由宪法予以保障的一项基本权利"[2]。除德国外，俄罗斯《联邦宪法》、柬埔寨《宪法》等也都有类似的规定。我国《宪法》第

---

〔1〕〔德〕马克西米利安·福克斯：《侵权行为法》，齐晓琨译，法律出版社2006年版，第50页。

〔2〕〔德〕马克西米利安·福克斯：《侵权行为法》，齐晓琨译，法律出版社2006年版，第51页。

38 条、第 39 条、第 40 条分别规定了中华人民共和国公民的人格尊严不受侵犯、住宅不受侵犯以及通信自由和秘密受保护。基于宪法中对人格权的普遍规定，我国有学者在讨论人格权的性质时认为："人格权与人格不可分离，而罗马法上的'人格'是人的一种宪法地位而非私法资格，民法的任务仅在于用产生损害赔偿之债的方式给予私法领域以法律保护。因此，人格权不是来源于民法的授予。而由民法确认和赋予人格权，将导致人格权的重要性降低，所以私权化人格权应当向宪法性权利回归。"[1] 这自然涉及的是宪法上人格权与民法上人格权的关系问题。宪法作为国家的根本法，对于人民的基本权利作出规定是其基本任务，人格权无疑是宪法应有的内容，但是，宪法的规定与民法对人格权的规定并不矛盾，其基本目标是一致的；除此之外，因为法本身的性质不同，宪法还有母法的功能，为其他法律制定的依据。从权利保障角度分析，宪法对人格权的宣示，目的在于对公权力在人格权方面进行限制，即国家机关不得蔑视人格权的存在，任意践踏。宪法上规定人格权的规范作用表现在两方面：防御功能和保护功能。所谓基本权利的防御功能就是可以对抗国家公权力对人格权的侵害，而让人民保有一种自由的空间；保护功能，即国家有义务使得基本权利能够实现，也就是说人格权能够实现，包括通过立法、行政和司法方面保证人格权利的实现。除此之外，宪法中的人格权规定也还有协调人格权冲突的作用。自罗马法及其以后的相当长时期，人格确实主要在主体地位上讨论，但是，仅仅在主体地位方面对于人格的理解是片面的，当然这与当时人们的观念有关。人格除主体资格意义外，同时也指人格利益，在此意义上人格属于权利客体。但是，仅以宪法规定作为人格权的保护基础显然是不充分的，近代以来的各国民法，最初可能是对于习俗和道德对人们行为的调控作用的过度信任，以及对于现

[1] 尹田："论人格权及其在我国民法典中的应有地位"，载《人民法院报》2003年7月11日。

代科技发展速度和水平的估计不足，导致对人格权保护的规定并不完整，而这种状况无法通过其他部门法予以弥补。基于宪法与民法的关系，德国司法实务中通过法官的智慧，根据宪法所确认的人格尊严利益，创造性地发展出民法中的一般人格权概念，这种无奈之举除了引发宪法与民法的关系的讨论外，也为解决民法规范漏洞提供了一条途径。实际上，在日本有些新的人格权也是通过这种途径最终得到确认的，如隐私权是在1964年的"宴会之后"案中，东京地方法院从"日本国宪法之所以成立是因为有个人的尊严这一思想基础"寻求依据。此后的"逆转"案的一审判决，更加明确依据日本《宪法》第13条，对隐私权做了如下定义："保持人格上的自律或私生活的安定的一种利益"。在日本，有关肖像权、姓名权等案例中，需要承认新的人格权时，可以说总是引用其《宪法》第13条来进行引证的。[1] 从上述事实看，在德国和日本，至少民法没有明确的人格权是从宪法中推论出来的，但是在法国，依据日本法学家星野英一的观点，宪法中的人格权与民法中的人格权是对等的"在法律存在以前，就已经存在的术语。人类的人权，一方面是可以向国家主张的先锋上的权利，另一方面表现为可以向他人主张的人格权"[2]。

由此可以看出，对于人格权要么是宪法上的权利，要么是民法上的权利的讨论是不符合实际的，于人格权的保护也是不利的。宪法中对人格权的规定对民法中人格权规定的疏漏具有重要的填补作用。

在国内理论和司法实践中，都有所谓"宪法司法化"的问题。从我国法院有关冒名顶替上大学的所谓"宪法司法化第一案"就可以说明，人格权不仅宪法要规定，民法更要详细规定，否则在我国

〔1〕［日〕五十岚清：《人格权法》，［日］铃木贤、葛敏译，北京大学出版社2009年版，第12页。

〔2〕 转引自［日］五十岚清：《人格权法》，［日］铃木贤、葛敏译，北京大学出版社2009年版，第13页。

没有宪法法院的情况下，受害人的利益将无法保障。民法对人格权的规范，不仅要体现其权利的宣示作用，发挥行为规范的功能，更要规范人格权的基本内容和保障措施，以体现其裁判功能。人格权在民法上的发展，对于宪法有关人民的基本权利的完善起到了推动作用，从这个意义上说，人格权首先是一项民事权利。

2. 人格权具有非财产性[1]

人格权在法律上首先并且主要体现人的精神利益和道德利益，人格权本身不具有直接的财产属性，而是与财产相对应的概念，其本身无法像财产权客体那样用金钱加以度量，也无法如同财产权那样自由利用、处分。在本质上，人格权具有人身专属性。当然，在现代民法中，之所以能够确立人格权概念，是民法将人的伦理价值从"人的属性"中剥离，使其"外在于人"，并进而成为法定权利的客体的结果。商品经济发展、成熟后，商品的品格早已突破经济范畴，而蔓延在整个社会的各个角落，越来越多的人的伦理属性，开始具有了可以用金钱价值衡量的财产属性。一方面，随着生命科学的发展，人开始对自身的部分人格价值进行支配，犹如他们当初支配财产那样；另一方面，未经本人同意而支配他人人格要素的现象也出现了，从法律上看，这与未经权利人同意而对于其物的擅自使用，具有相当的同质性。此时，传统民法中人格价值与财产的鲜明的对立开始模糊，人像拥有财产一样地拥有人格价值，已经不再是不可想象的事情。

实际生活中，人格的商品化趋势越来越明显。这表现在非财产损害赔偿范围的广泛扩大和适用的普遍性上；另外"消费主义"的商品主义观念中，消费的对象不再限于人身之外的物，人的自身要

---

[1] 这涉及权利分类中财产权与非财产权的划分是否科学的问题，是否存在非此即彼的绝对分类，或者说是否存在中间权利？我国很多学者认为知识产权具有人身权和财产权的二重性特征，对于社员权、继承权等也有不同认识。郑玉波先生就明确认为人格权"乃兼具非财产权与财产权双重性格之权利"，参见郑玉波：《民法总则》，中国政法大学出版社2003年版，第66页。

素如器官、组织等，随医学、生命科学的发达而逐渐脱离主体性而成为不折不扣的物，而肖像、姓名、荣誉这类标表性人格权客体原本就在某种程度上并非主体要素所必须，因而早已被商业化利用。在有些人看来，隐私的最大意义已经演变成一种可以交易的商品，在商品经济大潮的侵淫下，在一定的价格诱惑下，这些人往往倾向于抛弃隐私，更不用说肖像、姓名和荣誉。很多人已经不再热衷于追求仅仅是一个称号的荣誉，荣誉背后巨大的经济利益才是最能打动人的因素。让人担忧的是有些民法学者也认为人格权的商品化是人格权发展的趋势，对于人格或人格权的商品化并无反对的意思，甚至认为人格权被确认为民事权利，在民法典中做正面规定，才能成为交易的客体，所以，人格权法也需要独立成编。[1]

对于上述现象，笔者认为个人的姓名、肖像、隐私等人格特征在现代大众传媒及消费社会的发展情况下，在商品销售或服务用途上确实存在财产价值，这种财产价值当然应归权利主体享有和控制，其价值在于人格权内容中的个人自主或人格自由发展。被利用的人可能是名人，也可能是不具备明显公众认知度的普通形象的人，因为形象普通并不必然意味着就能免受未经授权的商业利用，尽管那些可能寻求法律赔偿救济的多是名人或成功人士（当然，有时具有讽刺意味的是，在某一广告之前，有些人并不知名，恰恰是行为人的违法广告提升了这些人的知名度，使得公众能够因他们对广告产品的推荐而单独识别出他们）。但是，有关人格权的商业利用问题，各国的司法制度发展出显著不同的解决办法，在解决路径上的同一性较少。

有人试图通过支配权特征说明肖像权、姓名权甚至隐私权在法定范围内有权以任何方式使用，并有权有偿或无偿地允许他人使用，而这种使用突破了人格权不得转让的禁忌。但是，对人格权上财产权的肯定，非谓将人格权本身加以财产化，人格是人作为主体

---

〔1〕　王利明：《人格权法研究》，中国人民大学出版社 2005 年版，第 21 页。

的内在要素，本身不能用价格体现，不能为商业利用，但是，人格的特征属于人的外在表现，所以，人格的商业利用本质上是"人格特征"的商业利用问题；在利用方式上也不是将人格或人格利益转移给另外一方，而是对另一方利用其肖像等的许可或授权，仅此而已。个人形象的利用在实际中存在着经济和尊严利益间复杂的交叉，有时难以区分，有时区分也是没有意义的。在德国姓名权或肖像权虽具有财产性质，但原则上不得让与，认为此项财产利益构成人格权的部分，具有不可分离性，唯得授权他人使用其姓名或肖像，仅发生债之关系，不具有对抗第三人的效力。[1] 权利主体允许他人使用自己的姓名或肖像，仅为在一定范围内对某种人格特征的利用权的处分，并非人格权的转让。《人格权编》在制定过程中，曾规定"人格权不得放弃、转让、继承，但是法律另有规定的除外"。但有学者指出，人格权与主体密切联系，不可分立，这一点没有例外。所以，最后将但书内容删除了。理论和实践中，应当区分财产和人格这两种利益。[2]。

二、人格权的主体

概括而言，人格权的主体指在人格权法律关系中享受权利，承担义务的人。在我国的主流观点中，团体尤其是法人是有人格权的，因此，一般认为人格权的主体包括自然人、法人和非法人组织。关于法人或非法人组织是否得为人格权的主体历来有肯定说和否定说，我认为，法人的名称、名誉等因素仅以财产理解是不完全

---

〔1〕 王泽鉴："人格权保护的课题与展望——人格权的性质及构造：精神利益与财产利益的保护"，载《人大法律评论》2009年第1期。

〔2〕 本人曾就"浪莎"集团与张某芝肖像权纠纷案接待过当事人的咨询。被告"浪莎"集团在原使用期限届满后，仍然在其产品上使用原告张某芝的肖像，原告以原合同中所约定的违约金向浙江、福建厦门、湖北蕲春、山东邹城和梁山、山西、陕西等十余个地区的不同级别的法院提起侵权诉讼，而每个案件的诉讼请求金额均为原合同所约定的"如逾期继续使用该演员之肖像，乙方（浪莎）需赔偿甲方（张某芝）港币380万元整"。此案的原告显然混淆了违约之诉和侵权之诉，即将债权与肖像权混为一谈了。

的，其受到侵害时如果仅以财产受到损失予以救济，不能起到保护其作为主体资格的作用。人格权最初以及现今的立法设计以自然人为原型，并且，在某些方面法人的人格权与自然人的人格权确实不同。有人以最高人民法院《关于确定民事侵权精神损害赔偿责任若干问题的解释》第 5 条规定的"法人或者其他组织以人格权利遭受侵害为由，向人民法院起诉请求赔偿精神损害的，人民法院不予受理"为根据，认为法人没有人格权，其理由是不充分的：一方面因为该解释系针对精神损害而作，而法人是否有精神损害争议巨大；另一方面，没有精神方面的利益，不一定就没有人格权。法人或非法人组织的名称权在内容以及取得、转让、消灭等方面与自然人的姓名权虽有差异，但基本功能还是一致的，都是为相互区别。法人或者非法人组织的名誉对营利法人而言很多人认为属于商誉，主要内容是财产利益，但就性质而言最直接的还是社会评价问题，至于该评价给法人或非法人组织带来经济上的利益，与自然人因获得良好的社会评价而在经济方面获得的利益没有区别。当然，有关法人的人格权问题，应限制在私法人范围，并且基本可肯定的是企业法人或公司类法人无论名称还是名誉、荣誉都属于私法范围内应该予以保护的利益。公法人的名称有法律的强制性规定，在取得上，他人无法侵害，在使用上他人更无法限制，而在名誉权方面，国家机关法人等公法人是否存在名誉权尚有进一步讨论的必要，因为依据《宪法》，人民对国家机关有监督权力，对其行为有建议、批评权利，而国家机关应持"有则改之无则加勉"的态度，无法通过司法途径寻求救济。有疑问的是一些事业单位法人是否有人格权以及如何保护等，实践中法院通常都支持或承认事业单位法人有名誉权，如 2014 年 8 月北京市海淀区人民法院曾判决邹某不当言论构成对北京大学名誉权的侵害。

另外，有关胎儿的人格利益在后一章详细讨论，本部分仅讨论自然人死后的人格利益保护问题。

死者的人格利益问题就是指自然人死后，就其生前人格权中所体现的利益是否还应当保护的问题。理论上和实践中，历来有赞成和反对两种观点。赞成死者有人格权者认为，保护死者的人格利益是人身权的延伸法律保护，或者说是对死者遗属的名誉权的保护，因为对死者名誉的损害会不同程度地侵害到其遗属的名誉权。死者和胎儿这两类"人"可以作为形式主体存在，享有权利。〔1〕反对者认为，人格权是专属性权利，这就决定了除自然人外，其他人都不可能通过转让、继承来取得他人的人格权。所以，自然人死亡后，其姓名、肖像、名誉等受损的事实，不能视为近亲属的民事权利受损。人格权应当伴随主体的人格始终。故而死者不享有人格权。保护死者人格权益是保护家庭的人格利益，死者名誉和遗属名誉可以以家庭利益为中介连接，法律保护的是家庭的人格利益。〔2〕王利明教授从必要性角度分析认为，保护死者人格利益有助于促进社会进步，维护良好的社会风尚，维护社会公共利益，也有助于安慰死者的近亲属。〔3〕

对于自然人死后人格的保护，葡萄牙和德国的一些法院判决认为：对人格权的法律保护不因死亡而终止……一个人对个人价值和尊重的一般权利在死后继续存在。有学者提出了"死后人格权"。这个问题除了要与主体资格制度协调外，更重要的是近亲属在什么条件下以及以什么目的对行为人提起诉讼。〔4〕大陆法国家中，"一些较近代的民法典（除意大利民法典外）已经将死后人格权保护问

〔1〕 参见杨立新、王海英、孙博："人身权的延伸法律保护"，载《法学研究》1995 年第 2 期。史浩明："关于名誉权法律保护的几个理论和实践问题"，载《学术论坛》1990 年第 3 期。郭林等："试论我国民法对死者名誉权的保护"，载《上海法学研究》1991 年第 6 期。

〔2〕 陈爽："浅论死者名誉与家庭名誉"载《法学研究》，1991 年。

〔3〕 王利明：《人格权法研究》，中国人民大学出版社 2005 年版，第 193~194 页。

〔4〕 ［德］克雷斯蒂安·冯·巴尔：《欧洲比较侵权行为法（下卷）》，焦美华译、张新宝审校，法律出版社 2001 年版，第 150 页。

题明确规定在法典中"，而且"各国保护的前提条件差别也甚微"[1]。而在英美法国家中，只有在对死者的侵害同时也构成对生者的侵害时，才能成为后者的诉因，而这一现象也只有在特别例外的情况下才能被证明，所谓"死后人格权"的保护在普通法上是完全陌生的。举例说明：如果仅仅是死者的声音被人在广告中模仿，死者的近亲属是没有诉权的。我国民事立法中对死者人格权问题并无明确规定。

我国有关死者人格权或人格利益的保护的法律文件中，以最高人民法院的司法解释和案件批复最为丰富，但是，不同时期的司法解释观点不同。其中，著名的是：①1989 年 4 月 12 日就《荷花女》名誉权纠纷案给天津高级人民法院的复函，其中认定"吉文贞（艺名荷花女）死后，其名誉权应依法保护，其母陈秀琴亦有权向人民法院提起诉讼"。②1990 年 10 月 27 日就海灯法师名誉权案给四川省高级人民法院的复函，其中也认定"海灯法师死后，其名誉权应依法保护，作为海灯的养子，范应莲有权向人民法院提起诉讼"。③但在 1993 年 6 月 15 日的《最高人民法院关于审理名誉权案件若干问题的解答》第 5 项解答则使用的是"死者名誉受到损害的，其近亲属有权向人民法院起诉"。④2001 年 3 月 10 日《最高人民法院关于确定民事侵权精神损害赔偿责任若干问题的解释》（以下简称《关于精神损害赔偿的解释》）第 7 条中也只规定了死者的"人格"或者"遗体"遭受侵害时的救济，没有再使用"人格权"一词。此外，2009 年的《侵权责任法》在涉及死者人格救济时于第 18 条明确规定的是"近亲属"有权请求侵权人承担侵权责任。

人格权中的人格是人之所以为人的要素。权利，是为主体的利益而存在的一种行为自由，如果人格权中的人不存在了，人格权自

---

[1] [德] 克雷斯蒂安·冯·巴尔：《欧洲比较侵权行为法（下卷）》，焦美华译、张新宝审校，法律出版社 2001 年版，第 150~151 页。

然也就无以为附，权利主体消灭，其本人再无法享受利益，也无法自由行使权利，再为其保留权利自然也就没有必要。所以，死者是没有权利的。权利能力是民事权利的基础，死者有民事权利的观点与法律规定的"自然人从出生时起到死亡时止，具有民事权利能力，依法享有民事权利，承担民事义务"相冲突。死者没有人格权与死者的人格的保护则不是一个问题。首先，人是社会的人，每一个具体的人都是社会的组成部分，其行为、品格等影响着社会；其次，人又是具有一定身份的，在私法领域，这种身份表现为与其他人之间存在的各种亲属关系，尤其是近亲属之间关系密切，在一定意义上具有"一荣俱荣，一损俱损"的效果。换一句话说，某人的良好评价，对其近亲属而言也是有法律意义的，这种意义是近亲属本身的利益。所以，当某一个人死亡后，针对其本人的权利虽然消灭了，但是因该人而产生或获得的社会利益、近亲属的利益并不会随死者的死亡而消灭。法律对死者人格的保护实质上是对社会利益、近亲属的利益的救济，此也说明，对死者生前人格的保护为什么授权于其近亲属；而且必须明确，近亲属的诉讼请求是基于其自身利益的被侵害而提起的，而不是由死者继承而来。2017年通过的《民法总则》第185条规定，侵害英雄、烈士的姓名、肖像、名誉、荣誉，损害公共利益的，应当承担民事责任。本条说明，法律不再承认死者拥有权利了；对死者人格的侵害会对其近亲属以及社会公共利益造成侵害，所以，法律要求行为人承担民事责任。当然，对这类侵权近亲属可以以自己的利益受到侵害主张行为人承担责任，没有近亲属，或者近亲属不主张权利时，人民检察院或相关组织也有权以公共利益受到侵害为由对行为人提起诉讼。

第三节　人格权的类型

一、人格权类型的观点

类型是根据一定的标准对某一特定事物的划分，标准不同，事物的类型也就会呈现丰富的性状。分类的目的当然是便宜人们从不同的角度对同一事物加以认识。人格权作为非常抽象的民法概念，以不同角度对其进行分类并认识其特性是必要的。学者们基于自己的理解对人格权的分类是非常有意义的，我国著名学者对人格权的类型划分并不完全相同。

梁慧星教授认为，人格权分为一般人格权和特别人格权。前者指关于人之存在价值及尊严之权利，其标的包括：生命、身体、健康、名誉、自由、姓名、贞操、肖像、隐私等全部人格利益。一般人格权是以主体全部人格利益为标的的总括性权利。后者指法律就特定人格利益所规定的权利。如民法通则规定的生命健康权、姓名权、肖像权、名誉权、婚姻自由权等。[1]

王利明教授认为，人格权可以有五种分类法：一般人格权与具体人格权；物质性人格权和精神性人格权；商品化的人格权和非商品化的人格权；自然人人格权与法人人格权；自由型精神人格权、尊严型精神人格权与标表型精神人格权。[2]

张俊浩教授则认为，人格权在总体上应分为两类：物质性人格权和精神性人格权。前者包括：生命权、身体权、健康权和劳动能力权；后者包括：标表型人格权、自由型人格权和尊严型人格权。其中，标表型人格权又进一步分为姓名权、肖像权和商号权；自由

---

〔1〕　梁慧星：《民法总论》，法律出版社 2017 年版，第 92 页。

〔2〕　王利明：《人格权法研究》，中国人民大学出版社 2005 年版，第 44~48 页。

型人格权又可分为：身体自由权、内心自由权；尊严型人格权又可分为：名誉权、荣誉权、隐私权、贞操权、精神纯正权、信用权。[1]

马俊驹教授建议，人格权应包括：人身完整权（生命权、身体权、健康权）；人格标识权（姓名权、肖像权、形象权、声音权）；人格尊严权（名誉权、隐私权、信用权、荣誉权、知情权、环境权、精神纯正权）；人格自由权（身体自由权、迁徙自由权和居住自由权、住宅自由权、性自由权、工作自由权、意思决定自由权、通讯自由权、表达自由权、创造自由权、信仰自由权、思想自由权）；特殊人格权（人格商品化权、器官捐赠权、死者生前人格权）；法人人格权（法人名称权、法人名誉权、法人荣誉权、法人秘密权）。[2]

由马特和袁雪石二位博士撰写的《人格权法教程》在涉及人格权类型时，将自然人的人格权分为：一般人格权和具体人格权，具体人格权又分为物质性人格权（生命权、身体权和健康权）和精神性人格权，而对于精神性人格权作者又进一步分为标表型人格权（姓名权、肖像权）、评价型人格权（名誉权、信用权）、自由型人格权（自由权、隐私权、贞操权和婚姻自主权）。[3]

通过上述学者的观点可以看到，对于基本的人格权类型人们的观点是一致的，这些权利包括生命权、身体权、健康权，也包括姓名权、肖像权、名誉权、隐私权。而对于荣誉权、信用权、尊严权、贞操权、自由权以及其他列举到的权利，则是有不同认识的，特别是对于一般人格权是否承认，以及其是否为一项具有独立价值的人格权更有不同意见。

我们认为，因为人格权属于抽象性权利，随着社会的发展和人

---

[1] 张俊浩主编：《民法学原理》，中国政法大学出版社 2000 年版，第 142~158 页。

[2] 马俊驹：《人格和人格权理论讲稿》，法律出版社 2009 年版，第 249~250 页。

[3] 马特、袁雪石：《人格权法教程》，中国人民大学出版社 2007 年版，第 18 页。

们权利观念的增强，人格权的类型会越来越丰富，法典不可能在现实规范中通过列举将其完全涵盖。但是，实践证明以人格权的抽象和发展变化为由而不予规定的观点是不正确的。应该采取的做法是确立一个一般人格权条款，列举重要且被人们熟悉认知的具体人格权。对于一般人格权应确定其内涵，并明确其功能，而对于需要列举的具体人格权原则上必须具有：重要性、普遍接受和独立价值。重要性表现为所列举的人格权是在现实社会发展阶段中民事主体自我发展、参加基本民事活动所必须享有的利益，如生命权、身体权和健康权，姓名权、肖像权、名誉权和隐私权、自由权和贞操权（或者性的自我决定权）等。至于那些并非必需的利益，或者能够用其他权利涵盖的利益就无须非得再创立一种新权利类型。马俊驹教授所建议的权利中，有很多是不必要的，如"思想自由权""表达自由权"等；有些则是可以由其他权利代替的，如器官捐赠权、迁徙自由权可以由身体自由权代替，居住自由权、住宅自由权可以在隐私权下给予救济等；有些权利是可以合并的，如人格尊严权，虽然我国《宪法》第38条有人格尊严的规定，最高人民法院在《关于精神损害赔偿的解释》中也确认了人格尊严权，但是，绝大多数学者认为，人格尊严权的主要内容为名誉权，从宪法的有关表述上也可以看出，所谓"禁止用任何方法对公民进行侮辱、诽谤和诬告陷害"其实都是有关名誉权的保护措施。实际生活中那些难于归入名誉权中的人格尊严，如长相丑陋者进入酒店、限制残疾人上大学等行为，可以在设置一般人格权的情况下，归入一般人格权救济。至于我国法律中规定并被有学者提出的婚姻自由权，也可以归并到自由权中。因为随着社会的进步和观念的改变，干涉他人婚姻自由的行为是呈下降趋势的。有鉴于此，我认为在我国目前情况下，自然人的人格权应包括一般人格权和具体人格权，具体人格权中应包括：生命权、身体权、健康权、姓名权、肖像权、名誉权、荣誉权、隐私权、性的自我决定权或贞操权。

有关物质性人格权，虽然我国《民法通则》第98条将生命权、身体权和健康权结合在一条确认："公民享有生命健康权"，但在总体上人们的认识比较一致，其权利内容和特点均可在权利的救济制度中予以体现。除生命权外，从比较法的角度看，对于身体权、健康权的规定大致有三种模式：①以法益模式规定。此以法国法为代表，《法国民法典》第16-1条规定，人的身体、人的身体的组成部分和人的后代不得成为财产权的标的。学者认为，此规定虽然没有直接确定身体是一种法益，但因仍然受法律保护，间接地确认了身体是一种不同于物的特殊人格利益。[1] ②将身体权和健康权合并规定。如《奥地利民法典》第1325条，规定了身体伤害是指一切对身体、精神健康或身体完好性的不利影响。③由侵权法通过救济方式消极确认了身体权和健康权。如《德国民法典》第823条规定：不法侵害他人生命、身体、健康、自由、所有权或其他权利者，对因此而产生的损害负赔偿义务。上述各国的规定说明，在权利类型上身体权和健康权是两个独立的人格权，分别有独特的权利内涵，但在权利救济方面二者区别不大。具体内容将在侵害物质性人格权救济一章中详细论述。而关于姓名权、肖像权的内容特征等理论上比较一致，所存在的争议主要在于救济方面。

值得注意的是我国《侵权责任法》第2条第2款列举的侵权法救济的权利类型中，确认了"隐私权""婚姻自主权"，但并没有将"身体权"规定其中，也没有将过去被最高人民法院的司法解释所承认的"自由权、尊严权"甚至"信用权"等规定其中。而《民法总则》中则重新确立了"身体权"的独立权利类型地位，也将"人身自由"和"人格尊严"单独规定，当然，《民法总则》最终也没有明确"信用权"，这些变化值得进一步探讨。在民法典制定过程中《人格权编》对于具体人格权类型也作出了明确规定，据此，具体人格权类型包括：生命权、身体权、健康权、姓名权、名称权、肖像权、名誉权、荣誉权、隐私权。值得注意的

---

〔1〕 王利明：《人格权法研究》，中国人民大学出版社2005年版，第344页。

是该法的三审稿第 803 条第 2 款中明确了"对自然人声音的保护，参照适用肖像权保护的有关规定"，此举应该是基于 2014 年 5 月 1 日起生效的《商标法》修改案，该修改案取消了可视性商标的限制，确认了声音商标，即高辨识度的声音可以通过注册成商标得到保护。这种做法，加上实践中已有相关案例出现，说明继商标法承认声音可以作为商标予以保护后，法律对声音利益保护的进一步规范，即声音作为独立的一项权利客体的时代就不远了。当然因为声音的可模仿性，辨识的困难程度等，在实务中会有很大的操作难度。《人格权编》三审稿对于"个人信息"的保护也并没有视其为独立的权利，而是使用了较多条文以利益的身份与隐私权共同规定在该编第六章。

二、一般人格权[1]

（一）一般人格权的含义

一般人格权，是指在法律明确规定的具体人格权之外，采用高度概括的方式赋予公民和法人享有的具有权利集合性特点的人格权，是关于人的存在价值及尊严的权利。一般人格权产生的特定条件，学者认为大体有二："其一，要求人们意识到对于人格权利（或利益）的享有具有巨大的需求，人格权是一个不可被穷尽的权利；其二，民法的格局具有一定的封闭性，不能满足人们日益增长的对自身尊严性存在予以尊重的要求。"[2] 近代以前的民法虽然也有对生命、身体、健康、贞操等利益给予保护的规定，但仅限于对人格中"生存性要素"的关注，其内容具体、认识简单，用列举方式规定即为已足，无需产生一个抽象性的人格权概念，一般人格权也就无产生的必要。作为人格权保护的主要工具，侵权行为法具有

---

〔1〕 本部分德国法的相关资料承蒙南京大学的齐晓琨博士提供，在此表示感谢。

〔2〕 曹险峰："论一般人格权的立法模式——以德国与瑞士立法例之对比考察为中心"，载王卫国主编：《21 世纪中国民法之展望：海峡两岸民法研讨会论文集》，中国政法大学出版社 2008 年版，第 156 页。

极度的抽象和概括性，其立法格局不能容纳"一般人格权"。《法国民法典》第 1382 条对侵权行为的静态结果"损害"作了规定，其适用范围极其广泛，因只是一般性规定"损害"，一般人格权所能确立的范围已被"损害"所遮盖和吸收，依此足以达到保护人格权之目的，无需在"保护"之前规定一个范围并不确定的"一般人格权"，人格权即无独立存在的必要。日本也存在同样的问题，其民法典第 709 条中的"权利的侵害"包含了广泛的各种"法律上应受保护的利益的侵害"，因此，也不存在作为认定损害赔偿的前提而承认上述"权利"的实益。

　　一般人格权概念来自于德国，最早提出一般人格权概念的学者是吉尔克。可是，在德国当代的任何一部法典当中，都没有出现"一般人格权（allgemeines Persönlichkeitsrecht）"的表述。一般人格权是在一系列法院的判决中形成，并被理论界所接受的。著名的判例如人们比较熟悉的 1954 年 5 月 25 日，联邦最高普通法院对所谓"读者来信案（Leserbrief-Fall）"[1] 的判决、1958 年 4 月 12 日的"男骑士案（Herrenritter-Fall）"[2]"人参案（Ginseng-Wurzel-Fall）"[3] 等。在法学和司法实务中，一般人格权已经成为人们耳熟能详的概念，那么，它在德国民法上到底是何含义呢？前面已经提到，这一用语没有出现在德国任何一部成文法当中，联邦宪

---

〔1〕 ［德］迪特尔·梅迪库斯：《德国民法总论》，邵建东译，法律出版社 2000 年版，第 805～806 页。

〔2〕 ［德］迪特尔·梅迪库斯：《德国民法总论》，邵建东译，法律出版社 2000 年版，第 806～807 页。

〔3〕 BGHZ 35, 363（Ginsen-Wurzel）

法法院在有关一般人格权最著名的"索拉娅案"[1]判决书中也并未作出一个明确的定义，而只是提到，这一概念在过去的数十年中，已由学术界进行了阐释，并在审判实践中得以贯彻。事实上，在学术界，"一般人格权"也没有一个精确的概念，而只是对其进行了抽象的描述。要理解德国法上的"一般人格权"，首先要提到"具体人格权（konkrete Persönlichkeitsrechte）"或称为"个别人格权（einzelne Persönlichkeitsrechte）"，"姓名权""肖像权"，以及著作权中的人格利益都属于此，法律对其内容和侵害它们的法律后果都作出了明文规定。而所谓"一般人格权"，在德国法中是指法律中没有明文规定的一种人的自由权，是对特别自由权的补充，从维护宪法中"人的尊严"的角度上讲，其任务就在于保障人的内在的生活领域，而这种保障是人作为社会存在所必需的、与人的存在

---

〔1〕 索拉娅（Soraya Esfandiary-Bakhtiary, 1932~2001）生于伊朗。1951年，才貌双全的索拉娅嫁给了英俊倜傥的伊朗年轻国王巴列维，但不幸的是，索拉娅不能生育，并且伊朗在当时的伊斯兰世界中相对西化，已经废除了一夫多妻制，因此，为了国家的利益，这一充满童话色彩的婚姻维持了7年后，不得不于1958年宣告解体。由于特殊的身世，以及作为财富和美貌的象征，索拉娅一直是德国新闻媒体关注的焦点。在索拉娅和巴列维国王的婚姻危机初见端倪时，德国的媒体对此就进行了连篇累牍的报道，当二人正式宣告离婚时，这些对他们私人生活的曝光更是变本加厉。巴列维国王为此向当时的西德政府提出正式抗议，甚至以断绝外交关系相威胁。在巨大的压力之下，联邦政府当时甚至提出了修改刑法：针对媒体，在侮辱诽谤罪中专门增加一条对外国重要政治人物隐私的保护。该立法建议最终没有在联邦议会得以通过。而所谓"索拉娅案"则是与此相关的一场旷日持久的诉讼。1961年4月底，《世界报（Die Welt）》出版社下属的一份周刊刊登了一篇题目为《索拉娅：国王不再给我写信了》的特别报道，其中的部分内容为一名记者对索拉娅的采访谈话记录。但实际上，这次采访根本没有发生，谈话记录完全是记者杜撰的。索拉娅将出版社和记者告上了民事法庭，一审法院以侵害一般人格权为理由，判决被告赔偿索拉娅1.5万马克。被告不服而上诉，但一直到联邦最高普通法院的三审，都维持了原判。其后，原审被告以"法院违法判决"和"判决结果侵害言论和新闻自由权"为理由提起了宪法控告（Verfassungsbeschwerde）。联邦宪法法院于1973年2月13日作出了"普通法院的判决不违宪"的裁决，最终为这一案件画上了句号。而联邦宪法法院洋洋万言的判决理由，不仅仅涉及了该案本身，而且对以往法院对一般人格权案件的审判实践也作出了总结，它成为其他法院随后判决一般人格权案件的判决书中，以及学术论著中，常常被引用的内容。

所必需的物质条件同等重要的、非物质的基础，这种保障也是传统的对自由的保障所无法涵盖的。[1] 正如索拉娅案判决书中所称，"一般人格权填补了人格权保护的法律漏洞"。

我国有学者认为："一般人格权，是相对具体人格权而言的，是以民事主体全部人格利益为标的的总括性权利，指民事主体依法享有的并概括和决定其具体人格权的一般人格利益。"[2] 德文中的"allgemein"在我国被约定俗成地翻译为了"一般"，其实，它也可以被翻译为"普遍"。翻译为"一般"，易使人认为德国法中的个别人格权与一般人格权是从属关系。但实际上，德国《民法典》和其他单行法律中明文规定的个别人格权与判例法制度中的一般人格权，在法哲学、法社会学和法学方法论方面都有着不同的基础，因而，德国法中一般人格权与个别人格权是并列的关系，而并非个别人格权的母概念。德国联邦最高普通法院也将其称为一项"收容性的事实要件（Auffangstatbestand）"[3]，一般人格权"收容"的是法律明文规定的个别人格权以外的人格权内容，所以，在德国法中，"人格权"才应当是二者共同的上位阶概念，而不能将一般人格权理解为"全部人格利益"，更不能理解为"概括和决定具体人格权"。我国也有学者混淆了人格权的一般规定与一般人格权概念，这是值得注意的。

虽然在法典中没有一般人格权概念，但事实上，在德国法特别是民法范围内，一般人格权是一个重要领域。拉伦茨认为：一般人格权是指受尊重的权利、直接言论（如口头和书面言论）不受侵犯

---

[1] Prinz/Peters, Medienrecht-Die zivilrechtlichen Ansprüche, C. H. Beck' sche Verlagsbuchhandlung, München 1999, S. 62；另见刊载于德国《新法学周刊》1993 年第 1463 页的联邦宪法法院的"Poller 案"（BVerfG NJW 1993, 1463）。

[2] 王利明、杨立新、姚辉编著：《人格权法》，法律出版社 1997 年版，第 26 页。

[3] BGHZ 50, 133, 143（Mephisto）；angedeutet auch schon in BGHZ 45, 296, 307（Höllenfeuer）

的权利以及不容他人干预其私生活和隐私的权利。[1] 它是德国民法系统中内容最为庞杂，也是理论较为成熟的判例法制度之一。但是，迄今为止，包括 2002 年两次对德国《民法典》债法部分的大规模修改[2]，都没有对这一判例法制度进行法典化的处理。债法改革的立法者明确表示[3]，无意改变法律的现状，对于这一制度中出现的问题以及未来的发展，交由判例和学说来解决。

我国立法上并没有一般人格权概念，《民法总则》第 109 条规定的"自然人的人身自由、人格尊严受法律保护"，以及《人格权编》的几次审议稿中始终都有"人身自由和人格尊严"内容。在司法实践中，很多学者认为 2001 年最高人民法院《关于精神损害赔偿的解释》第 1 条第 1 款第 3 项规定的"人身自由权、人格尊严权"为一般人格权，其权利来源是宪法第 37 条和第 38 条。应该说人身自由权和人格尊严权具有一般人格权的特性，但其概括性尚有欠缺。人身自由虽然也属于含义广泛的概念，但毕竟其只是针对人身自由的一种权利，无法将其他人格利益涵摄其中；而人格尊严权内容的主体是评价，其主要部分已被名誉权所涵盖，而且尊严也同样无法涵摄整个人格权权益。在将主要人格利益具体化为权利之外，直接使用德国的"一般人格权"概念，建立我国完整的人格权体系是比较科学的。司法实务中，以"一般人格权"为案由的诉讼俯拾即是，许多判决中对一般人格权也都有定义性说明。例如在赵某峰诉郭某民侵犯人格权一案中，法院认为被告经常通过手机短信方式对原告进行威胁、侮辱、谩骂等行为属于侵犯一般人格权的行为，并认为"一般人格权是指公民、法人享有的，包括人格独立、

〔1〕 〔德〕卡尔·拉伦茨：《德国民法通论》，王晓晔等译，法律出版社 2003 年版，第 171 页。

〔2〕 分别是 2002 年 1 月 1 日生效的《债法现代化法（Gesetz zur Modernisierung des Schuldrechts）》和 2002 年 8 月 1 日生效的《修改损害赔偿条文第二法（Das Zweite Gesetz zur Äderung schadensersatzrechtlicher Vorschriften）》。

〔3〕 BT-Drucks. 14/7752, S. 24-25

人格自由和人格尊严等内容的一般人格利益，并由此产生和规定具体人格权的个人基本权利。人格尊严是指民事主体作为'人'所应有的最基本的社会地位、社会评价，并得到最起码尊重的权利"[1]。

（二）一般人格权的功能

一般人格权的功能指其所具有的作用。我国学者对于一般人格权的功能认识有所不同，许多人仅在特征方面讨论其功能问题。我们认为，由一般人格权本身的特性所决定，其功能原则上就是补充功能，即补充因列举不足或认识局限导致的对人格权益保护不力的缺陷，至于我国学者提到的"权利创设功能""解释功能"都是稍有不足的观点。

一般人格权属于"框架权利（Rahmenrecht）"，作为一项概括性人格权，其出现本身就是为弥补法律对人格权救济不足。当那些没有被具体人格权所概括的人格利益受到侵害，而该利益又是被普遍认为应该得到救济时，一般人格权即可以作为救济的客体。所以，一般人格权实际上的范围（即"框架"）不是硬性的、明确的而是"可大可小"的。在德国的法理学说中，补充功能基于它的保护范围界限的不确定性，这一不确定性有两方面的含义。

第一，一般人格权内容的不确定性。鉴于现实情况的复杂性和人的认识的不断发展，在过去、现在和将来都不可能对一般人格权限定一个固定的保护范围和作出一个最终的精确定义[2]，它的具体内容处在不断的变化当中。并且，一般人格权也不能用名誉权、隐私权、生活安宁权等各种具体化的权利简单相加来加以概括，因为，德国《基本法》第2条第1款中所称的"自由发展自己人格"本身就是一项内容要根据现实情况不断变化的开放的权利，这种追求具体化的方法只能阻碍它在司法实践中的发展和适应各种不同情

---

[1] 参见河南省安阳市北关区人民法院（2010）北民一初字第33号民事判决。

[2] Prinz/Peters, Medienrecht-Die zivilrechtlichen Ansprüche, C. H. Beck'sche Verlagsbuchhandlung, München, 1999, S. 63

况的能力，进而影响一般人格权发挥其应有的功能[1]。

第二，一般人格权与他人的权利的关系问题。按照德国侵权法的理论，在侵权的诸构成要件当中，如果出现了损害第 823 条第 1 款所列举的法益的情况，即符合侵权行为的事实要件。一般情况下，该"符合事实要件性（Tatbeständlichkeit）"对行为的"违法性（Rechtswiderlichkeit）"有一种当然的指示（Indifikation）作用，也就是说，如果符合了第 823 条第 1 款所描述的要件，也就可以同时认定某一行为的违法性，这时，要免除侵害人的责任，必须具有可以排除违法性的正当理由（Rechtfertigungsgrund），例如，不具备侵权行为能力、受害人同意、正当防卫、紧急避险等。但是，这种思考方式却不适用于一般人格权这一"框架权利"[2]。如果出现其与他人的利益和权利发生冲突的情况，在考察事实要件时，就要从双方的角度进行法益和利益权衡（Güter- und Interessenabwägung），从而对一般人格权作出界定[3]。换句话说，如果一般人格权所保护的领域受到侵害，首先就要考察该领域和其他与之相冲突的利益的关系，如果其他利益更应当受到法律的保护，那么，在这一阶段就已经否定了行为的违法性。所以，在某种程度上也可以说，个案中一般人格权保护的内容和范围是由与之相冲突的法益和利益来确定的。正因如此，我国有学者认为一般人格权具有高度概括性和抽象性，使其成为对各项具体人格权具有指导意义并具有"解释功能"或"有了一般人格权，法官才能据此解释出各项具体新的人格利益"[4]。这种观点恐怕是有进一步商榷余地的；一般人格权是否

---

〔1〕　Scholz, Das Grundrecht der freien Entfaltung der Persönlichkeit in der Rechtssprechung des Bundesverfassungsgerichts, AöR 100（1975）S. 80, 265, 290

〔2〕　Fuchs, Deliktsrecht, Springer Verlag, Berlin, 5. Aufl. 2004, S. 75

〔3〕　[德] 迪特尔·梅迪库斯：《德国民法总论》，邵建东译，法律出版社 2000 年版，第 807 页。

〔4〕　马特、袁雪石：《人格权法教程》，中国人民大学出版社 2007 年版，第 193 页。杨立新等编著：《精神损害赔偿》，人民法院出版社 1999 年版，第 186 页。

为"生成新的具体人格权，提供了前提条件或者温床"[1]，即是否具有权利创设功能，这应从一般人格权与具体人格权的关系分析，从各概念产生的过程看，二者并不是"母子关系"，具体人格权不是由一般人格权产生，而是从利益中被独立并上升为权利的。一般人格权和具体人格权各自具有独立保护价值。而在我国民法典制定过程中，人格权编对学者所称的一般人格权——"人身自由、人格尊严"一改《民法总则》第109条独立规定的做法，于第774条具体人格权中以第2款方式出现，其内容则变为"除前款规定的人格权外，自然人享有基于人身自由、人格尊严产生的其他人格权益"。这种做法首先是否定了一般人格权概念，其次，将"人身自由和人格尊严"作为具体人格权的"母权"对待。这种做法实践中可能会遇到的障碍是：如何判断某项权益是基于"人身自由或人格尊严"产生的？比如对自然人声音的保护问题，再比如实践中多有发生的"祭奠权"或"悼念权"问题，在具体判决书中没有发现从"人身自由"或"人格尊严"角度来阐述的。因此，以"母权"观念指导，以"基于人身自由、人格尊严"产生的人格权益来表述，无法满足一般人格权对于未规定权利补充保护的要求。

一般人格权的补充功能要求，在人格权受到侵害时，首先应适用具体人格权的救济，在适用不能时，才考虑一般人格权救济。

（三）一般人格权的范围

虽然作为一项概括和抽象的权利，一般人格权具有一般条款（die Generalklausel）的性质，但一般人格权的理论并非玄学，作为一项法律制度，它起码应当有一个基本的适用范围，即必须借助应予保护的项目或范围的分析，具体化其构成要件（这在认为一般人格权是多数权利的集合，还须进一步类型化的学者看来是当然的），作为判断侵权行为违法性的依据才能在实践中得以运用，这也是一个法制社会中法律安全的要求。由于无法对一般人格权下一个准确

---

[1] 王利明：《人格权法研究》，中国人民大学出版社2005年版，第180页。

且具有实用性的定义，所以，德国的学者们都试图通过对大量案例的归纳性分析进行研究，总结它所应当保护的领域，从而达到以上目的。司法实践也采取了这种方法，因此，在德国法院审理一般人格权案件的判决理由中，往往可以看到许多对以前判例的引用，以及据此而总结出的一般人格权在个案中应当受到保护的范围。此范围大体可归纳为：保护人的私人、隐私和保密领域，保护个人的名誉，保护个人信息的自我决定权，保护对自己（肖像权和著作权以外）的影像和言辞的权利，禁止将自己未表述的言辞强加于自身等。但这种分类所采取的标准并不统一，所包括的范围也有部分重叠，它只是试图展示人们对一般人格权的理解及法律保护的现状。正如索拉娅案判决书中所称，这些总结出来的保护范围，只是一般人格权的表现形式，而并非一般人格权本身。

从这个角度分析，在司法实务中，一般人格权也是被表现为具体类型所保护的，可以分为下列类型：①捏造或不实的主张或报道。在代表性的案例中，德国法院认为：报社将律师为其当事人寄予报社的信函当成读者来信发表；事实上未做采访，而捏造采访报道；未经他人同意擅自将他人照片刊登于壮阳药物或者饮料广告上，使公众误解为其使用或者推介该药物或饮料；诬指一人为他人之孩子或者父母；不正确地引用他人的谈话或文章等。此类型之保护意义，在于正确信息之保障，与名誉之侵害无关（在我国类似的问题，要么不认为是侵权，要么被认定为侵害名誉权或肖像权）；②不法或不名誉行为的报道。报刊、杂志、电视或小说常常报道一个人之不法或不名誉的行为，该报道行为是否已逾越出版自由，侵害个人人格权，值得探讨。其中比较没有疑问的是，对于犯罪嫌疑人之报道应顾虑其受刑出狱后再进入社会的可能性，以及其家人在生活上可能受到的牵累。这特别适用于连名带姓、图文并茂报道社会已遗忘之陈年老案的情况；③隐私权。偷拍、窃听，以及未经允许大量报道私人生活细节的案件层出不穷，使隐私权保护受到重视。当这问题与公众人物发生联系时，其隐私保护就与新闻自由纠缠在一起；④不当取得与他人有关信息的方法，归纳起来主要有：欺诈（如为获信息而受雇于他人；或伪称自己为某种身份，使他人同意接受采访或调查，进而获取他人信息等）、胁迫、窃取等。其特征表现为：违反他人之自由意思取得信息。

从一般人格权的含义中分析，作为一种"框架权利"，其适用范围应是具体人格权之外，以人格自由平等和人格尊严为内容的人格权。所以，德国学者拉伦茨认为："一般人格权与特别人格权的关系可作如下概括：一般人格权作为任何人都应当受到尊重的权利，是所有特别人格权的基础，特别人格权是一般人格权的一部分。因此，从逻辑上讲，一般人格权优先于特别人格权。但在法律适用中，与一般人格权相比，特别人格权在内容上规定的较为明确，故优先适用特别人格权。但人们终究不可能在范围上通过划界，将所有人性中值得保护的表现和存在方面无遗漏地包括进来，故在没有特别人格权规定时，适用一般人格权。"[1]

三、生命权

理论上，有关生命权是否存在，以及确定生命权对权利人的意义有不同的观点。有学者认为，生命权不像物权或者债权等财产权，生命权不存在权利的取得与消灭、权利的转让与公示，也不存在以生命为客体的交易，仅仅是在被侵犯时受到法律救济；认为将生命作为一种利益规定于侵权法中更具合理性。[2] 对此，首先要明确的是，民事权利的本质并非看其是否得为转让或具有在法律上的公示性，而在于其是否为法律保护的一种正当利益。物权法中的公示主要是因为物权被认为是一种对世权，如果不采取法定方式使他人明确，无法使他人尽防免义务；而生命权之作为民事主体的一项对世权，是每一个人都明确的，无须特别的公示方式。保护生命

---

〔1〕 ［德］卡尔·拉伦茨：《德国民法通论》，王晓晔等译，法律出版社2003年版，第173~174页。

〔2〕 江平主编：《民法学》，中国政法大学出版社2007年版，第72页。

权无疑是侵权法最重要的任务，但从权利体系角度看，明确生命为一项独立的权利总比以"利益"身份出现要更能体现其重要性。

当然，对生命权的内容一直以来理论界少有人深入讨论，在《人格权编》的几次审议稿中，对生命权都是这样规定的：自然人享有生命权，有权维护自己的生命安全（和生命尊严），任何组织或者个人不得侵害他人的生命权。从中可以解释出，生命权的内容是生命维持、生命安全和生命保护。最后审议稿中所谓"生命尊严"实际上与"人格尊严"或名誉权内容重合。值得注意的是，自然人虽然享有生命权，但少有国家规定"自杀权"，这恐怕主要是出于对该项权利被滥用的担心。实践中如果没有其他人介入，"自杀者"对于自己生命的放弃，一方面其已经死亡，主体资格消灭，不能追究其侵权责任；另一方面，自己对自己利益的侵害，除极其特别的情形（如战时自伤）也不会被追究侵权责任。

四、身体权

身体权是指自然人对保障自己身体完整性而享有的权利。这里的完整性不仅指生理学上的器官、组织体的完整无缺，也包括观念上的完整，最重要的是指对自己身体的自由支配权。我国《侵权责任法》制定过程中有人认为对人身的伤害在破坏身体完整的同时都会造成健康利益的损害，并认为以健康权为救济能够达到保护身体权的目的，因此主张不单独规定"身体权"，而这一主张被立法机构采纳。这种观点是错误的，忽视了身体权的独特价值，造成了在没有造成人体器官或组织体功能损害的情况下，权利救济缺乏具体规范的后果。《人格权编》对身体权不仅概括规定"自然人享有身体权，有权维护自己的身体完整和行动自由。任何组织或者个人不得侵害他人的身体权"，还使用了多个条文对人体细胞、人体器官、人体组织，甚至遗体等的捐献，对自愿接受新药开发的实验、非法拘禁，甚至对性骚扰等进行了较为详细的规定；与生命权、健康权相比较，法律对身体权的规定是完善的。

其实与身体权密切联系并有独立价值的利益尚有"性的自由权"，建议立法明确承认并予以单独规定。当然如果不能单独规定，那么在有关身体权的规定中应该明确规定性的自我决定权。从实践上看对于强奸行为，刑法中有明确的规定，而民法上对此严重侵害行为只能借道身体权或健康权予以救济，在严格意义上是不准确的。从域外法的规定经验看，如德国民法，对性的自由是有明确规范的。如果我们连性骚扰的民事责任都规定了，而对于性的自由却不承认，无论怎样都是无法解释的。

五、健康权

健康权是指自然人以自己身体中各器官或组织体功能正常为内容而享有的人格利益。理论上健康权包括生理健康和心理健康。《人格权编》三审稿第 785 条明确规定："自然人享有健康权，有权维护自己的身心健康，任何组织或者个人不得侵害他人的健康权。"实践中，健康权与身体权经常伴随而生，我国立法上也曾一度用健康权代替身体权，实际上二者虽然联系紧密，但在一些领域或某些情况下，健康权与身体权区别还是明显的，比如非法搜查身体的情况下，自然仅是对身体权的侵害；将他人耳朵咬下一块儿，没有影响受害人的听觉功能时，也仅应认定侵害了其身体的完满状态，是对身体权的侵害。而如果损害的后果仅为人体器官功能丧失，或精神错乱，那就只能认定为健康权受到侵害。

六、姓名权

(一) 姓名的概述

人类的姓名产生于社会交际的需要，与人类的社会实践活动密切联系，远在氏族社会就存在，并一直延续至今。[1] 德国哲学家卡西尔认为，人不仅能过生活而且能借助符号来表达生活，因此，

---

[1] 杨立新:《人身权法论》，中国检察出版社 1996 版，第 468 页。

人是符号的动物，符号化的思维和符号化的行为是人类生活中最富有代表性的特征。[1]被命名者在出生后不久即通过命名加入了社会的符号体系，步入了社会化过程。[2]随着社会联系的日益紧密，姓名就成为人之所以为人的一个重要标志，从而也进入了法律规范的视野。

我国法学学者对姓名的定义归纳如下：

名者，为使有个性之个体易于记忆之符号也，为避免一一列举个体之特征之烦，乃预附以所谓名之符合，用以简单表示个体。故凡吾人习常接触之个体，无不有名。人的姓名亦如此。[3]

所谓姓名，乃区别你我的一种符号。[4]

姓名，旨在区别人己，是彰显个别性及同一性，并具有定名止纷的秩序规范功能的称呼。[5]

姓名是公民特定的人身专用的文字符号，是公民自身人格特征的重要标志，是区别于其他公民的文字符号。[6]

所谓姓名，是姓与名的合称，其中姓是表明家族系统的，而名则是表示当事人本身的语文符号。[7]

姓名是用以确定和代表个体公民并与其他公民相区别的文字符号和标记。[8]

姓名是指自然人的姓氏和名字，是人的生理属性、社会属性的代号和标志，是每一个人在社会中用以表现自己并区别于他人的

---

[1]　[德] 恩斯特·卡西尔：《人论》，甘阳译，上海译文出版社1985年版，第35页。

[2]　纳日碧力戈：《姓名论》，社会科学文献出版社1997年版，第1页。

[3]　龙显铭：《私法上人格权之保护》，中华书局1949年版，第87页。

[4]　何孝元：《损害赔偿之研究》，台湾商务印书馆1982年版，第151页。

[5]　王泽鉴：《民法总则》，北京大学出版社2009年版，第111页。

[6]　马原主编：《中国民法教程》，人民法院出版社1989年版，第489页。

[7]　张俊浩主编：《民法学原理》，中国政法大学出版社1991年版，第147页。

[8]　杨立新：《人身权法论》，中国检察出版社1996年版，第467页。

符号。[1]

上述各种有关姓名概念的描述均表达了这样的含义：姓名是自然人之间相互区别的文字符号。在人类社会交往过程中，姓名是特定人的特定信息，是人与人之间区别的重要因素，姓名之于姓名权无论在公法还是在私法都是非常重要的个人要素。从社会学意义上讲，姓和名具有不同的意义，姓，也称姓氏，当然，虽有不同解释，但在我国古代"姓"与"氏"并非相同，这个判断是有依据的。现代社会姓氏合而为一，代表了血缘和家族的归属，也就是说，姓氏是在血缘或家族方面与他人的区别。目前的实际生活中，有人解读我国《婚姻法》规定的"子女可以随父姓，可以随母姓"为人们也可以既不随父姓，也不随母姓，并因此在父姓和母姓之外另外取一姓，或者也不明示姓氏，这些做法是不值得提倡的，因为这种做法本身不仅无视姓氏的伦理价值、"抹杀"了血缘传承，也使得姓氏在法律上丢失了与人区别的一种因素。虽然在血缘或家族方面的区别在法律上并非重要，但是，提倡并保护我们对于先祖的承继无疑要比任意改变自己的姓氏更有意义。

名，也称名字，是个人的代表符号。当然，在我国名与字实际上是有区别的。《礼记·檀弓》曰：幼名，冠字。指人一生下来父母会为其起一名，男子到二十成人后，还要加冠、加字，即所谓"表字"。表字的目的是为表示对该人的尊重，尤其是在其后代人面前"不可复称其名，故冠而加字"。字的意思一般与名有关联，主要是表一个与名的意思相近而又有某些期许的字。如《三国演义》中的诸葛亮，字孔明；张飞，字翼德；曹操，字孟德；张辽，字文远。又如岳飞，字鹏举；唐寅，字伯虎。现代著名的如：毛泽东，字润之；等等。除字外，历史上我国也曾有过"号"，也称"别号"，别号有自己取的，也有他人送的。字与号不尽相同，字通常由长辈代取，用于表德，与名的含义有关联；而号虽也常有与字意

---

[1] 王利明：《人格权法研究》，中国人民大学出版社2005年版，第405~406页。

契合的做法，但因多为自己决定，法律或社会意义也不如字那样的严格，所以更随意自由，往往用一些漂亮、雅致之词，如苏轼之号为东坡居士、辛弃疾之号为稼轩居士、李白之号为青莲居士、白居易之号为香山居士、陆游之号为放翁等。从上述简单介绍中可以看出，我国过去人们对于姓名都非常重视，所谓"名不正言不顺"，又有"大丈夫行不更名坐不改姓"等豪言，尤其是姓氏如同骨血受之父母一样，除非不得已，否则不会隐姓埋名。而现今的实际生活中，有人以"权利"为借口，认为姓名"不过是个符号而已"，任意选择姓氏或任意取名字，这种做法属于文化庸俗化在姓名中的反映，自己不重视，也很难获得他人的尊重。

（二）姓名的功能

姓名在一般意义上具有区别特定主体、指示血缘家族关系的功能，在一定意义上也有指示性别的功能，但其最重要的功能体现在法律上。在法律上，姓名的价值体现在姓名权上，姓名是区别他人的主体标志，是标志权利、义务主体的符号，因而，姓名成为个人人格的独特标志。姓名本身也代表一种人格利益。[1]其意义在于，姓名在法律上使某一个公民与其他公民区别开来，便于参加社会活动，行使法律赋予的各种权利和承担相应义务。[2]也就是说"姓名是特定人的语言标志，姓名使得该人稳定和持续地区别于他人"[3]。除此之外，姓名因为识别功能而特定于具体的主体，人们通过姓名了解、评价该具体的主体，所以姓名也是对于姓名后面的人格个性的表达。根据陈龙江博士的介绍，基于姓名在社会交往中作为个性化识别工具在不同领域中的不同利益表现，德国法院和学者将姓名权利益分为"同一性利益"和"个性化利益"，前者指防止他人与姓名权人混淆，"避免经由姓名的混用使他人的行为归属

---

〔1〕 王利明：《人格权法研究》，中国人民大学出版社 2005 年版，第 406 页。

〔2〕 杨立新：《人身权法论》，中国检察出版社 1996 年版，第 467 页。

〔3〕 陈龙江："德国民法对姓名上利益的保护及其借鉴"，载《法商研究》2008 年第 3 期。

于他，或者反过来他自己的贡献、立场等却被归属于他人"，也就是我国大多数人理解的防止假冒他人；后者则是为防止"归属上的混乱"，即在将姓名使用于产品、企业或者机构时，使他人误以为姓名权人与之存在某种实际上并不存在的联系。也就是说，在"同一性利益"情形，姓名权旨在防止造成"人"的混淆，而在"个性化利益"情形，在于防止人们对于姓名权人与本无关联的"物"之间有某种关系的错误认识。当然，"个性化利益"的讨论目的在于"在某个人并非将他人的姓名用于称呼自己，而是用于广告目的、称呼商品、招牌等滥用情形时，《德国民法典》第12条的保护也应介入"[1]。

（三）姓名权的产生

作为权利类型，姓名权较之于其他人格权都更早地被法律承认。姓名原不具事实的、社会的意义，故各个人原得任意使用而不受法律之束缚。姓名在法典化前的等级社会中表征一定的身份关系，姓氏具有表明等级身份的社会功能，有无姓氏以及姓氏的高低贵贱都反映在社会等级制度之中并调节着社会等级关系，据学者考证，以古印度《摩奴法典》的种姓制度最为典型。而近代工业化的开始和资产阶级革命的胜利，实现了姓名平等和姓名独立。在法律制度上，从17世纪开始，大陆法系的一些国家在公法里规定姓名的使用，其变更必须经官府许可，假冒他人姓名者要受刑罚处罚。[2]这时的姓名权是一种公法上的权利。19世纪初期的各国民法，如普鲁士法、奥地利民法等，虽设有关于姓名的取得方法的规定，如规定嫡出子冠父姓、私生子冠母姓、弃儿由官吏命名等，但也未正式承认姓名权。法国大革命后，法国司法部门的判例将姓名视为公

---

[1] 陈龙江："德国民法对姓名上利益的保护及其借鉴"，载《法商研究》2008年第3期。

[2] 袁雪石："姓名权本质变革论"，载《法律科学（西北政法学院学报）》2005年第2期，第45页。

民的所有权，认为冒用他人姓名是侵害了他人的所有权。[1] 1804
年，《拿破仑法典》第 34 条将姓名规定为身份证书的一项内容，
即：“身份证书应记载做成年、月、日、时，以及所有证书上涉及
之人的姓名、年龄、职业与住所。”19 世纪末期，德国民法学者对
于姓名权是否存在展开了讨论，各种观点相互对立。1900 年《德
国民法典》采纳了肯定说，从而首次在民法中确认了姓名权。随
后，《意大利民法典》第 6 条至第 9 条、《希腊民法典》第 58 条、
《葡萄牙民法典》第 72 条、《荷兰民法典》第 1：8 条、《瑞典民法
典》第 20 条与第 23 条、《瑞士民法典》第 29 条、《泰国民法典》
第 42 条。

私法性质的姓名权的出现，以“平等、民主、博爱”的人文精
神为立法基础。[2]基于人格的独立平等，姓名权成为自然人享有的
基于姓名上人格利益的私法权利。

综上所述，姓名权近现代的转变，实质上是由身份权向人格权
的转向。无论是作为身份权的姓名权，还是作为人格权的姓名权，
均承载着一定的社会价值和人文价值，是社会价值和人文价值的
统一。

姓名权的社会价值，可表述为姓名权在行使过程中所具有的功
能和效用，即行使姓名权所引起的社会效果。这种功能主要是将个
人从他人中进行识别和特定化。王歌雅教授认为，姓名权的社会价
值集中表现在四方面：一是社会交际的功能。行使姓名权，即是对
姓名利益的支配。不论是命名、用名抑或是更名，均是出于社会交
际的需要。即通过命名、用名或更名，使人与人、人与社会、人与
自然得以区分，并通过姓名间接地认知人、社会和自然，从而把握
被认知对象的特性。二是社会定位的功能。人是社会的人。当人被

〔1〕 佟柔：《中国民法学·民法总则》，中国人民公安大学出版社 1990 年版，第
113 页。
〔2〕 王歌雅："姓名权的价值内蕴与法律规制"，载《法学杂志》2009 年第 1 期。

命名后，其姓名便通过户籍管理、身份证件、人事档案等进入社会管理体系，从而完成自然人的社会定位和社会化转型。即自然人通过姓名的使用，使姓名涵盖的民事权利能力和民事行为能力得以明确和定型，进而使自然人在具有民事权利能力和相应民事行为能力的前提下，平等、自由地建立民事权利义务关系，彰显人格的独立与尊严。三是社会记忆的功能。姓名权的社会记忆功能既表现为现实或当下的社会记忆，也表现为历史或久远的社会记忆。即社会中人既可记忆生者的姓名，又可记忆逝者的姓名。对逝者姓名的记忆是对逝者身份、地位、价值和贡献的盖棺论定，牵涉逝者的名誉，故逝者姓名利益被侵犯时，其近亲属可寻求相应的法律救济。对生者姓名的记忆，是通过姓名这一自然人的自身符号和社会代码的明晰和界定，记忆某一自然人的自然面貌和社会身份，即记忆某一生物的人和社会的人。故姓名权的社会记忆功能表现为未成年人基于被命名而为社会记忆，成年人基于用名或更名而为社会记忆以及逝者基于后世的用名而为社会追忆的功能。四是社会整合的功能。首先，姓名权的行使，是社会分类的要求。历史上，自然人有无姓名以及有着何种性质的姓名，是身份高低贵贱、人格平等与否的标志。基于姓名的有无及性质不同，奴隶与自由民、贵族与平民、皇亲国戚与黎民百姓、男人与女人被社会分类和定位。在人格平等的当代，基于姓名权能否独立行使，又可将自然人分类、定位为完全的民事行为能力人和非完全的民事行为能力人。非完全的民事行为能力人只能在与自己的年龄、意识相吻合的前提下，或在监护人的监护下行使姓名权。姓名权的行使也是社会统治的要求。行使姓名权，须符合公序良俗、法律规范及姓名标准化的要求。姓名标准化，是国家宏观调控姓名的途径和手段，是国家意志的体现。其次，姓名权的行使，是社会团结的要求。国度、民族及宗教信仰不同，姓名的标准化及姓名的行使模式也不同。尊重姓名习惯及姓名权的行使模式，是主权平等、民族平等、宗教信仰平等的体现，也是民族融合和文化融合的标志。[1]

姓名权的人文价值主要表现为人与姓名相同一，即名与姓名指称和代表的人是同一的。姓名不仅具有分辨指称和代表自然人的功能，而且具有"循名责实"的功能，即姓名是自然人的身份象征，姓名之下蕴涵了自然人的自然风貌和社会定位。正如荀子在《正名》中所述："名无固宜"，"约定俗成为之宜"。当姓名为社会认可和接受后，姓名即为人的代名词，是身份、能力、品行等自然因素和社会因素的综合表征。故侵犯姓名权，即是对人的侵犯，是对人格尊严的侵犯。

姓名的人文价值还表现在人与姓名相同构。即人如其名，名实相符。大多数人的姓名，都会融入一定的人文追求，甚至具有一定的时代特征，比如 20 世纪 50 年代很多人给自己的孩子起名字为"国庆""为民""援朝"等。蕴涵于姓名中的人的价值追求和精神内核，构成人格尊严的组成部分和本质所在。所以，"从个人角度看，姓名是作为个人受到尊重的基础，是个人人格的象征，构成人格权内容的一部分"。故侵犯姓名权，也即侵犯了姓名所蕴涵的人格尊严，是对人格利益的侵害。

（四）姓名权的性质

姓名权的法律属性经历了一个缓慢的发展变迁过程，最初表现为公法性质，及至 20 世纪初，才被确定为私法性质。有学者考证，姓名权在历史上的确曾经以身份权的形态存在过，而在从身份到契约演变的同时，姓名权也经历着从身份到人格的演变。目前，学界通说认为，近代法典化以来，姓名权属于人格权。人格本是自然法上的概念，它体现的是人的伦理价值，人格作为法律技术逻辑运用的结果，成为法律上对人的本质的总结。人格权是一个实在法上的概念，它体现了法律对人的伦理价值的权利保护方式，是人的伦理价值的外在化。人基于自然形成的物质要素和基于一定社会生活条

---

[1]　王歌雅："姓名权的价值内蕴与法律规制"，载《法学杂志》2009 年第 1 期。

件形成的精神要素是人格的基本内容，这些要素是人置身社会求得生存和发展的基本条件。自然人的人格要素是其伦理价值的体现。[1]运用人格权这一法律技术进行分析，姓名被纳入社会形态人格利益的范畴，是自然人与他人或社会发生联系的基本精神需求，在人格权根据伦理价值基础之不同而类型化的过程中，姓名权被创设出来，并被认为是基本的人格权。[2]

在传统人格权理论中，姓名权的行使是维持一个人的个性所必不可少的，它具有人格权的全部特征，与自然人的人身不可分离，只有权利人本身才能享有姓名权。权利人可以允许他人使用其姓名，但姓名权不能转让，也不能作为遗产继承[3]。而随着市场经济的发展，姓名的商业利用使姓名（尤其是名人的姓名）蕴含了巨大的财产利益，由此所产生的法律问题对传统的人格权理论提出了挑战。两大法系都在新的形势下发展了传统人格权理论。美国法由"无权商业性使用他人姓名、肖像等个人特征"的侵权类型发展出以保护财产利益为内容的"公开权（right of publicity）"，得为继承让与，与"隐私权"（right of privacy）形成双轨体系。德国法上的人格权本旨在保护精神利益，不得让与及继承。经过长期累积的发展，最近德国联邦法院明确承认人格权的内容除精神利益外，还包括财产利益，原则上亦得让与或继承。[4]在我国，从对姓名上精神利益的保护角度看，姓名权为人格权已成定论；而从姓名的商业化利用角度看，受德国和美国理论的影响，学者对此时的姓名权性质也有不同看法。有学者认为姓名权具有二元本质，既具有人格权

---

〔1〕 祝建军:《人格要素标识商业化利用的法律规制》，法律出版社 2009 年版，第 15 页。

〔2〕 祝建军:《人格要素标识商业化利用的法律规制》，法律出版社 2009 年版，第 23 页。

〔3〕 王利明:《人格权法研究》，中国人民大学出版社 2005 年版，第 415~416 页。

〔4〕 王泽鉴:"人格权的具体化及其保护范围·隐私权篇（上）"，载《比较法研究》2008 年第 6 期。

属性，又具有财产权属性，由此将姓名权分为人格性姓名权和财产性姓名权。[1] 有学者认为应采用统一权利模式，承认人格权中包含财产利益和精神利益两部分，财产利益可以进行商业化利用并作为交易的对象，侵害了这一财产利益的应当承担损害赔偿责任。还有学者认为姓名中的经济利益已经独立成一种新型财产权，如商品化权说、公开权（形象权）说、商事人格权说。

由此可见，姓名权的性质处于不断的发展变动之中，姓名权的权能以及对姓名权的保护方式也应随之不断丰富和完善。

（五）姓名权的内容

在国际上现有的民法典中，有关姓名权的编制方式主要有三种：一是将姓名分别置于人法和亲属法中规定。二是将"姓名权"和姓名的变更等分别置于"自然人""人"或亲属法中加以规定。三是将姓名的有关内容集中规定在"自然人"或"人"的编章中。在编制模式上，有姓名整体规制与姓名分别规制之分。前者将姓与名的决定与变更一并规制，后者则将姓与名的决定与变更分别规制。

关于姓名权的内容，大多数国家均规定了姓名决定权、姓名使用权和姓名变更权。关于姓名决定权，多数国家均规定父母双方享有子女姓名的决定权，在子女姓名的选择出现冲突时，有不同的协调机制。关于姓名使用权，规制内容可分三类：一是禁止不当使用姓名。不当使用姓名包括干涉、盗用、假冒、忽略、贬低、诬辱他人姓名和故意混同他人姓名。二是对家族姓名和笔名予以保护。三是对姓名权的救济。当姓名权被侵犯时，权利人可提起停止侵害之诉，并可诉请损害赔偿。关于姓名变更权，其行使须符合法定情形和公序良俗。就姓的变更而言，多数国家将其界定于自然人身份的变化。具体变更情形有两个：一是配偶身份的取得或丧失。二是养

---

〔1〕　袁雪石："姓名权本质变革论"，载《法律科学（西北政法学院学报）》2005年第2期。

子女身份的取得或丧失。就名的变更而言须遵循如下规制：一是公序良俗的要求。二是文字规范的要求。三是变更情形的限制。四是变更次数的限制。[1]

目前有些国家还制定了专门的姓名法律法规，如泰国的《姓名条例》，芬兰、冰岛的《姓名法》，日本的《户籍法》，巴西的《民事登记法》，阿根廷的《民事及人事登记法》等。

（六）姓名权的新发展

关于姓名权的保护，历来都不仅仅是民法典或者是私法的问题。有时公法对于姓名权或其他人格权的保护更具有法律效果，而且，即便是民法对权利的救济有时也会基于法律规范本身的限制，不得不借助于其他法律，如在德国，名誉权的保护需要借助于刑法来认定，一般人格权的保护需要借助于基本法来寻找请求权基础。姓名权的全面保护也同样遇到这样的问题，姓名权中存在的个性利益并不是当然就包含于《德国民法典》第 12 条的，而是通过《德国基本法》第 2 条所确定的经济活动自由这一基本权来实现的。当然，也得益于《德国商法典》第 37 条第 2 款、《反不正当竞争法》第 16 条和《德国商标法》第 24 条，这些法律规定原则上赋予姓名权人个性化地使用自己的姓名作为商号、商业标志、作品标题或商标的排他性权能，因此，只有《德国民法典》第 12 条与其他法律的价值判断相衔接，共同针对未经本人授权的商业性使用其姓名的行为给姓名权人提供法律上的保护才能实现法律价值判断上的前后一贯，也才能全面保护权利人的合法权益。法律制度都会随着社会的发展而不断变化，通过对两大法系的代表——德国法和美国法对姓名利益的保护模式的发展与变化，我们可以看到姓名权的发展变迁过程。

1. 德国法对姓名利益的保护模式

《德国民法典》对姓名上利益的保护开创了姓名权的先河，并

---

[1] 王歌雅：“姓名权的价值内蕴与法律规制”，载《法学杂志》2009 年第 1 期。

且处于不断发展变化中，值得我们考察和借鉴。该法在第一编"总则"中"人"一章规定了"姓名权"，在第四编"亲属法"中规定了姓名变更等情形。

《德国民法典》第 12 条规定："如有使用姓名权人的权利经他人提出异议，或被他人不正当使用同一姓名以致利益被侵害时，权利人得请求该他人除去其侵害。如有继续侵害的危险时，权利人得提起禁止继续使用的诉讼。"综合考察德国立法及判例，德国对姓名的保护采用了人格权的方式，主要是基于姓名上精神利益的保护，包括姓名上的"同一性利益"，即姓名权人有权使用特定姓名，并禁止他人将姓名用于指称他人而造成混淆；以及姓名上的"个性化利益"，即防止因为姓名的使用使公众误认为姓名权人和姓名所用于的产品、企业或机构之间具有某种实际上并不存在的联系;[1]而姓名上的其他人格利益，例如利用姓名造成姓名权人名誉贬损、声望下降或隐私暴露，或者在广告中未经允许使用他人姓名侵害姓名权人对姓名进行经济利用的自主决定利益的，并不包括在第 12 条规定的姓名权的保护范围中，而是由与一般人格权相关的法律规定补充保护。[2] 20 世纪以来，德国民法通过司法判决，逐渐承认和保护了姓名商业利用上的经济利益，里程碑是德国联邦法院 1999 年对"Marlene Dietrich 案"的判决。该判决明确承认姓名、肖像等人格标志具有应受法律保护的专属于人格权人的经济利益，并构建出人格权的财产成分来调整和保护该种利益，并承认该财产成分的可继承性。[3]

《德国民法典》"亲属法"编对姓名的取得等作出了较为具体

〔1〕 陈龙江："德国民法对姓名上利益的保护及其借鉴"，载《法商研究》2008 年第 3 期。

〔2〕 陈龙江："德国民法对姓名上利益的保护及其借鉴"，载《法商研究》2008 年第 3 期。

〔3〕 陈龙江："德国民法对姓名上利益的保护及其借鉴"，载《法商研究》2008 年第 3 期。

的规定。如第 1355 条规定，妻应从夫姓，夫妻离婚后，妻可以保留夫姓。但是离婚的妻子可以回复其姓，姓的回复以意思表示向主管机关为之，其意思表示应用公证的方式。除妻因结婚取得其夫姓外，第 1616 条明确规定子女从父姓。无效婚姻所生之子女，若其父母为善意（不知婚姻无效），并不是因为方式不具备或未经登记而无效者，根据第 1699 条的规定，视同婚生子女，亦从其父姓。[1]

2. 美国法——发展中的姓名利益保护模式

传统美国法中，姓名、肖像等都是通过隐私权保护的。对该保护模式作出较为经典的归纳的是美国著名的侵权行为法学者 William L. Prosser，他整理分析实务上案例，于 1960 年提出了隐私权保护四分法，认为隐私权的侵害涉及四种不同的利益，构成四个侵权行为，其中之一就是，为自己利益而使用他人的姓名或特征，这一成果后来成为美国侵权法第二次重述的规定。所以，在英美法，姓名权包含在隐私权中。[2]

而在 1953 年，美国第二巡回法院上诉法院法官弗兰克已经通过"海兰"案明确提出了"right of publicity"（公开权）的概念，并将其定义为"对自己的姓名、肖像和角色拥有、保护和进行商业利用"的权利。1954 年尼莫（Nimmer）《论公开权》一文指出了名人需要的不是隐私的保护，而是对于自己身份的商业价值的保护，以及控制自己身份中的商业性价值的权利，公开权是每个人对其创造和购买的公开的价值享有控制或获取利益的权利。美国学者麦卡锡（McCarthy）认为，公开权是每一个自然人固有的、对其人格标志的商业使用进行控制的权利。未经许可使用他人人格标志将侵害他人的公开权，并且损害他人这一固有权利包含的商业价值，

---

〔1〕 王利明：《人格权法研究》，中国人民大学出版社 2005 年版，第 416 页。

〔2〕 王泽鉴："人格权的具体化及其保护范围·隐私权篇（上）"，载《比较法研究》2008 年第 6 期；袁雪石："姓名权本质变革论"，载《法律科学（西北政法学院学报）》2005 年第 2 期。

而且这种擅自使用不能根据言论自由原则豁免其责任。现在在美国，通常认为："公开权是限制他人未经许可使用自己姓名、肖像及其他方面个人特性的隐私权的一个分支权利。"在公开权中，那种非财产性的专属性极强的人格利益被淡化，而非专属性的经济利益内涵则占据了主要地位。[1]公开权是美国法在人格要素商业化利用中发展出来的一种权利，从而也为保护姓名上财产利益提供了不同于德国法的制度模式。

3. 其他国家规定的特点

在现有民法典中，有关姓名权的编制方式，法国是将姓名分别置于人法和亲属法中规定的。《法国民法典》将"姓名"规定在第一卷"人"的部分，同时，亲属法又对姓名的决定与变更予以明确规定，由此姓名权在法国法中是一项独立的人格权。

埃塞俄比亚对姓名的有关内容集中规定在"自然人"或"人"的编章中。其《埃塞俄比亚民法典》将"人"和"家庭与继承"分列为一、二两编，姓名集中规定在第二章"自然人"中。此章是关于姓名的全面规定，既涉及姓名的原则和使用规则，同时也将亲属法中有关姓名的决定和变更等相关内容吸纳进来。

上述两国共同的特点是将姓名或姓名权置于法典中"自然人"或"人"的编章中加以规定，突出了"姓名"的人格属性和"姓名权"的人格权内涵，体现出人法的特色。

在姓名的规制模式上，有姓名整体规制与姓名分别规制之分。前者将姓与名的决定与变更一并规制，后者则将姓与名的决定与变更分别规制。如《俄罗斯联邦民法典》第19条对自然人姓名的组成、决定、变更和使用进行全面规定；《越南民法典》第29条第1款对姓名的变更进行规定；而《日本民法典》第790条不仅对子女姓氏的选择予以规定，同时又在《户籍法》第107条第1款和第2款中对姓氏的变更和名的变更分别予以规定；《埃塞俄比亚民法典》

---

〔1〕 王利明：《人格权法研究》，中国人民大学出版社2005年版，第259~264页。

第 42 条、第 43 条和《法国民法典》第 60 条、第 61 条分别规定了姓的变更和名的变更。

从规制内容上看，关于姓名决定权，多数国家均规定父母双方享有子女姓名的决定权，但在子女姓名的选择出现冲突时，则需引入冲突协调机制。协调机制主要有两种：一是由民事登记官或法官在遵循公序良俗和子女最佳利益的原则下进行选择。二是子女姓名的决定权主要由父方行使。例如《埃塞俄比亚民法典》第 34 条规定："①孩子的名字由其父亲确定，如果父亲已故去，由父亲的家庭确定。②孩子额外的名字由其母亲确定，如果母亲已故去，由母亲的家庭确定。③如果不知孩子的父亲是谁，或孩子的父亲方面没有亲属，孩子的母亲可以给其确定两个名字，如果母亲故去，由其母亲的家庭来确定名字。"

关于姓名变更权，其行使须符合法定情形和公序良俗。就姓的变更而言，多数国家将其界定于自然人身份的变化。具体变更情形有两个：一是配偶身份的取得或丧失。二是养子女身份的取得或丧失。如《日本民法典》第 810 条规定：养子女称养父母的姓氏；《埃塞俄比亚民法典》第 41 条第 1 款规定：被收养的子女的姓得随收养者的姓。就名的变更而言须遵循如下规制：

第一，公序良俗的要求。如《魁北克民法典》第 54 条规定："如其父母选择的姓名包括古怪的复合姓或显然给子女招来嘲弄或耻辱的古怪名，民事身份登记官可建议父母改变子女的姓名。"《埃塞俄比亚民法典》第 38 条规定："新生儿的名字不得毫不更改地袭用其活着的父亲、母亲的名字或兄弟、姐妹之一的名字。"

第二，文字规范的要求。日本的《户籍法》规定：子女的名字必须使用通用易认的字。

第三，变更情形的限制。总的来说，对于姓名整体变更的限制较少，而至于名的变更情形则规制较详细。

第四，变更次数的限制。姓名变更的要求与限制可保障姓名变更的秩序化和法律化，维护公序良俗。姓名使用权，则是姓名权的主要权能，也是姓名权人的基本权利。为确保姓名使用权能的实现，许多国家对姓名的使用作出相应规制，规制内容可分三类：一是禁止不当使用姓名。不当使用姓名包括干涉、盗用、假冒、忽略、贬低、诬辱他人姓名和故意混同他人姓名。二是对家族姓名和笔名予以保护。基于维护家族利益的需要，或当自然人使用的笔名等与姓名具有同等重要意义时，该家族姓名、笔名等受法律保护。《意大利民法典》第 8 条、第 9 条对此有规定。三是对姓名权的救济。当姓名权被侵犯时，权利人可提起停止侵害之诉，并可诉请损害赔偿。

（七）我国姓名法律法规现状

姓名权不仅具有社会价值和人格价值，而且具有物质价值。姓名的商业化使用，将使姓名的物质价值最大化。为确保姓名价值的有序实现，许多国家对姓名权的行使予以法律规制。透过姓名权的法律规制，可寻求姓名权的法律救济路径和姓名利益的保护模式。

中国近代以前的姓名问题主要依靠伦理道德规范规制。至近代，清末制定的《大清民律（草案）》虽未施行，但其明确承认姓名权为私权并加以保护。1929 年，民国政府正式制定的《中华民国民法典》第 19 条规定：“姓名权受侵害者，得请求法院除去其侵害，并请求损害赔偿。”在历史上正式建立了中国的姓名权民法保护制度。1941 年国民党政府曾公布的《姓名使用限制条例》规定，人民的本名以一个为限，并须登记于户籍上；对财产权的取得、设定、移转或变更，应使用本名；共有财产使用笔名或其他名义者，应表明共有人之本名。这些规定虽从法律上建立了姓名权制度，但实际上并没有真正实行。

中华人民共和国成立后，民法典的制定工作一波三折，至今未能出台。

现行有效的法律中，对姓名权的私法保护起始于 1986 年的《民法通则》，该法第 99 条第 1 款规定：“公民享有姓名权，有权决定、使用和依照规定改变自己的姓名，禁止他人干涉、盗用、假冒。"第 120 条第 1 款规定:"公民的姓名权、肖像权、名誉权、荣誉权受到侵害的,有权要求停止侵害,恢复名誉,消除影响,赔礼道歉,并可以要求赔偿损失。"这是我国姓名权制度的基本规定。从体例上看,姓名权置于"民事权利"中"人身权"一节,根据我国民法理论,可将姓名权解释为人格权。姓名权的主体是自然人;内容有姓名决定权、使用权、和变更权,与第 99 条第 2 款关于名称权的规定相比,姓名权不可转让;侵犯姓名权的基本形式有干涉、盗用、假冒;对姓名权的救济方式包括停止侵害、恢复名誉、消除影响、赔礼道歉以及赔偿损失。1988 年最高人民法院《关于贯彻执行〈中华人民共和国民法通则〉若干问题的意见(试行)》第 141 条规定:"盗用、假冒他人姓名、名称造成损害的,应当认定为侵犯姓名权、名称权的行为。"第 149 条规定:"盗用、假冒他人名义,以函、电等方式进行欺骗或者愚弄他人,并使其财产、名誉受到损害的,侵权人应当承担民事责任。"第 150 条规定:"公民的姓名权、肖像权、名誉权、荣誉权和法人的名称权、名誉权、荣誉权受到侵害,公民或者法人要求赔偿损失的,人民法院可以根据侵权人的过错程度、侵权行为的具体情节、后果和影响确定其赔偿责任。"这些法条对侵害姓名权的行为及责任的认定作了进一步规定。2001 年《最高人民法院关于确定民事侵权精神损害赔偿责任若干问题的解释》中规定了侵害姓名权的精神损害赔偿责任,以及侵害死者姓名造成死者近亲属遭受精神痛苦的精神损害赔偿责任,该规定明确了精神损害赔偿为侵害姓名权的责任形式之一,并将死者的姓名利益纳入姓名权的保护范围。

除《民法通则》的规定以外,我国《婚姻法》《收养法》等法律中亦涉及姓名权问题。《婚姻法》规定夫妻双方都有各用自己姓名的权利;子女可以随父姓,可以随母姓。《收养法》规定养子女可以随养父或者养母的姓,经当事人协商一致,也可以保留原姓。根据 1981 年最高人民法院《关于变更子女姓氏问题的复函》,父母在子女姓名更改问题上不能达成一致的,不可单方面决定更改子女姓名。我国目前关于姓名变更权的行使主要见诸户口登记立法。
1958 年 1 月 9 日由全国人民代表大会常务委员会通过的《户口登记
条例》第 18 条规定，公民需要变更姓名的，由本人或其监护人向
户口登记机关申请变更登记。至于变更姓名的申请条件及程序，条
例没有涉及。实践中，对于公民变更姓名的具体操作方式，均由各
省市的公安部门自行规定。[1] 1995 年出台的《公安部关于启用新
的常住人口登记表和居民户口簿有关事项的通知》规定"常住人口
登记表和居民户口簿应使用国务院公布的汉字简化字填写"。根据
公安部 2001 年作出的《公安部三局关于对中国公民姓名用字有关
问题的答复》，除依据《中华人民共和国国家通用语言文字法》第
17 条有关规定，姓氏可以保留异体字外，应严格按照上述公安部
的通知（公通字〔1995〕91 号）中"常住人口登记表和居民户口
簿应使用国务院公布的汉字简化字填写"的规定办理。关于少数港
澳同胞及华侨回内地定居入户时要求使用中英文夹杂或全外文名登
记户口的问题，依据上述通知要求，须填写用汉字译写的姓名；如
本人要求填写外文姓名的，可同时在该栏填写，但不允许填写中英
文夹杂的姓名。2004 年实施的《居民身份证法》第 4 条第 1 款规
定："居民身份证使用规范汉字和符合国家标准的数字符号填写。"
作为《国家通用语言文字法》配套规范的《通用规范汉字表》（尚
未颁布）研制课题立项于 2001 年 4 月，获得教育部、国家语言文
字委员会批准，并于 2009 年 8 月公开向社会征求意见。根据该规
范，新生儿取名用字必须符合汉字使用的规范，只能从规定的 8000
余个字中选取。根据公安部 2007 年起草的《姓名登记条例（初
稿）》（尚未颁布），公民应当随父姓或者母姓，允许采用父母双方
姓氏。姓名不得使用或者含有下列文字、字母、数字、符号：①已
简化的繁体字；②已淘汰的异体字，但姓氏中的异体字除外；③自

---

〔1〕 阮忠良、丁晓华："论姓名变更权的法律保护"，载《上海政法学院学报》
2005 年第 1 期。

造字；④外国文字；⑤汉语拼音字母；⑥阿拉伯数字；⑦符号；⑧其他超出规范的汉字和少数民族文字范围以外的字样。除使用民族文字或者书写、译写汉字的，姓名用字应当在2个汉字以上、6个汉字以下。年满18周岁的公民申请办理名字变更登记的，以一次为限。这些规范在赋予公民姓名权自由的同时，也对姓名权的行使进行了限制，在一定程度上缓解了姓名冲突问题。但这些规范并不系统，彼此之间有相互冲突的地方，有些规范尚处在起草阶段。

上述各规定基本都属于公安部的通知规定，因层级较低，实际生活中常有人不遵守。例如"赵C案""王者荣耀案"等。所以，除民法典相关编章的规定外，还应该制定我国的姓名法，完整规定姓名的相关规则。

关于侵害姓名权的救济方式，除《民法通则》外，2009年12月26日颁布的《侵权责任法》作出了更明确的规定。侵害姓名权属于一般侵权行为，其构成要件有：首先，侵权人主观上具有过错。《侵权责任法》第6条规定："行为人因过错侵害他人民事权益，应当承担侵权责任。"侵害姓名权，一般以故意为要件。其次，侵权人实施了干涉、盗用、假冒他人姓名的违法行为，如：①干涉他人决定、使用和变更姓名，主要包括干涉养子女决定、使用和变更姓名，干涉被监护人决定、使用和变更姓名，干涉他人使用与自己相同的姓名。②盗用他人姓名，是指未经他人同意或授权，擅自以他人名义实施有害于他人和社会的行为。③假冒他人姓名，是指使用他人的姓名从事某种民事、经济及其他活动，假冒者的目的常常并不是直接损害被假冒者的利益，而只是谋取个人的非法所得。[1] 这与德国民法典对姓名上"同一性利益"的保护是一致的。再次，侵害姓名权的损害事实，以盗用、冒用他人姓名，干涉行使姓名权，不法使用他人姓名的客观事实为限，不必具备特别的损害事实，如精神痛苦、感情创伤等。最后，侵害姓名权的违法行为与

〔1〕 王利明：《人格权法研究》，中国人民大学出版社2005年版，420~423页。

损害事实之间具有因果关系。由于侵害姓名权的违法行为和损害事实合一化的特点，二者之间的因果关系不需要特别证明。根据《侵权责任法》第15条第1款，承担侵权责任的方式主要有：停止侵害；排除妨碍；消除危险；返还财产；恢复原状；赔偿损失；赔礼道歉；消除影响、恢复名誉。根据该法第22条，侵害他人人身权益，造成他人严重精神损害的，被侵权人可以请求精神损害赔偿。另外，《侵权责任法》第36条规定："网络用户、网络服务提供者利用网络侵害他人民事权益的，应当承担侵权责任。网络用户利用网络服务实施侵权行为的，被侵权人有权通知网络服务提供者采取删除、屏蔽、断开链接等必要措施。网络服务提供者接到通知后未及时采取必要措施的，对损害的扩大部分与该网络用户承担连带责任。网络服务提供者知道网络用户利用其网络服务侵害他人民事权益，未采取必要措施的，与该网络用户承担连带责任。"这在网络侵权行为日益严重的情形下，更有利于对姓名权的保护。

针对人们对《民法通则》和《婚姻法》中有关姓氏权利规定理解的差异，以及实践中人们对姓氏的无序使用问题，为使人民法院正确理解和适用法律，最高人民法院向全国人民代表大会常务委员会提出请求，对《民法通则》第99条第1款"公民享有姓名权，有权决定、使用和依照规定改变自己的姓名……"和婚姻法第22条"子女可以随父姓，可以随母姓"的规定作法律解释，明确公民在父姓和母姓之外选取姓氏如何适用法律。

2014年11月第十二届全国人大常委会第十一次会议通过对民法和婚姻法相关条款的法律解释，认为：公民依法享有姓名权。公民行使姓名权属于民事活动，既应当依照民法通则第99条第1款和婚姻法第22条的规定，还应当遵守民法通则第7条的规定，即应当尊重社会公德，不得损害社会公共利益。在中华传统文化中，"姓名"中的"姓"，即姓氏，体现着血缘传承、伦理秩序和文化传统，公民选取姓氏涉及公序良俗。公民原则上随父姓或者母姓符合中华传统文化和伦理观念，符合绝大多数公民的意愿和实际做法。同时，考虑到社会实际情况，公民有正当理由的也可以选取其他姓氏。具体解释内容如下："公民依法享有姓名权。公民行使姓名权，还应当尊重社会公德，不得损害社会公共利益。公民原则上应当随父姓或者母姓。有下列情形之一的，可以在父姓和母姓之外选取姓氏：①选取其他直系长辈血亲的姓氏；②因由法定扶养人以外的人扶养而选取扶养人姓氏；③有不违反公序良俗的其他正当理由。少数民族公民的姓氏可以从本民族的文化传统和风俗习惯。"

对于上述立法解释，最高人民法院曾以第 89 号指导案例的方式予以加强。对此也有人提出疑问，认为我国现在已经采取夫妻别姓主义，家庭同姓的传统早已消失，加上身份证号码以及指纹采集、人脸识别的运用等，姓名的社会管理以及身份识别等作用日渐式微，所谓的传统文化、伦理观念等都已经发生了巨大变化，对人民姓名的选择自由不宜过多干预。不管怎样，目前法律的规定，至少在客观上使得我国对姓名权的民法保护体系已经基本形成，在司法实践中具有积极意义——即使存在立法漏洞，而且随着社会的发展也表现出了一定的滞后性。尤其是名人姓名的商业利用问题，在激烈的市场竞争中，越来越多的名人姓名及其谐音被抢注为商标或网络域名，其中蕴涵的巨大经济利益被侵权人非法获取，而目前并没有相关法律明确规定救济方式。

我们认为：规制姓名权，除沿袭我国有关姓名权的立法传统外，还应借鉴法典制国家的相关立法例，以确保我国的姓名权立法既兼顾社会生活的多种需要，又能体现人权平等与价值多元的立法理念。具体规制内容可包括以下五方面：一是姓名权的主体。主体为自然人，且自然人享有平等的姓名权。二是姓名权的内容。其一是姓名决定权。未成年子女的姓名由父母协商确定。不知父母的未成年人由有关机构决定姓名，但应遵循公序良俗。其二是姓名使用权。姓名使用权人人平等，禁止干涉、假冒、盗用。侵权者应承担损害赔偿责任。其三是姓名变更权。自然人在符合法定的条件和程序时可变更姓名。变更姓名须遵循申请、审查、批准、公告和登记程序。其四是姓名利益的支配权。基于商业利用、社会利益的需要和法律规定，有关姓名利益的支配协议具有法律效力。三是姓名冲突的规制。当姓名发生混同时，恶意混同者构成对他人姓名权的侵害。当父母对未成年子女的姓名未达成一致时，可诉请法院基于子女最佳利益的原则裁决。子女在成年后可根据意愿申请变更姓名。养子女既可随养父母的姓，也可保留原姓。未经认领、准正的非婚生子女，随母姓；非婚生子女在认领、准正后，由生父母决定其姓名。四是姓名权的保护范围。基于社会生活和社会需求的多元化，凡取得姓名地位的网名、艺名和笔名受法律保护；死者的姓名被侵犯时，死者的近亲属可寻求法律救济，侵权者应承担相应的民事责任。五是姓名的登记管理。姓名以公安机关登记确认的为准。变更姓名仍须经公安机关的登记确认。

七、肖像权

如前所述，人格因素的组成不仅是内在于主体的组成部分，如生命、身体自由、健康等，也包含有外在于主体的因素，如姓名、肖像、名誉等。一个完整的人不仅是自然的，更是社会的，其存在不仅需要生命、身体、健康，也需要姓名、肖像、名誉等提示性信息，这部分信息与生命、身体、健康不同，是可以外在的因素，是可以被自己和他人利用（保护财产性利用）的。这种理解当然是在承认人身与财产区分的情况下做出的，但绝对的区分是不可能的。正如耶林所言："对骑士进行侮辱与对农民土地进行抢夺一样会被认为是对他人人格的不尊重。"

（一）域外法中对肖像权的规范

其实就域外的法律规定看，虽然对于有些人格利益是否属于权利以及是否给予特别保护有不同意见，但对肖像权的立法一般都有明确规定，有的并没有明确规定对肖像权的保护，有的侧重于肖像权的人格利益，有的侧重于肖像权的财产性。

第一，在美国，法律及判例中并没有单独的肖像权的概念，而是把肖像纳入隐私权的范围加以保护。美国隐私法主要有四大领域，其中有非常独特的两点，一是"因商业目的盗用他人的姓名或类似物"；二是"发表错误暴露他人隐私的材料"。这两点中均有涉及肖像的权益。而这两种的情形，第一种在我国通常属于侵犯肖像权、姓名权的范畴；第二种在我国通常是构成对公民名誉权的侵犯。美国侵权法认为，侵犯隐私，由四个不同的侵权行为组成：①盗用他人的姓名和肖像；②侵扰他人的私生活；③公开他人的隐私；④将他人错误曝光。1903年，纽约州制定了《纽约民权法》，该法规定，任何人不得在未得到本人同意的情况下将他人的姓名、画像或照片用于广告或贸易。其他州后来也制定了类似的法律。事实上，美国的具体人格权保护与商品化权的保护也存在同样的问题。美国的肖像权受到隐私权的保护，侵害肖像权的侵权行为直接依照隐私权保护的法律处理。如果涉及肖像利益的商业化利用，需要以公开权保护的，则引用公开权的判例法进行判决[1]。

英美法系对肖像权的保护也各不相同。英国法和爱尔兰法则不承认此类"权利"。他们只借助于诽谤、违背信任义务、侵扰、加害性欺骗及对人的侵犯等侵权行为或借助于著作权法侵害对它们提供间接的保护，即肖像属于名誉方面的利益，侵害他人肖像权一般归入侵害名誉权。可见，在英国法中，对肖像权并没有直接的规定，而是放到其他权利中加以保护。

第二，在日本，肖像受到侵害时，依据《日本民法典》和判例，以人格权受到损害为诉因提起诉讼。按日本《法与新闻》一书的解释，肖像权即"自己的肖像未经许可不准拍照、不准公开发表的权利"[2]。日本最高法院1969年在审判京都府学联事件时，有如下判决："作为个人社会生活之一部分，任何人均有不经本人同意不许对其容貌、姿态进行摄影的权利。"但是，最高法院在判决中又表示，下列情况警官可以不经本人同意、不待法院批准证进行拍照：①犯罪当时或刚刚作案；②有保存证据之必要且十分紧急；③摄影方法在一般容许的限度之内。1977 年 2 月 23 日日本高等法院判例称下列情况不属侵权行为："摄影目的属正当报道采访、为正当劳务对策保存证据、为行使司法权力保存证据等，可认为属正当行为。"[1]

第三，在意大利，《意大利民法典》第 10 条明确规定：如果自然人本人或其父母、配偶、子女的肖像未被按照法律规定的方式陈列或发表，或者肖像的陈列或发表对该人或其亲属的名誉构成了损害，则司法机关可以根据利害关系人的请求作出停止侵害的决定；当事人请求赔偿的权利不受影响。

第四，在埃塞俄比亚，其《民法典》第 29 条对肖像权也作出了明确规定：因肖像的属主为公众人物，或因他担任的公职，或因司法和警察活动的要求，或科学、文化和教学的利益证明复制自然人的肖像为正当，或肖像的复制与具有公共利益或发生在公共场合的事实、事件或仪式相关，则不要求有关人士的同意。

通过对以上国家的规定可以看出，对肖像权的保护主要有这样的几种方式。其一，人身权保护立法方式。所谓人身权保护立法方式，就是运用人身权的法律规范，对自然人肖像权实施保护。如日本民法典是通过民事立法保护自然人的肖像权。这一保护立法模式的主要特点是，运用法律对自然人身权利的保护规定和原则，将肖像权归类，类似于姓名权、名誉权、荣誉权等明确其权利义务，并对受侵害的肖像实施相应的司法救济。其二，著作权法保护方式。将肖像权和著作权巧妙地合于一法，纳入到著作权法范围进行保护，统一规范。著作权法保护模式的特点在于：①将自然人的肖像

---

[1]　［日］村上孝止："隐私权判例与法规的展开"，载日本《新闻研究》1982 年第 11 期。

摄制权归入到委托和雇佣作品的规定范畴；②将肖像权纳入著作权发表展出权中规定，同时以但书方式明确展出时不得损害肖像人的名誉，既解决权利冲突，又兼顾肖像人和著作权人的双方权利。[1]因此，鉴于各国著作权保护制度的差异，在肖像作品著作权的归属上不尽一致，从而导致肖像权与著作权分离的情况下，冲突问题未能很好解决。其三，其他保护方式。不少国家针对发生在不同领域中的不同侵权行为，运用不同的部门法予以调整。如美国将一部分肖像摄制权纳入民法隐私权范围进行调整，同时，又将部分商业性使用肖像的行为纳入商事法律和不正当竞争法范围调整。

（二）肖像的概念

对于肖像，人们大致有三种理解：

第一，强调肖像载体所反映的是自然人的面部形象，认为肖像并不是自然人形象本身，而是通过一定的方式所反映出来的自然人的面部形象，突出强调了物质载体上所体现的自然人的面部或以面部为主体的形象。据此，如果一个载体中没有出现权利人的面部，虽足以令他人通过此载体所呈现的其他特征判断出该形象源自何人，但权利人仍然无法通过肖像权侵权责任得到救济。

第二，认为肖像固以人之面部特征为主要内容，但应从宽解释，凡足以呈现个人外部形象者，均包括在内。虽然肖像要反映自然人五官，但每一个肖像的形成并不必须包括自然人的五官或者面部形象，同时认为肖像是一种反映了自然人形象的作品，也就表明其并没有将肖像本身与肖像载体加以区分。

第三，认为不管是不是具有整体体现，只要能够清晰体现外貌形象，并足以使人清楚辨认其肖像权人者就应该认定构成肖像。肖像是自然人外貌形象的完整体现，但肖像的清晰可辨性应该是其最为重要的特点，只要符合了这一特点，就应该能够认定其肖像，而

---

[1] 浦增平："肖像权保护模式的比较研究"，载《法律科学（西北政法学院学报）》1992年第4期。

不应该追求是否反映了面部形象，是否完整地反映了自然人的外貌特征。

我国民法典《人格权编》三审稿第 798 条第 2 款规定："肖像是通过影像、雕塑、绘画等方式在一定载体上所反映的特定自然人可以被识别的外部形象。"其中并未将肖像限制在"面部形象"内，但是，缺乏面部形象的作品，通常很难确定为某一具体人，如果需要仔细辨认或者通过特别对比才能确认，则难言其为肖像。腿模的一张美腿照片，不能说是其肖像，未经其同意擅自使用该照片，确实构成对其利益的侵害，但对其利益的保护，可以通过著作权法加以救济。本人坚持认为，肖像应包括面部形象。

（三）肖像权的概念及特征

肖像权，是自然人以在自己的肖像上所体现的利益为内容的具体人格权。它作为一种具体的人格权，是包含了肖像所体现的精神利益和物质利益的民事权利。

1. 肖像权的概念

对于肖像权的概念，我国学者的理解并不相同：王利明教授认为肖像权是指以自己的肖像所体现的利益为内容的权利。[1] 彭万林教授认为肖像权是指公民通过造型艺术或其他形式在客观上再现自己形象所享有的专有权。[2] 张俊浩教授认为肖像权是自然人对于肖像的制作权和标表使用权。[3] 郑立教授认为肖像权是指公民对自己的肖像享有的拥有、使用或许可他人使用的权利。[4]

2. 肖像权的法律特征

第一，肖像权的基本利益是精神利益。肖像权作为自然人的基本人格权，所体现的基本利益，是精神利益。法律保护自然人的肖像权，最主要的是保护肖像权所体现的这种精神利益。

---

〔1〕 王利明主编：《人格权法新论》，吉林人民出版社 1994 年版。
〔2〕 彭万林主编：《民法学》，中国政法大学出版社 1994 年版，第 152 页。
〔3〕 张俊浩主编：《民法学原理》，中国政法大学出版社 1991 年版，第 148 页
〔4〕 郑立等主编：《民法学（第二版）》，北京大学出版社 1994 年版，第 511 页。

第二，肖像权具有明显的经济利益。与自然人的名誉权等人格权不同，肖像权所具有的物质利益，是肖像权所体现的一项重要内容。肖像权与其他人格权相比，与财产有着更密切的联系，这就是肖像权所体现的物质利益。自然人的肖像作为艺术品，具有美学价值。在市场经济条件下，这种美学价值能够转化为财产上的利益，享有肖像权，就可以获得财产上的利益，这是一个不可改变的客观事实。当然，肖像权所包含的这种物质利益，并不是其主要内容。

（四）肖像权的内容

肖像权的基本内容包括以下四项：

1. 制作专有权

肖像的制作可以由自己进行，如自画像、自拍摄影等，更多的是由他人制作。无论肖像由谁制作，肖像权人都对自己的肖像享有专有权。这种制作专有权，一方面表现为肖像权人可以根据自己的需要和他人、社会的需要，通过任何形式由自己或由他人制作自己的肖像，他人不得干涉；另一方面，肖像权人有权禁止他人非法制作自己的肖像。肖像制作专有权是肖像权的基本权利，是肖像权其他内容的基础。

2. 使用专有权

由于肖像具有美学价值，并在一定条件下可能产生物质利益，因而肖像不仅对于本人，而且对于他人乃至社会，都具有利用价值。利用价值可以转让他人，由他人使用。他人使用肖像权人的肖像，可以出于多种目的，可以是有偿的，也可以是无偿的；可以是约定期限的，也可以是不约定期限的。无论怎样使用，均须由使用人和肖像权人平等协商，由肖像权人本人决定他人是否可以使用。应当注意的是，肖像使用专有权的转让，只能是部分转让，而不能是全部转让。因为肖像利益是自然人的人格利益，全部转让肖像使用权，等于权利人抛弃了自己的人格利益，而人格利益是不准抛弃的。

3. 利益维护权

肖像权的另一个重要内容，是肖像利益的维护权。肖像权是绝对权、对世权，除权利人之外，其他任何人都负有不得侵害的义务。肖像权受到侵害时，肖像权人有权维护自己的肖像利益。肖像利益维护权的首要内容，是维护肖像的精神利益，对于恶意毁损、玷污、丑化公民肖像的行为，肖像权人有权请求行为人停止侵害，并承担相应的民事责任。

（五）侵害肖像权的侵权责任构成

侵害肖像权责任构成，须具备以下三个要件：

1. 须有肖像使用行为

侵害肖像权责任构成的首要条件，是肖像使用。从严格的意义上讲，肖像为肖像权人所专有，他人不得私自制作其肖像。但是，只是制作肖像而不予以使用，尚不足以构成侵害肖像权。对此，曾有两种不同的学说。一种认为未经委托或同意，而就他人之肖像摄影、写生、公布、陈列或复制者，皆属肖像之侵害；另一种认为，侵害肖像权的范围，以未经同意而就他人之肖像为公布、陈列或复制之者为限。多数学者采用后一种主张[1]。侵害肖像权中使用的肖像，包括一切再现自然人形象的视觉艺术作品及其复制品。这种使用，并非仅仅包括商业上的利用，而是包括一切对肖像的公布、陈列、复制等使用行为。商业上的使用和非商业上的使用，都可以是公布、陈列或复制等使用行为。

2. 须未经肖像权人同意而使用

肖像权是自然人专有权，肖像的使用应遵循约定，未经同意而使用，便破坏了肖像权的专有性，便是一种违法性行为。

3. 须无阻却违法事由而使用

虽然未经本人同意而使用他人肖像，但如果有阻却违法事由，则该使用行为为合法。肖像使用行为的阻却违法事由，主要包括：

---

[1] 何孝元：《损害赔偿之研究》，台湾商务印书馆1982年版，第160页。

（1）为维护社会利益需要。如对先进人物照片的展览，自然人实施不文明行为而拍摄、公布予以善意批评，通缉逃犯而印制照片等，均为合法使用。

（2）为维护自然人本人利益的需要。如刊登寻人启事而使用的照片，为合法使用。

（3）为了时事新闻报道的需要。凡参加可以引起公众兴趣的集合、行列、仪式的人，因其肖像权淹没在集合、行列、仪式之中，而不得主张肖像权。同理，集体照相中的个人，亦不得主张该照片的肖像权。

（4）公众人物。有学者认为"所谓公众人物是指除了公共官员之外，在一定范围内为人民所公共知晓和关注，其言行与社会公共利益密切相关的人士"[1]。对公众人物的肖像权问题，我国法律未作特别规定，众多学者对此展开讨论，有的称之为公众人物忍受义务，有的称之为公众人物的必要权利牺牲。但是达成共识的是：公众人物的肖像权在一定范围内应当受到限制。对于公众人物的肖像的善意使用，亦为公众人物的肖像权的容忍义务。

（六）侵害肖像权构成要件的争鸣

1. 营利目的不是侵害肖像权的构成要件

主张营利目的为侵害肖像权责任构成必备要件这一观点的大有人在。这种意见的不当之处在于：坚持把营利目的作为侵害肖像权责任的构成要件，将难以制止非营利目的的其他非法使用肖像的行为。坚持营利目的为侵权要件的必然结果是承认非营利目的使用他人肖像的行为全部合法化。在非营利目的使用他人肖像的行为中，只有具有阻却违法事由的行为才是合法行为。而其他不具有阻却违法事由的非营利目的的使用肖像行为却是大量存在的，诸如侮辱性使用行为等。目前，在司法实践中存在的无法对侮辱性使用肖像行

––––––––––––

[1] 杨士林："'公众人物'的名誉权与言论自由的冲突及解决机制"，载《法学论坛》2003年第6期。

为予以制裁的问题，正是坚持营利目的为侵权要件所造成的后果之一。

坚持营利目的作为侵害肖像权责任的构成要件，将难以保护肖像权人的人格尊严。在肖像权所包含的精神利益和物质利益当中，精神利益是作为人的人格尊严的基本内容，法律应当着重予以保护。但是，坚持营利目的为侵权责任的构成要件而要加以追究，对非侵害其财产利益的肖像使用行为则一律不予追究，其必然的结果不正是确立精神损害赔偿制度的立法之初所要极力避免的人格商品化吗？

2. 侵害肖像权的赔偿方法

对于侵害肖像权损害赔偿责任的确定，应当采取两种不同的方法：

（1）无营利目的侵害肖像权的赔偿方法。侵害肖像权，侵权人无营利目的的，应当适用一般精神损害赔偿计算方法计算赔偿数额。对此，应当根据侵权的情节、加害人的过错、受害人损害程度等情节，酌定赔偿数额。

（2）以营利为目的侵害肖像权的赔偿方法。以营利为目的侵害他人肖像权，应当参照肖像转让使用权的一般费用标准确定赔偿数额，即按照一般有偿使用肖像的费用标准计算。在实务中还有两种参照方法，一是以侵权所得利润作为标准，二是以受害人所受到的损失作为标准，加以计算。在适用前一种计算方法计算赔偿数额的时候，应当明确侵权所获利润并非该使用人在使用该肖像期间所获得的全部利润，而应当确定使用该肖像在该利润中所占的准确比例，后一种方法由于受害人的经济损失较难确定，实际上是采取肖像使用报酬的丧失为标准，因而与参照转让使用权费用标准相似。

（七）有关集体肖像权问题

所谓集体肖像是指：两个以上的个人肖像并存于一个载体，形成的独立于个体肖像的肖像。集体肖像以团体形象呈现于大众，并与每个个体肖像相区别，虽然每个个体的肖像也受法律保护，但其利益更多隐含于整体利益之中。

法国高等法院在 1887 年曾经针对某著名演员请求法院判决照相馆从其橱窗中撤去陈列的包括自己在内的合影照片的案件时认为：演员的个人肖像利益为全体利益所压倒，其一个人的个性为全体画面所掩盖，因而其人格权丧失存在基础。

（八）肖像角色形象——人格权与著作权

实践中，因肖像权与著作权之间存在矛盾而产生的纠纷并不少见，但理论上对此研究较少。先看一则著名案例：

2001 年 11 月中旬，蓝天野与朋友一起在天伦王朝饭店地下一层"影艺食苑"餐厅用餐时，发现门楣处有一长 280 厘米、以电影剧照为内容的灯箱，电影《茶馆》中有原告饰演的"秦二爷"，这一角色和其他二角色合影的人物剧照也在其中。"影艺食苑"的一个厅房门口同样摆放着《茶馆》中有"秦二爷"形象的人物剧照展示架。

蓝天野在与饭店交涉未果的情况下，向法院提起了肖像权和名誉权诉讼。称天伦王朝饭店未经许可，擅自使用原告形象制作广告灯箱和展示架长达 4 年之久的行为不仅侵犯了他的肖像权，而且使公众对蓝天野产生误解，影响了蓝天野的社会评价，构成了对蓝天野名誉权的侵犯。北京电影制片厂（以下简称"北影厂"）未经蓝天野同意将含有其形象的电影剧照有偿许可天伦王朝饭店使用亦构成对蓝天野肖像权、名誉权的侵犯，因此追加北影厂为共同被告，要求二被告共同承担赔礼道歉、恢复名誉、支付肖像权赔偿金 10 万元、名誉权赔偿金 5 万元及其他经济损失 6040 元的民事责任。

天伦王朝饭店认为，电影剧照不是肖像，肖像与电影剧照利用的识别性特征或知名度是不同的。即使该剧照归入肖像之列，也是集体肖像，因该剧照共有 3 个人物。在集体肖像中，各肖像权人不得主张肖像权。饭店使用该剧照不仅取得了《茶馆》制片人北影厂的同意，而且使用目的不是为餐厅做广告，而是营造一种影视艺术文化氛围，不仅不侵犯蓝天野的肖像权，反而更彰显蓝天野的艺术造诣。

北影厂辩称，电影《茶馆》是 1982 年拍摄的故事片，影片的著作权归北影厂享有。剧照作为影片的一部分，其著作权也属于北影厂，厂方有权许可他人使用。

北京市东城区法院认定：反映表演者面部形象特征的电影剧照上不仅承载了电影的某个镜头，同时也承载了表演者的面部形象，具有双重的识别性，相互不能替代。在涉案剧照中，原告本人的面部形象特征清晰，不仅令一般公众辨别出是电影《茶馆》中的镜头，且令一般公众分辨出饰演"秦二爷"角色的表演者是原告蓝天野，因此原告对涉案剧照享有肖像权。作为一幅肖像作品，涉案剧照上存在着肖像权与肖像作品著作权的双重权利，著作权的行使不能超越肖像权。电影的著作权人在以电影播放形式行使著作权时无需征得表演者的同意，但超出与使用或宣传电影作品有关的活动范围的使用就要征得表演者的许可或有特殊约定。

法院认为，北影厂在未与原告就肖像使用范围进行特殊约定的情况下，允许天伦王朝饭店使用涉案剧照超出了合理使用范围，天伦王朝饭店由此对涉案剧照的使用存在权利瑕疵。但鉴于涉案剧照上不止原告一人，而是集体肖像，集体肖像物理上的不可分性决定了其中的个人肖像权的行使要受到一定限制，加之饭店使用涉案剧照是为了营造艺术氛围，不是做广告，不具有直接的营利目的，也不具有贬损原告名誉的性质，因此不构成对原告肖像权和名誉权的侵犯。

法院的观点不仅前后矛盾，其基本结论也不正确。如果认定剧照属于肖像，未经本人授权或同意的使用即构成对蓝天野肖像权的侵害，此与个人肖像还是集体肖像无关。有法院对篮球队某队员起诉行为人未经本人同意擅自使用其集体照片侵害其肖像权的请求未予支持，不是因为在集体肖像中个人肖像权的行使要受到一定限制，而是因为其所在集体与行为人事先签订过使用集体肖像的协议。本案中，法院认为被告使用原告照片是为了营造艺术氛围，并因此认为其行为不构成侵权，这种观点是没有法律根据，也缺乏事实依据的。一个以营利为目的的主体，其选择的装饰风格，不可能是为艺术而营造艺术氛围，即其营造艺术氛围的目的还是吸引顾客前来消费。退一步说，以营利为目的并非侵害肖像权的构成要件，即便是单纯为了营造艺术氛围，未经权利人同意，擅自使用其肖像的行为也构成侵权。

这里涉及肖像权与著作权的冲突问题，实际生活中也有照相馆与肖像权人之间因照片权利归属问题的纠纷。这源自《著作权法》对委托作品著作权归属的规定，该法第 17 条规定：受委托创作的作品，著作权的归属由委托人和受托人通过合同约定；合同未作明确约定或者没有订立合同的，著作权属于受托人。这就导致在实践中出现肖像权人对作品中的形象拥有肖像权，而受托人对作品拥有著作权的情形。但是，通常著作权人只能被动拥有著作权，而一旦积极行使其权利，就可能侵害他人的人格权——肖像权。

八、名誉权

（一）名誉权的含义

有关名誉的定义，学者理解不完全一致，多数人认为名誉是社会对于特定民事主体的综合评价。这种评价在实践中是指良好的社会评价，即正面评价，名誉权中的名誉指好的名声。负面评价、不好的名声没有人视其为权利并予以维护。名誉权则是以民事主体在社会中应受与其地位相当的尊敬或评价的利益为内容的人格权。名誉权在人格权中尤其在精神性人格权中，占有非常重要的地位，对于其他人格利益的侵害，往往都会造成人们对受害人评价的降低。所以，名誉是自然人人格尊严的最集中体现，当然，也正因此，名誉权在内容上是一个不确定的人格利益。《民法通则》第 101 条规定：公民、法人享有名誉权，公民的人格尊严受法律保护，禁止用侮辱、诽谤等方式损害公民、法人的名誉。其中的"名誉"与"人格尊严"就是混同的。

现行的《德国民法典》中没有规定名誉权。实际上，在《德国民法典》第一稿和第二稿的草案中，在对法益进行保护的条款中都还列举了"名誉（Ehre）"。而在此后对草案的进一步修改中，这一法益却在条文中消失了，其中的部分原因也是由于作为人格权内容重要组成部分的"名誉"的不确定性。名誉，是社会对于特定主体的综合性评价，其所包含的内容广泛，具有一般人格价值，在某种意义上，名誉权具有一般人格权的功能。

德国最终没有将"一般人格权"以及"名誉"写入其《民法典》的另外一个重要原因是和当时德国盛行的经济自由主义（wirtschaftlicher Liberalismus）的思想有关[1]。立法者认为，如果将"一般人格权"或"名誉"写入规定侵权行为的一般条款，就等于创设了一个一般的行为责任（Actio Culpae），这就会大大超出《刑法典》中对保护名誉的规定，使得过失侵害名誉的行为也要承担责任[2]。当时的立法者还认为，名誉被侵害一方当事人的自由和对方当事人的自由是一对矛盾，而比较于前者，后者的行为自由在私法领域内更应当受到维护[3]。立法者还进一步认为，试图通过金钱诉求挽回自己名誉的人，本身就已经没有名誉可言了[4]。

诚然，德国民法典对于名誉或名誉权没有明确给予保护，但是其第 823 条第 2 款提到的"以保护他人为目的的法律"涉及人格利益方面，这里指的主要是其《刑法典》第 185 条至第 188 条对于侮辱诽谤罪的规定，而这些罪名是以故意为前提的。也就是说，只有损害名誉符合侮辱诽谤罪的要件并达到了触犯刑法的程度，受害人

---

〔1〕　Coing, Helmut, Europäisches Privatrecht, Bd. II, 19. Jahrhundert: Überblick über die Entwicklung des Privatrechts in den ehemals gemeinrechtlichen Ländern, 1989, S. 70

〔2〕　Vgl. Mugdan II, Motive, S. 1077

〔3〕　Vgl. Mugdan II, Motive, S. 1077; vgl. Hierzu auch Brehmer / Voegli, Das allgemeine Persönlichkeitsrecht（APR）, JA 1978（S. 374-384, 492-497）, S. 375

〔4〕　Mugdan / Stegemann, Die gesammelten Materialien zum Bürgerlichen Gesetzbuch für das Deutsche Reich, Bd. II, S. 1298

才有可能根据《民法典》第 823 条第 2 款要求赔偿损失。所以，不能因为没有明文规定，就否认德国民法典对名誉权的保护；当然，其借助其他制度保护名誉权的方式，现在看来是值得检讨的。

（二）"坏人"的名誉权

此问题来源于中国法学网 2008 年 7 月 8 日对著名的民法学家梁慧星教授的采访记录。梁老师针对安徽女贪官尚某状告媒体侵害名誉权一案[1]，认为贪官是"坏人"，"坏人"是无名誉的，自然也就没有所谓的名誉权；法院作出原告贪官胜诉之判决，判令被告媒体向原告贪官赔礼道歉，并支付精神损害抚慰金 6 万元是错误的。按照梁老师的观点，名誉是抽象的，无数量和种类上的划分。名誉的此一特点使具体的当事人要么有名誉，要么无名誉，不可能有这方面的名誉，而无他方面名誉；名誉权是与生俱来的，因为世界上没有天生的坏人。人一旦降生到世上，就有名誉、有名誉权，只是有的人后来变坏了，成了坏人、贪官，就没有了名誉，没有了名誉权。故名誉权与其他人格权稍有不同。生命权、身体权、姓名权、肖像权，人只要活着就享有；但名誉权不是这样，坏人、贪官虽然活着，却没有名誉权。

梁老师的观点是值得进一步讨论的。名誉作为人格权的内容之一，是所有民事主体都有的利益。社会评价包括了对生活作风、道

---

[1] 2007 年 1 月，原安徽省卫生厅副厅长尚某因犯受贿罪和巨额财产来源不明罪，被判处有期徒刑 10 年。湖北日报传媒集团下属的《前卫》杂志刊出《傍上两个"副省"，为何保不住她的亨通仕途》一文。该文以"丢掉自尊'傍'领导，一心一意向上爬""权欲熏心不知足，以色为本攀高官"等加粗醒目的标题，用大幅笔墨渲染尚某私生活问题以增强"可读性"，称尚某为了自己的"仕途"，凭借几分姿色，傍上了两位副省级高官，等等。文章刊出后，全国乃至国外众多媒体先后以"女高官的桃色新闻"等为标题，进行转载、转播。2008 年 3 月，尚某以自己名誉权受到侵犯为由，将刊登《傍上两个"副省"，为何保不住她的亨通仕途》的湖北日报传媒集团起诉到了法院。法院认为，尚某作为公众人物，理应接受媒体的监督，但新闻报道不能超出法律允许的界限，更不能以满足公众的知情权为由，侵犯其名誉权。尚某作为公民的名誉权仍受法律保护。2008 年 5 月下旬，法院判令该媒体书面向尚某赔礼道歉，同时赔偿尚某精神损害抚慰金 6 万元。

德品质的评价，也包括对工作能力、天赋等的评价。即便是在道德品质方面，也应该有所区分，比如有些犯罪分子，在孝敬父母，爱护子女方面可能是令人称道的。尚某作为一名政府官员，属于公众人物，其名誉权范围比之普通人应该有所限制，但名人也有名誉权应该不会有人反对。同时，尚某贪污的事实已经被证实，在对其"贪污"方面进行批驳，甚至使用比较激烈的语言发表观点、宣泄感情都不应认为侵害了尚某的名誉权。但是使用毫无根据的或者编造的事实对其评论，即是典型的侮辱或诽谤。名誉是由一个个具体方面的评价组成的，在某一方面没有了正面评价，并不意味着所有方面的正面评价就都消失了。所以，对主体而言，名誉不是或有或无的问题，还包括在个别方面有没有名誉的问题。

另外，我国《监狱法》第7条第1款明确规定："罪犯的人格不受侮辱，其人身安全、合法财产和辩护、申诉、控告、检举以及其他未被依法剥夺或者限制的权利不受侵犯。"这条规定不仅适用于罪犯在服刑期间在监狱中受到的侵害，同时也完全适用于监狱外的人对服刑人员的人格侵害。所以，梁老师所言"坏人无名誉"是不符合法律规定的。

（三）名誉权与信用权

汉语中"信用"一词原本有两种意思，一为信任使用；二为遵守诺言，从而取得别人信任。现代社会"信用"多在经济领域使用，在法律意义上的"信用"，国内学者的界定不完全相同：①信用是社会上应受经济能力上的评价[1]；②信用是在社会上与其经济能力相应的经济评价[2]；③信用应指一般人对于当事人自我经济评价的信赖性，又被称为信誉[3]；④信用乃基于人之财产上地

[1]　史尚宽：《债法总论》，台湾荣泰印书馆1978年版，第147页。

[2]　王利明主编：《民法·侵权行为法》，中国人民大学出版社1993年版，第299页。

[3]　张俊浩主编：《民法学原理》，中国政法大学出版社2000年版，第158页。

位之社会评价，所生经济上之信赖[1]。信用与信誉的关系，有人从"誉，称美也"的角度认为信誉是指好的信用；而信用是中性词，因此认为二者不同，作为信用权的客体，信用包括信誉。[2]事实上，作为权利客体，有哪个主体对自己不好的信用主张权利啊！所以，在法律上区别信用与信誉没有意义。需要认真研究的是信用与名誉，或者信用权与名誉权的关系；以及信用权是否得为独立民事权利等。

就目前的研究结果分析，我国学者大多认为，信用与名誉是不同的，在谈及人格权时，都将信用权视为一种相对独立的人格权。如前引张俊浩教授认为"对信用的侵害，往往是侵害名誉权、商号权或者商标权的伴生现象"。对信用权侵害的救济与侵害商号权和名誉权的救济相同。其列举的信用权侵害样态包括：散布贬损他人信用的虚假信息；假冒他人商标或商号推销劣质商品或服务。全国人大常委会法工委提出的民法典草案，以及王利明教授主持的民法典建议稿也都列举规定了信用权。而2018年9月5日开始征求意见的民法典各分编草案中，人格权编并未再规定信用权。

主张信用权应该独立于名誉权者，其理由主要有三个：其一，两者评价的内容不同。名誉权主要是社会公众对权利人人格的道德评价，信用权则主要是对权利人经济能力的评价。其二，对二者侵害的方式不同。侵害名誉权的方式主要是诽谤和侮辱，侵害信用权的方式主要是虚假陈述。其三，在是否存在竞争关系方面不同。在侵害名誉权的情况下，侵权行为人与受害人之间可能存在竞争关系，也可能不存在竞争关系，在大多数情况下，不需要受害人与加害人之间存在竞争关系。而在侵害信用权的情况下，常常涉及竞争对手之间的竞争关系。[3]

---

〔1〕 龙显铭：《私法上人格权之保护》，中华书局1949年版，第71页。

〔2〕 参见杨立新：《人身权法论》，中国检察出版社1996年版，第639页。

〔3〕 王利明：《人格权法研究》，中国人民大学出版社2005年版，第549页。

其实，我们仔细分析这些理由就会发现，以这些理由来主张信用权独立于名誉权是牵强的。就评价内容而言，名誉权是对特定的人各方面的综合评价，其中当然也包括对其个人经济上的可信赖度的评价，信用属于名誉评价中的组成部分，二者是包含关系。如果说名誉是对一个人人格的道德评价的话，一个不讲信用的人也是不道德的。在权利侵害的方式方面，侵害信用权的虚假陈述与侵害名誉权中的诽谤同为无中生有的散布。至于侵权人与受害人之间是否存在竞争关系，在司法实践中并不会成为影响责任构成的认定标准，竞争对手的存在与否与是否为名誉权侵权毫无关系。事实上，在英美法中，信用是通过对名誉的保护来实现的。大陆法系国家中，很多国家即是在名誉权中对信用利益进行保护的。在欧盟只有少数国家设有专门法律调整危害个人或企业信用的侵权行为。信用是"基于人之财产上地位之社会评价，所生经济上之信赖，应当包括在名誉之内"[1]。除非证明信用在日常生活中已非常必要从名誉中分离出来，否则，对当事人经济上的可信赖性的评价，当然即是被法律所认可的名誉问题，而非法律之外的所谓信用问题。有学者以《德国民法典》第824条规定说明信用权的独立性。其实，该条规定可以从两方面理解：一是法律没有规定名誉权，二是该条规定是从主体要素角度说明的。法律上人之所以为人需要两方面要素，一是财产性，二是精神性。如果某一行为危及他人的生存时，法律必须予以救济，依第824条规定，传播不实之词危及"他人职业或发展"时，法律其实是从财产性角度对主体本身给予救济的，与人格利益相差较远。

名誉权因其以社会评价为评判标准，而人们对于一个具体人而言则可能会因与其有任何关系的事物而给予评价，所以人身状况、姓名、肖像、隐私等具体人格权利益都会影响当事人的名誉，因此名誉权与其他权利的联系和区别是实践中容易混淆的问题，且看下

---

[1] 龙显铭:《私法上人格权之保护》，中华书局1949年版，第71页。

列两则著名案例：

第一，"疑似精神病被强制治疗案"，案件的基本情况是：在"文革"中，某矿务局矿工医院医生张某经常发表一些评价林彪、江青等的"另类"言论，该院领导认为其精神不正常，依据精神病院个别医生出具的判断其患有精神分裂症的"门诊印象"和"初步诊断"，经研究决定不允许张某上班工作（如果不是这样，张某可能会被定为"恶毒攻击"罪而被判刑罚），工资照发。"拨乱反正"之后，新的院领导决定对张某按照病休待遇开工资，张某认为是领导决定自己不上班并且工资照发的，如果扣工资，就坚持恢复上班工作。院领导认为张某是精神病患者不能上班，并下发文件认定张不具备自主行为能力，并为其指定监护人（行使了法院的权力）。张某不服。该院在未经张某本人及其家属同意的情况下，派人强行将张用汽车送到精神病医院强制住院治疗38天。医院的结论为："病员自住本院一月余，未发现明显精神病症状，故未给予抗精神病药物治疗。"张某以侵害自由权和名誉权为由，向人民法院起诉。法院认为被告的行为侵害了原告的名誉权，认定构成侵权责任；对于侵害自由权的诉讼请求则不予支持。

此案当时是全国第一例关于侵害人身自由权的案件。但是，法院认为人身自由权在《民法通则》上没有规定为人格权，因此不能按照侵害人身自由权认定侵权行为，因而以侵害名誉权的性质审结本案。本案的出现也是实践中"人格权法定说"错误的证据。

第二，"超市搜身第一案"，案件基本情况是：1991年12月23日，女青年王某、倪某到某超市购物，当二人购物后离开该市场时，超市保安人员追出将二人拦住，责问二人有没有拿超市的东西没有付款。二人如实告知已经付清货款，但是保安人员仍不相信，将二人带到收银台，告知其店方规定有权查阅顾客携带的东西。王某生气地让他们检查，保安人员还是不相信，将二人带到办公室盘问，并对二人以摘下帽子、解开衣服、打开手袋等方式进行检查，逼得两名女青年伤心落泪。直到最后也没有搜查出任何东西，店方才对二人道歉并放行。王某和倪某感到人格受到侮辱，名誉受到损害，精神受到强烈刺激，造成严重精神痛苦，遂向法院起诉。经过法庭调解，超市承认错误，赔偿二原告精神损害赔偿金各2000元，二原告撤诉。

这两则案例法院的认定都是存在问题的，人身自由权并非法律没有规定。无论是宪法还是当时的《民法通则》对人身权都是有规定的，两则案件虽然都造成了当事人的名誉毁损，但两则案例更是对人身权（身体权）的直接侵害。身体权不仅包括人体器官和组织体的生物意义上的完满状态，也包括自己对自己身体的自由支配权利。

九、荣誉权

荣誉权，指民事主体对自己的荣誉称号所享有的不受非法侵害的权利。对于荣誉权的性质，我国学者意见不一。王利明教授认为：荣誉权不是主体与生俱来的权利，不是社会给予每一个公民或法人的评价，而是授予成绩卓越有特殊贡献的人，不是每个人享有的权利，所以，荣誉权是身份权。[1] 张新宝教授认为：荣誉权在本质上不具有人格利益的属性，在实践中荣誉的获取比较不规范，因此建议人格权的内部体系中不包括荣誉权。对于荣誉受到侵害的情形，司法实践可以利用有关名誉权的规定予以保护。[2] 姚明斌博士曾以"荣誉权作为民事权利的正当性检讨"为题撰写自己的硕士论文，认为"荣誉权"并不具备作为独立的民事权利的正当性，进而否定荣誉权的存在。[3] 杨立新教授认为，荣誉权的基本作用不是维护民事主体人格之必须，而是维护民事主体的身份利益，所

〔1〕 王利明：《人格权法研究》，中国人民大学出版社2005年版，第490页。
〔2〕 张新宝："人格权法的内部体系"，载《法学论坛》2003年第6期。
〔3〕 姚明斌："'荣誉权'作为民事权利的正当性检讨"，中国政法大学2010年硕士学位论文。

以，荣誉权是身份权。[1] 梁慧星和张俊浩二位教授主张荣誉权为人格权。从我国立法上看，自《民法通则》到《侵权责任法》都明确规定了荣誉权，所以，在我国荣誉权属于一项独立的人格权。

荣誉是特定组织对于特定的人所进行的专门性积极评价，它与名誉在内容、评价来源、主体范围，以及消灭等方面存在区别。但是，这种区别不足以认定荣誉权不是人格权而是身份权。身份权是自然人基于其在民法规范上所具有的身份而享有的权利，从历史上看，身份与平等相对立，不同身份的人法律地位不同。现代社会中，民事法律关系贯彻平等原则，身份概念在修正其内容的不平等后，被保留在亲属范围内使用，形成配偶权、亲权、亲属权等。身份离不开人格，身份权也以一定的人格的存在为前提。荣誉权并不属于这种意义的身份，在民事活动中，获得某种荣誉称号的人与他人法律地位仍然平等。作为一种评价性内容，荣誉是主体经过自己的辛勤劳动、刻苦钻研、见义勇为等在某方面做出突出贡献时才获得的积极评价，荣誉与主体不可分离并主要体现为权利人的精神利益，属于人格尊严内容，只是由于其在取得、行使和消灭方面与名誉权有很大差异，所以，荣誉权是一种独立的人格权类型。作为特定组织体对特定人的评价，荣誉的主要内容是精神性的尊严，但在获得荣誉称号时，往往也伴随着财产上的利益，如奖牌、奖金等。从我国的立法和司法实践中看，荣誉权历来是作为独立的人格权给予规范的，这种观念也早已被人们所接受。

十、隐私权

(一) 隐私权的概念

隐私是指在私人生活中，不欲他人知悉的信息。在大陆法国家，隐私也称私生活秘密。隐私权受到保护的历史是比较短的，其出现及发展变化与传媒业、照相技术、网络技术的发展密切联系。

---

[1] 杨立新：《人身权法论》，中国检察出版社 1996 年版，第 823 页。

众所周知，隐私权最早是由美国学者萨缪尔·D. 沃伦和刘易斯·D. 布兰戴斯于 1890 年在《哈佛法律评论》（Harvard Law Review）第 4 期所共同发表的论文"隐私权"（the right to privacy）中提出的，作者强调：最新的科技发明和商业手段唤起了对人身权更进一步的保护，应被承认的隐私权乃在保护个人生活不受干扰、独处的权利（right to be alone），即个人具有不可侵害的人格，对其思想、情绪和感受等自身事务的公开、揭露具有决定的权利。1905 年的帕维斯诉新英格兰人寿保险公司案是美国的第一个正式保护隐私权的案件。其后，美国的法律、宪法和判例都承认并发展了隐私权，并被大陆法国家所接受。当然，美国《宪法》和《隐私权法案》主要保护涉及结婚、生育、家庭的个人隐私不受政府机关的干预。对于民事保护则主要由各州立法进行。

隐私的价值在于"个人自由和尊严的本质，体现于个人自主，不受他人的操纵和支配"[1]。就此而言，隐私在消极方面是个人独处的自由，这种自由价值被侵害（打扰）时，有权请求公力救济，同时，在积极方面也有权公开自己的隐私。

现在，隐私权的内涵和外延迅速拓展，从最初保护私人生活秘密扩张到对个人信息资料、通信、个人私人空间甚至虚拟空间以及私人活动等许多领域的保护，不仅仅在私人支配的领域存在隐私，甚至在公共场所、工作地点、办公场所都存在个人的隐私。隐私权的扩展主要是现代科学技术的发展所提出的问题。如网络的发展对隐私的侵犯、基因技术的发展对人的尊严的侵害，使得人们变成了"透明人"，以至于有人发出了"隐私已经死亡"的感慨。在信息社会中，以电脑和网络储存、检索、合并或者转移信息都已是非常简单的操作，个人信息的备存利用与传统模式相比发生了巨大变化。信息化时代也使得人们对隐私概念的理解发生了变化。"信息

---

〔1〕 王泽鉴：《人格权法：注释义学、比较法、案例研究》，北京大学出版社 2013年版，第 182 页。

化意味着人在社会中其个体将被其有关信息所替代，不是其本人而是其信息成为各种信息处理的对象，个人生活的一切内容都开始更具有商业价值"[1]。也正是因如此，对隐私的保护才显得更为迫切和重要。

目前多数国家不仅在私法中规定隐私权，在宪法中也将隐私权确立为宪法上的基本权利。

我国隐私概念的形成以及隐私权的确立是很近时期的事情。而且，在最初立法上将隐私与"阴私"等同。[2] 在民法上，一开始隐私是以名誉权名义予以保护的[3]；而作为一项独立的权利，隐私权是自 2009 年底通过的《侵权责任法》开始的。

（二）隐私权的功能

隐私是个人私生活秘密，在现代社会中，隐私对于个人人格的全面发展具有重要作用。王泽鉴教授认为，隐私权的价值主要表现在：

1. 人之尊严及自主决定

隐私权的价值在于个人自由和尊严的本质，体现于个人自主，不受他人的操纵及支配。对个人内心领域的侵入构成对其自我存在的严重危害。任何对此保护壳的破坏，将使个人暴露于外，加以裸体化，致遭受他人嘲笑或羞辱，或受制于知悉其私密之人。易言之，一个人若可以被任意监视，窃听或干涉，他将无法对自己事务保有最终决定的权利，势必听命于他人，不再是自己的主宰，丧失其作为独立个体的地位。隐私具特别的独立自主性，以确保私的领域，必要时得以对抗现代社会各种压力。隐私的独立性建立了一个

---

〔1〕 张建文："隐私权的现代性转向与对公权力介入的依赖"，载《社会科学家》2013 年第 6 期。

〔2〕 如 1979 年的《刑事诉讼法》第 111 条中有关个人阴私的案件不公开审理的规定。

〔3〕 参见最高人民法院《关于贯彻执行〈中华人民共和国民法通则〉若干问题的意见（试行）》第 140 条。

维护人之尊严的防御墙，使个人得有所保留，对抗外力干预。

2. 情感释放

隐私具有情感释放（松弛、解脱）的价值。社会生活产生紧张，片刻的幽静、孤独或松弛，有助于确保身心健康。个人受制于来自其扮演各种社会角色的压力，须要有一定时间及空间得以自我释放，逃脱公众的注视，得有机会卸下面具以真实自处。隐私保护使个人得有背离社会规范的行为。假若所有不合社会规范的行为皆被揭露，势必面临各种制裁、限制或惩罚。隐私犹如安全瓣，容许个人得有机会对他人发泄其怒气，在关闭的房间对他人作可能不公正、轻率、愚蠢、具诽谤性的评论。隐私又可使吾人能在所遭遇的不幸、震撼、悲伤、焦虑、彷徨不安中得保持安静，以回复身心的宁静。

3. 自我评估

隐私有助于自我评估，使个人得回想以往的经验，规划未来，检讨旧的思维而有所创新。此种隐私的功能亦包含着重大伦理的层面，即借着良知的操练，使个人得重获自己。此种自我评估，赋予个人以适当时间决定是否或何时将个人私的思想、感情公之于世。

4. 有限度及受保护的沟通

隐私提供个人得在拥挤的生活环境中有一个有限度与受保护的沟通。即个人得自由与其认为值得信赖之人分享私密，相信其私下所透露的事物将不会被公开，例如夫妻间、律师与当事人间、牧师与告解者间、医师与病人间的沟通。此种有限度的沟通有助于使人际关系保有必要的距离，即使亲如夫妻，亦应有属丁自我的隐私空间。[1]

据上所述，隐私具有重要的内在价值，隐私权的不同功能是保证人们私生活安宁与自由的重要权利。

---

[1] 王泽鉴："人格权的具体化及其保护范围·隐私权篇（上）"，载《比较法研究》2008 年第 6 期。

（三）隐私权的内容

英美法中的隐私权与大陆法国家有所区别。美国著名的侵权法学家 William L. Prosser，鉴于美国实务上关于隐私权未有明确的界定，通过对二百多判例的整理分析，于 1960 年在《加利福尼亚州法律评论》（48 California L. Review 383. f）发表了《论隐私》（Privacy）的论文。归纳出隐私权的侵害涉及四种不同的利益，构成四种侵权行为：①侵害他人的幽居独处或私人事务（侵犯隐秘：Intrusion upon the plaintiffs' seclusionor solitude or into his private affair），例如侵入住宅、窃听电话、偷阅信件等。②公开揭露使人困扰的私人事实（公开揭露：public disclosure of embarrassing private facts about the plaintiff），例如公开传述他人婚外情或不名誉疾病。③公开揭露致使他人遭受公众误解（扭曲形象：publicity which places the plaintiff in false light）。④为自己利益而使用他人的姓名或特征（无权在商业上使用他人姓名或肖像：appro-priation, for the defendants' advantage, of the plaintiffs' name or likeness）。上述内容后被作为《侵权行为法重述》（第二次）的组成部分。从中可以看出，美国的隐私权更注重当事人独处的利益，与此不同，在大陆法国家，隐私权的内容更多的是有关个人信息的保护，即我国通行的私生活秘密。而有关姓名或肖像的利用则单独构成对姓名权的侵害或对肖像权的侵害，而作为隐私权保护。

我国民事立法在《侵权责任法》颁布之前没有明确的隐私权概念，司法实践中，宣扬他人隐私被视为对当事人名誉权的侵害，或者只是作为一项"法益"而给予救济，有关隐私权的范围更是不确定，这也直接影响到具体当事人的利益，在实践中曾出现过婚姻状况、电话号码等是否为隐私的争论。在王利明教授主持的民法典建议稿中，隐私权的内容包括：私人信息、私人活动、私人空间、私生活安宁和安定、通讯自由和通讯秘密等。我国民法典制定过程中，《人格权编》三审稿第 811 条第 2 款规定："隐私是自然人不愿为他人知晓的私密空间、私密活动和私密信息等"。我认为，隐私权作为"新生"人格权具有一定的概括性，其整体的范围界限应是与"公共利益、群体利益无关的，当事人不愿他人干涉的个人私事和当事人不愿他人侵入或他人不便侵入的个人领域"。超过该界限则在与其他利益平衡时，隐私权并不应优先保护。在美国，隐私权的保护与宪法有关言论自由和出版自由的规定之间有密切关联。比如在"公开他人隐私"类型中，"只有极少的该类案件获得了赔偿"，"因为任何以传播事实为由而做出损害赔偿判决的诉讼都要面临着难以克服的宪法第一修正案[1]的障碍"[2]。所以，对于公开他人隐私之侵权行为中的"公开"要求严格。

十一、人身自由权

人身自由权指自然人就其人身不受非法拘束，并在法律范围内依据自己意志自由活动的权利。自由权是一项宪法上的基本权利，理论上并无不同意见，这在我国《宪法》第 37 条[3]已经得到证明，但宪法上的自由权主要功能在于使公权力尊重人民自由权，并

---

〔1〕 美国宪法第一修正案是指 1789 年美国国会通过的宪法前 10 条修正案（就是著名的《权利法案》）的第 1 条。基本内容为：国会不得制定关于下列事项的法律："确立国教或禁止信教自由；剥夺言论自由或出版自由；或剥夺人民和平集会和向政府请愿申冤的权利。"新闻言论自由在美国的地位极其重要，在反对亚当斯政府过程中，政治家杰弗逊曾深有感触地说过："我们宁愿要没有政府有报纸的美国，也不要有政府却没有报纸的美国。"但是，这种状况不是固定的。在反越战的抗议中，没有人因煽动叛乱而被起诉。但是在海湾战争、科索沃战争、阿富汗战争和最近的伊拉克战争中，大众传媒受到的钳制越来越严厉。这一方面是由于美国采取强硬的单边主义，另一方面我们还可以看到美国政府最近主要采取了法律途径以外的方式来对大众传媒的言论进行控制，这样政府就可以绕过美国宪法第一修正案对言论钳制设立的障碍，达到国内大众媒体言论与政府基本保持一致的效果。

〔2〕 ［美］文森特·R. 约翰逊:《美国侵权法》，赵秀文等译，中国人民大学出版社 2004 年版，第 310 页。

〔3〕 我国《宪法》第 37 条规定："中华人民共和国公民的人身自由不受侵犯。任何公民，非经人民检察院批准或者决定或者人民法院决定，并由公安机关执行，不受逮捕。禁止非法拘禁和以其他方法非法剥夺或者限制公民的人身自由，禁止非法搜查公民的身体。"

创造条件保障人民的自由权的行使，而且其范围广泛，包括了身体自由、言论自由、迁徙自由、信仰自由等。人身自由权是否为一项独立的人格权利，学界是有不同意见的。有人认为自由权属于国家法概念，是自然人的政治权利，而非民事权利；在承认自由权为民事权利的学者中，有人认为自由权为一般人格权。[1] 如前所述，一般人格权属于"框架权利"，并不具有具体或限定的含义，而自由权本身包含的意义是确定的，虽然自由权在实际生活中可能以不同的形式表现，但其内容并非不能确定。我国多数学者认为自由权应为一种独立的具体人格权。《民法通则》并没有将自由权独立规定，但《国家赔偿法》第3条、《消费者权益保护法》第27条明确规定了人身自由权利，最高人民法院《关于精神损害赔偿的解释》第1条第1款规定："自然人因下列人格权利遭受非法侵害，向人民法院起诉请求赔偿精神损害的，人民法院应当依法予以受理……③人格尊严权、人身自由权。"也说明在我国的司法实践中，自由权是一种独立的人格权。

人身自由权的独立性主要表现为其所具有的独特价值。自由权与身体权密切联系，但又有不同的保护内容，其所保护的是自然人行为自由，而不是身体器官的完整性。非法搜查他人身体没有造成身体器官的损坏，也就不构成对其身体权的侵害，但搜查行为限制了当事人的人身自由。自由权与名誉权在内容和表现形式上也有明显不同，在实际生活中，当事人在超市被非法搜查身体时，往往都适用名誉权救济，但在有些非公开场合的搜查，实际上并没有造成受害人社会评价的降低，即名誉权并没有受到侵害，而超市非法拘束顾客身体自由，非法搜查顾客身体，造成了受害人身体权的损害，应该以身体权侵权寻求法律救济。

国外的立法中，《德国民法典》第823条将自由作为基本人格

---

[1] 唐德华主编：《最高人民法院〈关于确定民事侵权精神损害赔偿责任若干问题的解释〉的理解与适用》，人民法院出版社2001年版，第28页。

利益，与生命、健康和身体并列规定；《日本民法典》第 710 条也
规定：不问是侵害他人身体、自由或名誉情形，还是侵害他人财产
权情形，依前条规定应负损害赔偿者，对财产以外的损害，亦应赔
偿。除此之外，《瑞士民法典》《埃塞俄比亚民法典》对自由权都
有明确的规定。其中，《埃塞俄比亚民法典》列举规定了：思想自
由、行动自由、宗教信仰自由、婚姻自由等自由权，得到我国很多
学者的肯定。

综上所述，我认为人身自由权应当成为未来我国民法典中的一
项独立人格权。

十二、贞操权

贞操权是指自然人对自己的贞操所享有的自主支配并排斥他人
侵害的人格权。因贞操与性有天然的联系，学者在定义贞操权时，
也多强调性的自主权。史尚宽先生认为："贞操是指不为婚姻外之
性交，乃良好之操行，遵守此操行，谓之贞操。"[1] 张俊浩教授认
为：贞操是不为婚外性交的操行。需要注意的是，现代社会中，贞
操观念已发生很大变化，在性别上不独指妇女有贞操，男性也应有
贞操；在范围上，贞操与过去针对寡妇提出的贞洁不同；在内容
上，贞操是作为权利客体出现的，所谓贞操利益，而不是过去的对
妇女所要求承担的义务。贞操利益是符合社会道德观念要求的性行
为自主决定权。

贞操权是否可以作为一项独立的人格权利问题，我国的民事立
法并没有规定，在刑事法律中，对于侵害贞操利益的行为如强奸
等，刑法历来视其为严重犯罪并予以重处。在民法理论上有不同意
见，反对贞操权独立的人认为，所谓对贞操的侵害，同时也就是对
身体、健康、名誉、自由的侵害，构成对身体权、健康权、名誉权

---

〔1〕　史尚宽：《债法总论》，中国政法大学出版社 2000 年版，第 149 页。

和自由权的侵害，因此，也就没有必要再承认独立的贞操权概念。[1] 张新宝教授认为，规定贞操权会使妇女的地位降低，人格遭到歧视。肯定贞操权为独立人格权的人认为，贞操权具有特定的支配对象，它作为一种极其重要的利益，是法律需要确认的一种人格权。贞操权并不能以其他利益代替，"贞操权若受侵害，名誉固亦当受损（即减少评价），然严格言之，贞操权以内部之性之品格以及性之纯洁为保护之利益，与名誉权以人在社会上之评价所享利益为内容者，观念上并不相同。至于贞操权与身体权或自由权之内涵利益彼此不同，因此，贞操权被侵害未必即侵害身体权或自由权"[2]。内地学者中，张俊浩、王利明、杨立新三位教授主张贞操权为独立人格权，贞操权中的贞操利益不能为其他人格权所涵盖，侵害贞操权的行为具有独立性，从功能角度看，确认贞操权有利于扩大人格权保护范围，弘扬社会公共道德。还有一种观点认为，贞操权可以作为一种人格权存在，但是，应将其纳入一般人格权内容之中，而不必作为具体人格权规定，"贞操权重在人的内在品味价值，所以，其侵害如果出于感情因素（如以欺骗感情为目的而非礼）则属于侵害一般人格权；如出于肉体因素（如以玩弄肉体为目的而非礼）则属于侵害身体权或者自由权"[3]。杨立新教授在其独自撰写的著作中虽然主张贞操权独立，但在与马特博士所撰写的学者建议稿中，却将贞操权并入人身自由权中。我们认为，贞操权因其权利内容具有特质性而应独立为一种人格权。

在国外的立法中，《德国民法典》明确将贞操权侵害作为独立的侵权类型，其第825条规定："以欺诈、威胁或滥用从属关系，诱使妇女允诺婚姻之外的同居之人，对该妇女负有赔偿因此而生的损害赔偿义务。" 2002年德国修订民法时，将原第847条删除，其

〔1〕 何孝元：《损害赔偿之研究》，台湾商务印书馆1982年版，第162页。
〔2〕 孙森焱："论贞操权之侵害"，载《法令月刊》，第25卷第1期。
〔3〕 王利明：《人格权法研究》，中国人民大学出版社2005年版，第650页。

有关贞操利益保护的内容并入第 253 条第 2 款，以"性的自主决定"表述。有的国家将贞操作为夫妻间的义务予以规定，同样也起到了保护贞操权的作用。

贞操权所保护的是有关性的自主和性的纯洁方面的利益，贞操观念具有强烈的民族性和文化性，因此，其主要内容是精神方面的利益，因此与身体权、健康权所追求的身体的完满状态以及机体器官功能的正常发挥是不同的。实际生活中，如果对于强奸犯人仅以受害人身体权侵害使其承担民事责任，对于受害人是不公平的；对性自主和性纯洁这种自我决定和自我感觉利益的侵害与名誉这种以社会评价为客观表现的人格权受到侵害当然也是不同的。随着社会的进步，人们对性的自我决定利益和性的纯洁利益的要求越来越高，其所保护的利益明确具体，此与概括性的自由权是不同的。另外，当事人受到性侵害在某种意义上讲，应该比名誉、荣誉等受到侵害更为严重，名誉、荣誉受到侵害尚可为精神损害赔偿请求，贞操丧失、贞操权受到侵害反而不能提出精神损害赔偿请求就太荒谬了。所以，我们认为贞操权应该作为独立的具体人格权予以规范。事实上，在我国的司法实践中，已有多个判例承认了贞操权，并给予了比较高的精神损害赔偿数额。这种经验值得未来民法典参考。

十三、"被遗忘权"

自 2014 年 5 月 13 日欧盟法院就谷歌西班牙分部、谷歌公司必须应冈萨雷斯的请求对相关数据进行删除一案作出判决以来，有关"被遗忘权"的讨论在世界范围内成为热点问题，我国新闻界、法学界也热议不断。该案件的具体情况如下：

1998 年西班牙报纸《先锋报》发表了西班牙将举行财产强制拍卖活动的公告，在提到的遭到强制拍卖的财产中，有一件属于马里奥·科斯特加·冈萨雷斯（Mario Costeja González），其名字也出现在公告中。2009 年 11 月，冈萨雷斯与该报取得了联系，投诉称公告中登出的名字被谷歌搜索引擎（Google search engine）收录，他希望能够在网上删除这些与他有关的信息，并且称该强制拍卖活动在几年前就已经结束，而且这些数据信息也已经失效，如果任由这些信息继续存在，则会对其声誉造成持续的伤害。《先锋报》回复称，由于该公告的授权方是西班牙劳动与社会事务部，因此有关冈萨雷斯的个人数据无法删除。冈萨雷斯于 2010 年 2 月与谷歌西班牙分部取得了联系，请求他们删除该公告的链接，后者遂将该请求转交给了美国的谷歌总部。随后，冈萨雷斯向西班牙数据保护局提交了投诉，要求删除数据链接。2010 年 7 月 30 日，西班牙数据保护局驳回了他对报纸提交的诉求，但支持他对谷歌西班牙分部和谷歌公司的诉求，并要求谷歌公司删除链接并保证通过搜索引擎无法打开该信息。

谷歌西班牙分部和谷歌公司随后分别向西班牙国立高等法院提出了单独诉讼，法院将两个诉讼合并后，将该案提交给了欧盟法院。欧盟法院依据《欧洲数据保护指令》对诉讼中的一些问题进行初步裁决，其中有一条涉及是否需要制定"被遗忘权"（the right to be forgotten）的问题。欧盟法院在广泛听取了各方意见后，于 2014 年 5 月 13 日宣布了最终裁决，认为谷歌作为搜索引擎运营商，应被视为《欧洲数据保护质量》适用范围内的数据控制者，对其处理第三方发布的带有个人数据的网页信息负有责任，并有义务将其消除。而对于是否制定所谓的"被遗忘权"这一问题，虽然谷歌西班牙分部、谷歌公司以及欧洲委员会等在这一点上都持否定态度，但欧盟法院认为，有关数据主体的"不好的、不相关的、过分的"（inadequate, irrelevant, excessive）信息也应当从搜索结果中删除。据此，欧盟法院最终裁决谷歌西班牙分部、谷歌公司败诉，应冈萨雷斯的请求对相关数据进行删除。[1]

美国的加利福尼亚州参议院于 2013 年通过了第 568 号法案，

---

〔1〕 以上资料摘自杨立新、韩煦："被遗忘权的中国本土化及法理适用"，载《法律适用》2015 年第 2 期。

即所谓"橡皮擦法案"。该法案要求包括 Facebook、Twitter 在内的社交网站巨头应允许未成年人擦除自己的上网痕迹，以避免其因年少无知缺乏网络防范意识而不得不在今后面临遗留的网络痕迹带来的诸多困扰。该法案于 2015 年 1 月 1 日正式生效。

我国原国家质量监督检验检疫总局、国家标准化管理委员会于 2012 年 11 月发布个人信息保护办法《信息安全技术公共及商用服务信息系统个人信息保护指南》，其中第 5.1 部分将个人信息的处理过程分为"收集、加工、转移、删除"四环节，并将"删除"认定为"使个人信息在信息系统中不再可用"。当个人信息主体有正当理由要求删除其个人信息时，个人信息处理者应及时对相关个人信息进行删除。

《侵权责任法》第 36 条第 2 款也规定了"……被侵权人有权通知网络服务提供者采取删除、屏蔽、断开链接等必要措施……"此所谓"删除权"。虽然针对的仅为侵权信息，针对的也仅限于已受到侵害的被侵权人，但也说明我国法律对"删除权"是有规定的。

在信息社会时代，个人资料成为重要的社会资源，对个人资料的收集、处理是各不同主体都有利益和动力去做的事。公民个人生活越来越成为可见的、可预期的、透明的。事实上人在成长的过程中都会或多或少、或大或小地犯过错误，对少年时的轻狂，总不能使其负累一生，但这一要求是否能够在法律上得到认可则非易事，其涉及各种利益的平衡以及在技术上进行法律规范或解释。"被遗忘权"从利益角度看，总体上属于私法上的利益（虽然有人认为这项权利的产生主要是基于欧美网络利益冲突引发的），而某项利益如果要受到法律保护，在私法理论领域要么被立法认定为权利，如《侵权责任法》第 2 条规定的各种权利，或者如《合同法》《民法通则》中认定的各种债权等；要么被法官认为是应该给予保护的特定利益——法益，如过去的隐私；否则，即便是某种利益，也不会得到法律的救济或保护，如司法实践中出现过的"亲吻权""悼念权""音乐欣赏权"等。

同时，一项利益如果要受到法律的保护，尤其是要上升为一种独立的民事权利，则对其客体范围需要有清晰的界定。如所有权是主体对特定物享有的全面支配的权利，而债权则是特定人对另一特定主体享有的为某种行为的请求权，继承权是继承人对被继承人遗产享有的权利等等。而所谓"被遗忘权"，目前学术界尚没有统一的定义，我们认为如果就命名为"被遗忘权"的话，其应该有的含义是：个人对涉及其人格利益的信息随时要求相关人依法删除的权利。这里的"个人"确定就排除了法人或团体的可能，就"个人"而言应主要指社会普通人，不包括公众人物，尤其是政府公职人员（这些人的行为与社会公共利益联系密切）。

除此之外，就概念的定义规则而言，从积极、肯定方面视之，在被定义时应以权利主体为出发点和最后的落脚点。就此而言，"被遗忘权"实际上是要求他人遗忘的权利。从严格的汉语含义解释，这种要求又有对他人思想约束之嫌，所以，从该权利的内容分析，更符合个人信息权特征，即要求他人对自己过往的相关信息屏蔽、删除的权利。其中要求删除的内容是过去的个人信息（资料），尤其是"已过时的、无关系的、片面的"资料；当然，具体认定由法官个案认定，不能概括说某人的某项信息是"过时的、无关的、片面的"，如未成年时的刑事处分行为，通常可以被认为是过时的，因为在人的成长过程中犯错误是可以被理解的、可以被容忍的、甚至是可以被谅解、原谅的。一个人的过去行为与现在从事的事业无关时，就可以要求别人忘却。

在表现形式上主要是遗留在信息网络上能够轻易查知的个人资料；在目前情况下，被遗忘的内容应主要体现为网络上的信息，传统载体上的信息因其影响力无法与新媒体比较，对当事人的侵害程度也相应较小，不宜列入其中。

如前所言，就该项权利的性质而言，多数人认为是隐私权，比如说："被遗忘权"是伴随着"言论自由"与"隐私自主"的博弈而产生；是隐私权的分支，是人格自由的分支等。但是，就要求被遗忘的内容看，显然与隐私的内容不符。隐私，指个人私生活秘密，即与公共利益、他人利益无关的、不愿意让他人知悉的秘密；而所谓被遗忘权的内容，有些可能是秘密，有些则是公开的事实，只不过是在过去被公开的而已，如犯罪记录、因失信被法院通告等。另外，从习惯上看，一项权利被命名多是从正面、积极角度定义，如：物权、债权、人身权，以及其他"干什么"的权利（继承权）等，就此而言"被遗忘权"还不如称"要求遗忘权"。当然，从内容角度看，因为要求遗忘的内容本质上属于个人信息或个人资料，而在民法学界，已有很多人把个人信息（资料）的保护作为民法典立法建议内容提出，只是在命名上没有形成统一意见。就目前我国的法律规定而言，显然没有独立的这样一种权利，如果现在有这方面的纠纷，除法规外，只能依据《侵权责任法》第2条的"等人身权益"。

将来我国这一问题突出时，我们认为应将所谓"被遗忘权"作为个人信息权的组成部分予以保护。个人信息权要保护的是对个人信息资料的全面支配权，包括保密权、处分权、使用权等，其中的处分权就包括删除（遗忘）。在性质上，个人信息权本身具有独立的利益，同时，更主要的是借此保护当事人的其他人格权、财产权（隐私、名誉、商业利益等）。

现代科技给人们带来了无限的利益，但也带来了很多烦恼作为副产品，我们在注意维护合法利益的同时，也应逐渐学会保护自己，以及适度容忍，否则利益享受就会大打折扣。

十四、有关几种具体人格权的争议

（一）劳动能力不是人格权

劳动能力是否为人格权，在理论上有不同观点：肯定说如史尚宽认为权利能力、行为能力为人格权，劳动能力也为人格权。台湾的陈计男也持相同观点。[1] 这种观点的依据是台湾地区"民法"第193条第1项的规定:不法侵害他人之身体或健康者,对于被害人因此丧失或减少劳动能力或增加生活上之需要时,应负损害赔偿责任。学者据此认为,劳动能力必须以身体的肉体组织和生理机能的完备且能够保持良好状态为前提,所以,劳动能力不能为身体权或健康权所容纳。否定说认为劳动能力以自然人的生理机制的完善和正常运作为前提,劳动能力受到侵害就意味着健康权受到侵害。劳动能力与身体权、健康权等具体人格权不是同一层次的概念,劳动能力既包括了身体健康因素,也包括了经验、知识、技能、信誉等因素,很难说这些因素都属于人格利益范畴。由于自然人从事的工作不同,其工作对劳动能力的要求也有所侧重,有的以脑力劳动为主,有的以体力劳动为主,故不宜将其作为一种独立的人格利益通过人格权制度加以保护。另外,劳动能力不具有独立性,侵害健康权可能损害劳动能力,侵害身体权也可能损害劳动能力。[2] 除此之外,还有折中说,此种观点认为,劳动能力丧失只是健康权受到严重侵害的一种特殊表现形式。虽说我国《民法通则》对此并无规定,但是《最高人民法院关于贯彻执行〈中华人民共和国民法通则〉若干问题的意见(试行)》(以下简称"《民法通则意见》")第146条、第147条明文提到劳动能力,并进而认为劳动能力权是自然人以其脑体功能利益为内容的一项独立的物质性人格权。不过,这种观点也认为,劳动能力权原属健康权的重要方面,只是因其在实务上的重要性而独立化了。[3]

我们认为劳动能力没有独立为一种人格权的必要,除王利明教

---

[1] 陈计男:"人格权之侵害与损害赔偿案例研究",载《法令月刊》第25卷第3期。

[2] 王利明:《人格权法研究》,中国人民大学出版社2005年版,第375页。另见尹飞:"人身损害赔偿概述",载王利明主编:《人身损害赔偿疑难问题:最高法院人身损害赔偿司法解释之评论与展望》,中国社会科学出版社2004年版,第10页。

[3] 张俊浩主编:《民法学原理》,中国政法大学出版社2000年版,第145页。

授所给出的理由外，本质上，劳动能力丧失是身体健康权损害的一个方面，从我国最高人民法院《关于审理人身损害赔偿案件适用法律若干问题的解释》（以下简称《关于人身损害赔偿的解释》）中可以看到，我国对身体健康权的救济采用的就是劳动能力丧失说。通过身体健康权的救济已经足够，如果按照折中说，在身体健康权之外，再对劳动能力丧失实施救济，无疑有重复救济之嫌。

（二）环境人格权是否必要

我国有很多学者主张环境人格权。环境法专家吕忠梅教授早就提出了环境人格权概念，在王利明教授主持的民法典学者建议稿中，环境权作为"其他人格利益"得到规定，其内容包括：健康居住和清洁、卫生、无污染的自然环境权利。具体化为日照权、通风权、安宁权、清洁空气权、清洁水权、观赏权等。[1] 持相同观点的还有马俊驹教授。[2]

环境的重要性不言而喻，但是，环境权是否是一项独立的人格权与对于因环境污染而受到侵害的人的救济则是两回事，并非确认了环境人格权，对受害人的救济就会更加充分。在民法体系中，上述学者提到的有关环境和环境污染问题，在物权法中通过相邻权、地役权和侵权行为法中的污染环境致人损害的侵权责任就已经解决了。至于认为相邻权、地役权是财产权，不宜强行扩展到环境保护问题，其实是误解。仔细分析相邻权、地役权就可知道，其范围与内容基本都属于环境问题。至于因污染环境造成的后果，以实际情况分别适用人身损害赔偿、精神损害赔偿或财产的损害赔偿即可，没有必要在此之外另规范一个涵盖多种人格利益的环境人格权，否则，在对环境人格权实施救济时，势必还需通过生命权、身体权或健康权救济规范，造成立法资源的浪费。

---

〔1〕 王利明主编：《中国民法典学者建议稿及立法理由·人格权编、婚姻家庭编、继承编》，法律出版社 2005 年版，第 178~179 页，该部分为马特撰写。

〔2〕 马俊驹：《人格和人格权理论讲稿》，法律出版社 2009 年版，第 266 页。

（三）公开权是否必要

所谓公开权，是指个人对其姓名、肖像、声音等个人形象特征，得为控制，而作商业上使用的权利。[1] 公开权是美国法在隐私权的基础上发展出来的一项独立的权利类型，是为弥补隐私权的不足而由弗兰克（Frank）法官于1953年针对一起肖像使用案件提出的。该案的原被告皆为口香糖生产商，原告拥有某职业棒球选手所授予的使用其姓名和肖像于一种用于促销期口香糖的交易卡（trading card）的专属权利。该棒球选手后又将此项权利授予其经纪人，该经纪人复又将此项权利让与给被告，于是被告也使用该权利于其产品上。原告主张其基于第一次授权取得了一个绝对性的分类地位，得禁止被告继续使用该棒球手的姓名和肖像。被告主张《纽约州权利法案》中规定的隐私权并不保护商业上的利益，该棒球选手授予原告契约上的排他性使用权，乃抛弃隐私权的行使，原告并未因第一次授权而取得一种绝对的法律地位，而得对被告有所主张。弗兰克法官赞同被告的见解，并强调：在隐私权之外，并独立于隐私权，个人对其肖像有一种公开的价值，即得授权他人有排他地公布其肖像的特权，此种权利得称为公开权（right of publicity）。从公开权的产生可以看出，它是为保护人格权特征上的财产价值而创设的一种权利。姓名、肖像等人格特征所体现的商业上利用价值，系来自个人耗费心力的投资及努力。

在美国，与隐私权不同，现在并非所有的州都承认公开权。承认公开权的理由有多种学说，但在一起有关现场表演禁止录像而电视台以此为新闻的一部分为由录像并播放产生的纠纷案中，美国联邦最高法院的判决要旨对我们有重要启示：首先，肯定一个被确认的法律原则，应区别一个以保护个人感情、思想等的隐私权，以及一个以保护个人特征财产价值为内容的公开权；其次，公开权之所

---

[1] 王泽鉴：“人格权保护的课题与展望——人格权的性质及构造：精神利益与财产利益的保护”，载《人大法律评论》2009年第1期。

以应受保障,乃在激励个人从事投资,得收取其努力的报酬,与个人感情的保护实少关联,乃独立于隐私权外的一种类似于专利权或著作权的权利;再次,本件所涉及的是一种现场表演,攸关个人职业生计,仍应受公开权的保障。[1]

在美国,公开权的适用范围主要包括:肖像、姓名、声音、标语口号、与个人具有联想关系的物品、以虚拟人物作为真实人物、现场表演。并且公开权由隐私权发展而来,说明其与隐私权保护的价值不同,因此在出现两种权利被同时侵害时,以美国法,受害人得以隐私权被侵害主张精神损害赔偿,并以公开权被侵害请求赔偿财产上的损害,或请求侵权人返还其所获得的利益。

对于公开权概念,我国理论上没有直接主张接受的,但很多学者都赞同规定形象权、声音权,并主张规定人格的商品化权等,其实主要的内容就是美国的公开权。我们认为,公开权是为弥补隐私权对人格特征的财产利益保护不足而创设的一项权利,此因美国法将肖像、姓名等皆视为隐私所导致,形象、声音等具有个人独立特征的因素自然与其人格密切联系,也应受到法律的保护,但是,法律是否保护与是否设立独立的权利类型是两回事。如果能在姓名权、肖像权中将公开权的内容涵盖进去,就没有必要设立一种新的权利类型,如果在隐私权或著作权、邻接权中能够将形象权、声音权的主要利益部分予以保护,也就没有必要单独设立形象权和声音权,否则非常容易使权利泛滥,从而影响人们的行为自由。

---

[1] 王泽鉴:"人格权保护的课题与展望——人格权的性质及构造:精神利益与财产利益的保护",载《人大法律评论》2009年第1期。

第四节 人格权法的地位

一、人格权法地位的争议

传统大陆法国家的立法中，有关人格权的规定极为简约，有些国家的民法典甚至根本未涉及人格权。人格权的内容多作为侵权法的客体出现。英美法虽然重视对名誉、隐私等人格利益的保护，也主要是由侵权法来完成的。我国的民法典到底应该保持大陆法的传统，还是顺应时代的发展，创造性地给予人格权法独立存在的地位，目前仍存在争论。2002 年 12 月提交全国人大常委会讨论的民法典草案中，人格权法作为独立的一编被定为第四编，分成七章，但总条文共 29 条。王利明教授主持的民法典学者建议稿中，人格权作为独立一编，位列总则编之后的第二编，共 98 条。

梁慧星教授主持的建议稿则是将人格权置于总则编第二章"自然人"中的第五节予以规定的，共 11 条，涉及的权利类型包括：自由、安全和人格尊严（一般人格权）、生命权、身体权、健康权、姓名权、肖像权、名誉权、隐私权。除此之外，依徐国栋教授的民法典制定思路，人格权法也应置于"人身关系法编"，而其人身关系法编内容丰富，关于人格权部分在其第一分编"自然人法"中，显然不是独立成编的做法。

（一）赞成人格权法独立成编的理由

赞成说以王利明教授为代表，认为单独设立人格权编，即使是宣言式的规则而非裁判规则，在法律上也是有意义的。通过人格权制度具体列举公民、法人所具体享有的各项人格权，可以起到权利宣示的作用，这对于强化对人格权的保护十分必要。①人格权法独立成编有助于完善人格权法的体系，强化对人格权的保护。②能够完善民法典自身的体系，民法本质上是权利法，人格权作为一项基本的民事权利，应该在民事权利体系中占据重要位置。人格权法只有独立成编之后才能与财产法相协调。人格权法独立成编不仅具有足够的理论支持和重大的实践意义，而且从民法典的体系结构来看，完全符合民法典体系的发展规律。[1] ③人格权法与侵权法可以分离，侵权法上的保护不能解释人格权的可支配性等规则。[2] 人格权法不能由侵权法所代替。④人格权制度经过 20 世纪后半期以来的巨大发展，积累了许多实践经验，可以为建立一个相当完善的人格权体系提供借鉴。[3] ⑤从民法的调整对象来看，民法不仅调整财产关系，也调整人身关系，人身关系在民法中表现为人格权和身份权。所以，人格权法理所当然应当独立成编。⑥侵权法独立成编要求人格权也须独立成编，否则侵权法对人格权的保护就缺乏前提和基础。⑦人格权法独立成编是我国民事立法的宝贵经验的总结。[4]

（二）反对人格权法独立成编的主要理由

反对者以梁慧星教授为代表，观点主要有：①我国属于大陆法系，而在大陆法系立法例尤其是德国民法典中，人格权制度并不具有独立地位。人格权的重要性，对人的尊重、人格尊严和人权的保护，属于法典的进步性问题，应当体现在民法典的价值取向、规范目的、基本原则和具体制度上。法典的结构体例、篇章设置、法律制度的编排顺序，应符合一定的逻辑关系。②人格权具有特殊性，所谓人格权，是自然人作为民事主体资格的题中应有之义，没有人格权就不是民事主体。人格权与人格相始终，不可须臾分离，人格

---

〔1〕 袁雪石："人格权不宜独立成编？——与米健先生商榷"，载《人民法院报》2004 年 11 月 12 日。

〔2〕 马俊驹、张翔："人格权的理论基础及其立法体例"，载《法学研究》2004 年第 6 期。

〔3〕 薛军："人格权的两种基本理论模式与中国的人格权立法"，载《法商研究》2004 年第 4 期。

〔4〕 王利明：《人格权法研究》，中国人民大学出版社 2005 年版，第 117~119 页。

不消灭，人格权不消灭。人格权与其他民事权利的区别，在于人格权不是存在于人与人之间的关系上的权利。③民法总则的法律行为、代理、时效、期间、期日等制度，不能适用于人格权。人格权是存在于主体自身的权利，不是存在于人与人之间的关系上的权利。人格权法单独设编，混淆了人格权与其他民事权利的区别，破坏了民法典内部的逻辑关系。[1] 人格权只有在受到侵害时，才有意义，因此可以在侵权行为法中加以规定。④人格权是一种宪法上的权利，不能由民法规定。人格权独立成编存在着多方面的理论漏洞。[2] ⑤人格权是一种最高度概括、最高度抽象的权利，它具有不确定性、不具体性和思想的内在性，所以只能一般地原则性规定，不能具体地个别规定。[3] ⑥民法通则将人格权独立规定，并不是经验，而是出于不得已。[4]

（三）对上述观点的分析

对人格权地位问题，我们的基本观点是：人格权是基本法确定的权利，但这并不妨碍它成为民法上的权利，如同基本法规定保护私有财产权不妨碍民法规定所有权一样。有鉴于此，对人格权，民法当然也有赋权使命，而不仅只有保护、救济任务。

因人类社会本身的主体地位，所有法律规范都表现为对人的关怀。就人格权的保护而言，刑法、行政法无疑都发挥着重要的作用，在私法方面，人格权属于人身权的主要组成部分，是民法的重要调整内容，人格权的保护当然是民法的主要任务。但是，在传统上绝大多数大陆法系国家的民事立法中，并没有如物权法、债权

---

[1] 梁慧星："制定民法典的设想"，载《现代法学》2001 年第 2 期。

[2] 尹田："论人格权的本质——兼评我国民法草案关于人格权的规定"，载《法学研究》2003 年第 4 期。另参见尹田："论人格权独立成编的理论漏洞"，载《法学杂志》2007 年第 5 期。

[3] 米健："人格权不宜独立成编"，载《人民法院报》2004 年 10 月 15 日。

[4] 梁慧星："中国民法典编纂中的几个问题"，载《人民法院报》2003 年 4 月 30 日。

法、亲属法、继承法那样在民法体系中独立规范人格权法，而是将人格权内容分别规定在主体制度和侵权法制度中，甚至仅以权利保护的方式确认人格权及对其进行保护的规范。而且即便是在侵权法中，对人格权的保护也没有像财产法那样具有专门和详细的规定内容，无论是法国还是德国，其对人格利益的救济更多的是在司法实践中，通过法官的创造性审判活动才使得人格权的救济问题得到解决。第二次世界大战后，人格权制度得到了各国普遍的重视，通过修订立法以及司法实践活动使人格权范围逐渐扩大，形成了一个开放性的权利体系，新的人格权类型得到创设和承认。在权利的内容方面，有些权利因其具有的经济价值而被普遍利用，使得如肖像权、隐私权等得以被主体支配和交易。人格的商业化利用逐渐被人们所接受，人格权立法对于这种发展必须要做出回应。而新近制定的民法典中，对人格权的重视程度明显提高。根据徐国栋教授的研究，1996 年的乌克兰民法典草案将"自然人的人身非财产权"（也就是我们所说的人身权）作为独立一编，并安排在总则之后的第二编。据说该草案早在 2003 年就已经定稿，其基本内容用 47 个条文规定了自然人的生命权、健康保护权、消除威胁生命和健康之危险权、医疗服务权、对自己健康状况的知情权、个人健康状况的保守秘密权、患者权、自由和人身不受侵犯权、器官捐赠权、家庭权、监护和保佐权、体弱者的受庇护权、环境权等为确保自然人的自然存在所必要的人身非财产权；另外规定了姓名权、变更姓名权、自己姓名之使用权、尊严和荣誉受尊重权、商誉之不受侵犯权、个性权、个人生活和私生活权、知情权、个人文件权、在个人文件被移转给图书馆基金会或档案馆的情况下文件主人的受通知权、通讯秘密权、肖像权、进行文学、艺术、科技创作活动的自由权、自由选择居所权、住所不受侵犯权、自由选择职业权、迁徙自由权、结社权、和平集会权等为确保自然人的社会存在所必要的人身非财产权。这两类人身权共计 32 种，大概是目前世界上关于人身权的最完备规定。其特色一方面在于将人身权法独立成编，并紧列于总则之后；一方面则在于其拓展了人身权的范围，打破了在自然人权利领域宪法与民法的严格分工。

有鉴于此，针对我国学者就该问题的讨论我们认为：

第一，以宪法已有规定为由来否定民法规定人格权的观点显然是没有道理的，人格权在国际人权法和国内的宪法、刑法、民法以及行政法和诉讼法中都有所反映，这并不意味着就需要保留某一制定法层面的规定而删除其余的人格权规定。宪法规范人格权的意义在于权利的宣示，以使国家公器采取措施保障人民的基本权利，同时也有对公权力的限制的意义，但这并不排斥刑法、民法等对人格权也作出规定，而各部门法律则是在宪法精神指导下，以不同的角度贯彻宪法规范的精神，并使人民的各项利益具体化。民法对于人格权的规定也是宪法实现的一种手段，在此意义上，民法对于宪法规定的权利给予规范恰恰是民事法律的"义务"。依尹田教授之观点，既然人格权是宪法上的权利，其他制定法就不应该对这些权利做出哪怕是更加具体的规定，对它的保护也仅采取宪法救济即可，刑事、民事救济又何必多此一举。其实，根据法律体系理论，法律不仅仅是裁判规范，更重要的是行为规范的学说和法治原则，刑法、民法等对人格权也作出规定，在立法技术上是一种必要的重复，也只有人格权同时变成了刑法、民法上的权利，刑事、民事救济的对象才能更加明确。所以，不能因宪法规定人格权，就否定人格权在民法中规定的合理性。从另一方面讲，宪法中的人格权，有些恰恰是由民法首先发展起来，并最终被宪法吸收的，如隐私权。

第二，在法的价值取向、规范目的和基本原则方面体现对人的尊重无疑是正确的，但独立规范人格权在法的体系中与此并不矛盾。近代民法缺乏对人格权的完整规范，此已不言自明，法国、德国对人格权的救济被迫放弃大陆法系传统，而采用判例法的做法从另一方面说明传统模式的应改进性。

第三，人格权中的人格是否为民事主体资格，或者如梁老师所言"人格权属于民事主体资格应有内容，应与主体资格一并规定"

而不应独立成编。在前面讨论人格概念时，就已指出主体地位（或资格）中的人格是法律资格，是在民事法律关系中作为一方当事人的资格；而人格权中的人格是人之作为一个人所必须具备的要素，是作为权利客体的一系列利益的总称，即通常称其为"人格利益"。人们提到"人格权"时，与法律关系意义上的主体地位是不同的，对人格权的侵害在绝大多数的情况下，不影响受害人的主体地位；新的人格权的创设也不会影响到人们在法律上的民事主体地位。

而赞成人格权法独立成编的学者将独立成编的理由过多地强调了独立成编后的效果。法律效果是一个事实概念，在还没有与我国国情类似（甚至国情不同）的国家就人格权法独立后的效果到底怎样呈现出来之前，对其断言是没有说服力的。当然，我们从德国、法国的做法中看到了不作详细规定的缺陷，从反面看也算一种经验；人格权法的独立与否，最关键的是其独立的价值存在。一方面，人格权与主体本身虽然联系密切，但二者制度旨趣毕竟不同，除姓名具有区别主体功能外，其他人格权与主体混合编制在一起，实在牵强；如于侵权法中通过权力保护方式规定人格权，确实为一种选择，事实上法国、德国、日本等都采用该模式，但是，依法律逻辑分析，作为救济制度，其前提应是有救济的对象，所谓"有权利，有救济"。另一方面，这种模式的缺陷已被上述国家的实践所证明，即试图仅通过侵权法对人格权救济是不理想的。"通过确认权利，使权利具有稳定性，进而在交易中增加财富，这是确认权利所独有的功能，是保障权利所不能代替的。"〔1〕通过人格权的正面规定，一方面可以使人们明确民事主体所享有的人格权益，有助于广大公民、法人运用法律的武器来捍卫自己的人身权益；另一方面则可从权利性质的角度厘清此人格权与彼人格权的界限，为侵权法的保护提供理论上的支持。

---

〔1〕　董利明："论中国民法典的体系"，载徐国栋主编：《中国民法典起草思路论战》，中国政法大学出版社2001年版，第119页。

综合上述讨论，未来我国民法典中人格权法独立成编的观点可以被接受。需要进一步讨论的是人格权法编规定哪些具体权利，以及其与侵权责任编的关系。

二、人格权法的结构体系

大陆法国家的人格权体系并不相同。主要包括下列几种模式：

1. 在立法中同时规定一般人格权和具体人格权，并在债法中将两者结合起来保护

采用这种模式的典型是瑞士民法，因为其民法典的起草人欧根·胡贝尔（Eugen Huber）是一个坚定的人格权理论的信奉者，《瑞士民法典》在第一章"自然人"的开始部分专门规定了"人格权"，并使用了27个条文，规定了权利能力、行为能力、监护、血亲、姻亲、机关和住所以及对于人格权、自由以及姓名的保护等内容。[1] 但是，从其具体规定看，除有关自由和姓名权的规定外，其第一章内容基本是有关主体性要素的规定，其规范目的在于对主体资格的说明，而非是我们理解的人格权的确认，更不是专门的人格权保护规范。所以，"这一民法典的立法模式是否在实践上有优越性，至今还是个问题"。[2] 其第27条、第28条专门设定了对人格的保护一般规定，允许主体在其人格受到不法侵害时，有权排除侵害和赔偿损失。此举被学者认为是对一般人格权的规定。[3] 而其第29条、第30条又专门规定了对姓名权的保护，此为对具体人

---

〔1〕［德］汉斯·哈腾鲍尔："民法上的人"，孙宪忠译，载《环球法律评论》2001年第4期。

〔2〕［德］汉斯·哈腾鲍尔："民法上的人"，孙宪忠译，载《环球法律评论》2001年第4期。

〔3〕 王利明：《人格权法研究》，中国人民大学出版社2005年版，第109页。但是，该两条规定是否为对一般人格权的规定实质上还有进一步研究的必要，因为该两条规定并没有明确说明其是一般人格权，甚至没有明确其是人格权，只是规定了主体不得放弃权利能力、行为能力、自由，在"人格"受到侵害时，可诉请排除侵害，以及在法律有明文规定时，可请求抚慰金赔偿。可见，这两条规定的意义尚不好确定。

格权的规定。此外，在瑞士债务法中，从损害赔偿角度也为人格权的救济提供了法律根据。王利明教授认为，德国也属于这种模式，因为德国民法典在第847条规定了对于侵害身体健康、剥夺自由和侵害妇女贞操的具体救济制度，在"第二次世界大战后德国又根据战后基本法的规定，发展了一般人格权的概念"[1]，使得具体人格权和一般人格权都获得了法律保护。实际上，在德国一般人格权至今没有被归入民法典中，一般人格权的保护是通过司法实务来进行的，而德国不属于判例法国家，因此，虽然先前的判例会对以后的实例产生影响，但在形式上，对一般人格权的保护仍有很大的变数。

2. 人格权法包含于侵权法

这种模式中法律并不对人格权作出明确的规定，实践中受害人所遭受的损害是否有损人格利益，完全靠法官的判断决定。如法国民法典即是，该法典第1382条中所规定的"损害"包含的范围非常广泛，被解释为当然包括各种人格利益的损害。在侵权法方面，法国民法更接近于判例法。

3. 英美法的规范模式

在英美法中，一般通过侵权行为的类型化方式对人格权予以保护，如美国在发展出隐私权概念后，又将肖像、名誉等部分内容归入隐私权救济范畴，而后对姓名、肖像、声音等财产利益部分创设了公开权予以救济。

通观各国民法，对人格权不存在仅以制定法预设规定或仅由判例法发展的模式，但却存在或偏向前者或钟情后者之分。传统民法典国家如法国、德国多由判例法对人格权加以发展，新近制定民法典的国家和地区，如埃塞俄比亚、越南、魁北克，则采取的是制定法（民法典）预设规定模式。谁优谁劣，只能由历史来检验。后发国家有先进国家的经验可借鉴，在民主国家经由制定法预设，赋

---

[1] 王利明：《人格权法研究》，中国人民大学出版社2005年版，第109页。

予了人格权规定的民主合法性，避免过分依赖法官可能带来的恣意判断。当然，制定法预设仅为"预设"，不可指望完全满足事实的多样性和复杂性。为解决规范与事实的不对称性，尤其考虑到人格权在事实构成上的不确定性之特点，一是要在预设时为未预见的事实留下空间，在立法技术上，宜采取示例法，以应对现行的列举法导致事实构成过于封闭、矜持，而概括条款又使事实构成太抽象，造成难以操作之困扰；二是要适度利用判例依据一般人格权创立新的具体事实构成，但如何确定对人格权的侵害，尤其在涉及对侵害名誉、荣誉和私生活的认定上，需要与相关权利如表达自由、知情权进行权衡，不存在非此即彼的认定。[1]

我国人格权体系在立法上主要体现在《民法通则》中，在"人身权"一节中规定了"生命健康权、姓名权（名称权）、肖像权、名誉权、荣誉权、婚姻自主权"。除此之外，最高人民法院在有关的司法解释中，还根据宪法的规定，提出了"人格尊严权、信用权和人身自由权"。而人格尊严权和自由权被多数学者解释为我国的一般人格权。在民事责任一章中，则对侵害人格权的救济做了相应的规范。2017 年通过的《民法总则》于第五章专门规定了"民事权利"，其中用 3 个条文（第 109 条、第 110 条、第 111 条）规定了起一般人格权作用的"人身自由、人格尊严"，列举了传统的 9 种具体人格权，明确了对个人信息的保护。将来我国对人格权的救济体系加以制定时，应该采用的方式为：通过人格权编对一般人格权和各具体人格权予以预先规范，并在侵权法中对受到侵害的人格权予以救济，而对于一般人格权、精神损害赔偿的数额等则可以通过"案例指导"方式予以解决。

---

〔1〕 郑永流："人格、人格的权利化和人格权的制定法设置"，载《法哲学与法社会学论丛》，北京大学出版社 2005 年版。

第二章　人格权救济制度的基本问题

　　对于人格权的救济制度，就法律制度本身而言，当然由刑法救济和行政法救济这类公法救济制度组成，而就民法救济制度而言，有学者认为仅提供侵权法救济即可，理论上也少有人对此深入研究。本人认为人格权的救济体系应包括三方面：依据人格权的自我救济功能救济；依据侵权法功能救济；在涉及人格特征的商品化利用时，还包括不当得利制度救济。人格权的自我救济功能来自于人格权请求权，其特性与物权请求权一样，其权源是人格权的绝对权性质，人格利益具有直接实现性，民事权利的"法之力"本性也使得人格权有自我救济功能。在内容上，作为请求权的人格权请求权与具有支配权性质的人格权本身不同，与侵权法中的债权请求权也有所不同，因此，人格权请求权具有独立性。当然，人格权请求权仅适用于停止侵害和排除妨害（消除危险）等方式，在造成实际损害的情形，则应适用侵权法救济。在法律上，仅以预防侵害或对受到侵害的权利给予救济是不够的，赋予民事主体一定的积极请求权是有意义的。

　　本部分还对大陆法系国家的法国、德国、瑞士、日本民法典有关人格权保护的制度进行了适当的介绍和比较，对于英美法在人格权保护方面的做法也进行了简单的说明，总结了域外法律规定的经验和缺陷。本文认为未来我国的民法典应采取的模式为：具体规定人格权以明确其地位与行为规范价值，加上独立的救济法（侵权责任法）以实现其裁判规范价值。

在侵权法模式下，针对人格权受到侵害的不同后果，本文认为我国的人格权救济法律应区别财产损害、人身损害和精神损害，在具体制度中应贯彻的原则为：财产损害全部赔偿，精神损害最后赔偿和法律规定赔偿，人身损害则应视物质性人格权损害和精神性人格权损害而适用具体规则。

对胎儿的人格利益救济、死者的人格利益救济以及权利之外人格利益的救济问题。本文认为应当明确规定对胎儿利益的救济，对于死者的人格利益救济要与其近亲属的利益相区别，法律必须确立人格利益的广阔性观念，对于人的保护不能仅限于已被法律确认为权利的利益，要使民事主体得到完整的保护。

第一节 人格权救济制度的体系

权利体现为利益，但利益不仅体现为被动地享受，在法律上更具有意义的是权利的行使以及权利不能实现时的救济。作为民事权利，人格权在受到侵害后受害人可以选择哪些法律制度获得救济在理论界是有不同观点的，除了公法领域的救济方式外，在私法领域，我们认为人格权的救济体系应包括：依据人格权的自我救济功能救济；依据侵权法功能救济；在涉及人格特征的商品化利用时，还包括不当得利制度救济。依据侵权法功能对人格权的救济在本书的后两章详细论述，而在以纯粹经济利益为目的情况下对人格权侵害，侵权人构成不当得利，被侵权人在救济时以不当得利制度请求，有关人格特征的商品化利用问题在第一章中已经有所讨论，本节主要研讨人格权的自我救济。

一、人格权自我救济的基础

从民事权利的基本原理可知，民事权利是人实现正当利益的行为依据。[1] 民事权利的内在本质是民事利益，外在表现为自由，权利的保障需要依靠"法律之力"。作为一项与物权一样具有绝对性、排他性和某些特定利益能够直接实现的支配性权利，人格权本身应具备请求权功能。

对于人格权的这种独立的请求权各个国家和地区通过不同的方式都给予了确认，如德国、意大利、泰国、埃塞俄比亚，上述国家和地区也均规定姓名权人享有姓名权的排除妨害和预防妨害的请求权。日本则通过司法判例承认名誉权主体的要求加害者停止侵害的请求权。[2] 还有些国家在民法典中明确规定了所有人格权都具有请求权功能，如《越南民法典》第27条规定："当公民的人身权受到侵犯时，该公民有权：①要求侵权行为人或请求人民法院强制侵权行为人终止侵权行为，公开赔礼道歉、改正；②自行在大众通讯媒介上更改；③要求侵权行为人或请求人民法院强制侵权行为人赔偿物质、精神损失。"瑞士民法也建立了全面的人格权请求权制度。没有规定全面的人格权请求权的国家主要是将人格权的主要内容规定于侵权法，或者是如法国那样在立法时，立宪委员会从未想过就人格权提出什么宣言，就更不用说什么人格权请求权了。当然，为解决该问题，在后来的法国民法典修订中，修正委员会在165条规定了"对人格施加的不法侵害，被害人有中止侵害请求权。这并不妨碍加害者应承担的损害赔偿责任"[3]。

王伯琦先生认为：人格权的保护方法有二：①除去侵害请求权。所谓除去其侵害，系使侵害行为或状态终止之意。被害人为此项请求时，不必证明自己之损害，及行为人之故意过失，一有侵害行为虽未发生损害，行为人虽无过失，即得请求除去。人格权得受

---

〔1〕　张俊浩主编：《民法学原理》，中国政法人学出版社2000年版，第64页。

〔2〕　姚辉："民法上的'停止侵害请求权'——从两个日本判例看人格权保护"，载《检察日报》2002年6月25日。

〔3〕　[日] 星野英一："私法中的人"，王闯译，载梁慧星主编：《为权利而斗争：梁慧星先生主编之现代世界法学名著集》，中国法制出版社2000年版，第357页。

与财产权同一之保护，乃近代法律之进步也。②损害赔偿请求权。上述之除去侵害请求权，仅属消极的保护，仅使不再有侵害行为，或使侵害状态不能在继续存在而已。如其已受损害自应予以赔偿。[1] 王泽鉴也有相同的论述。[2]

作为一项人生而固有的重要民事权利，由其本身的正当性和绝对性所决定，法律会赋予它自我救济能力，当权利有被侵害危险时，权利人有权请求排除；对于正在进行的侵害，权利人有权请求停止侵害。这种请求可以通过法院救济，也可以直接向加害人提出。在行使这种权利时，不需要有客观的损害后果，也不管加害人是否有过错，所以，这种请求权不是侵权法中的请求权，而是一项基于人格权自身的权能所产生的人格权救济制度。从法律关系角度讲，人格权请求权反映特定当事人之间的关系，以一方"请求"，另一方"应为"为内容；而人格权作为绝对权，反映的是特定的权利主体与不特定的义务主体之间的关系，以权利主体自主行使权利，义务主体的"消极不干涉"为内容。所以，人格权与人格权请求权是不同的。

人格权请求权在《民法通则》中并没有明确规定。但值得注意的是，由梁慧星教授主持民法典总则编条文建议稿第 17 条（人格权的保护）规定："人格权遭受不法侵害时，受害人有权请求人民法院责令加害人停止侵害、消除影响、赔礼道歉，并赔偿所造成的财产损失和精神损害。"而《中华人民共和国侵权责任法（草案）》二次审议稿除了对物质性人格权侵害的责任于第 18 条、第 23 条规定，对于人格权、身份权侵害造成的精神损害于第 24 条规定外，在第 20 条专门规定："侵权行为危及他人人身、财产安全的，受害人可以请求侵权人承担排除妨碍、消除危险等侵权责任。"这种规定将人格权请求权单独界定，使得人格权的民法保护机制在人格权

〔1〕 王伯琦编著：《民法总则》，台北中正书局 1979 年版，第 57~58 页。
〔2〕 参见王泽鉴：《民法总则》，中国政法大学出版社 2001 年版，第 128~129 页。

请求权和侵权法请求权的协调下得以完善。

二、人格权请求权的内容

与物权请求权和债权请求权不同，对于人格权请求权的内容学者少有单独论述，一般都将其与侵权法中的请求权不加区别地讨论。人格权请求权的目的在于预防和停止侵害以及对造成的损害给予补偿，因此，人格权请求权可以分为作为请求权和不作为请求权。作为请求权主要发挥消极防御的功能，内容上包括停止侵害、消除危险、恢复名誉等，也就是通过预防妨害和排除妨害两种方式达到保全人格权的目的；不作为请求权为要求侵权人对于侵害行为作出赔偿的权利。而人格权本身所具有的请求权是指前者。具体内容包括对于正在遭受侵害的人格权，权利人有权要求停止侵害，通过自力救济或公力救济方式，禁止行为人的侵害行为；而对于侵害后果尚未发生、但将来很可能发生的危险，权利人有权要求消除危险或者排除妨害；而在侵权人已经造成社会评价降低时，受害人有权请求恢复名誉。从更广泛的意义上看，人格权请求权也存在积极主动方面的价值。例如：人格权未受到侵犯，权利主体也有权要求相关当事人积极作为，如告知病情和医疗方法，返还病历，告知生父的情况等。再比如由我国档案制度的特点所决定，绝大多数人并不知悉自己档案中究竟有哪些内容，所在组织对自己的评价是否客观真实等，所以，在这些情况下，人格权请求权的积极主动方面的价值便得到满足。人格权请求权的积极意义得到满足，才使人的尊严得以完整实现。随着商品经济的无限扩张，某些人格特征已不再仅仅体现为消极利益，而是可以被主体主动利用并获得利益的因素，如知名人士姓名、肖像中所蕴含的经济价值等。将人格权仅视为消极防御权容易决定权利的边界，在法律适用上自然就容易些，如果人格权是积极请求权，请求的事项是开放的，具有无限的延伸性，对于法官的要求就会很高。因此，长期以来，人格权仅是消极防御权，仅于侵权法中予以规范。现代社会，仅不侵犯还不足以表明对人的尊重，有限地承认人格权为积极请求权是有意义的，这就在于使相关当事人尤其是公共机构更加积极地尊重人。

三、人格权请求权与侵权法请求权的关系

侵权法意义上的请求权主要是在对权利造成了损害的情况下适用。因人格权受到侵害时产生的损害后果不同，有时仅发生权利本身受到侵害，如名誉权中的社会评价降低、隐私权中隐私被披露等；而在另外的情形下，不仅权利本身受到侵害，还因此产生其他损害，如财产损害、精神损害等。因此，不能简单地认为人格权受到侵害就仅适用债权请求权，在此意义上，人格权请求权有独立的意义，而不是仅包含于债权请求权。在没有造成财产损害的侵权案件中，受害人通常无法提出债权请求权，如陕西某公安局查抄夫妻在家看黄碟案；个人情报资料的隐私权，在法律上也成为资讯自决权，如果遭受侵害，受害人可以请求要求排除妨害，赔偿损失，这种请求权在债权请求权中也是不存在的。只有在侵害行为导致人格权实际损害时，才能通过侵权法上的请求权予以救济。当然，在实际损害已发生的情况下，所谓的救济是无法"恢复原状"的。与财产利益的侵害不同，绝大多数人格利益一旦遭受损害，事实上无法恢复，如生命权、身体权、健康权、隐私权等，试图通过赔偿的方式恢复原状也是不可能的。正因如此，针对盖然性较高的侵害事先采取措施防患于未然就显得极为必要。[1] 此意即为独立的人格权请求权存在的价值所在，也是与侵权法中的请求权区别之所在。有学者从救济的内容方面区分人格请求权和侵权请求权，认为前者所追究的民事责任，是"退出式责任"，其以"入侵者"退出人格权的支配范围为请求权内容；而侵权请求权，反映为损害赔偿请求权，其所追究的民事责任是"割让式"责任，以责任人"割让"

---

[1] 姚辉："民法上的停止侵害请求权——从两个日本判例看人格权保护"，载《检察日报》2002 年 6 月 25 日。

自己支配的"领地"给权利人为请求内容。[1] 该观点值得赞同。

人格权请求权与侵权请求权的共同目标是救济人格权，但二者救济的方式和条件不同，两种请求权的有机配合共同构织了人格权保护的一张"大网"。

第二节　人格权救济制度的比较分析

人格权受到侵害时的救济无非为三种方式：①依人格权请求权机能或通过法院请求侵权人除去侵害，包括请求法院判决侵权人停止侵害、消除危险、恢复名誉；②因侵权而产生的财产损害要求赔偿，此以恢复原状为原则，恢复原状不能或非常困难时，自然可以通过金钱赔偿救济；③对于造成精神损害的，受害人还可以提出精神损害赔偿。但各国的法律制度设计是有很大不同的，比较各国人格权救济制度，可为制定我国民法典提供必要的参考。

一、法国民法中的人格权救济制度

尽管早在 1789 年的《人权宣言》中就已经规定了生命、健康、自由等权利，但 1804 年的《法国民法典》作为第一部资本主义国家的和以资本主义经济制度为基础的民法典，作为法国大革命的产物，只有个人主义的胜利。其在第 9 条所宣称的"所有法国人都享有民事权利"的平等思想是近代民法的基石，但其专门设置的"人法"编对于人格只是在法律地位上的认识，并没有提出人格权概念。有学者分析，对具体人格权不作规定，是因为在立法者看来不存在人格权问题。司法实务中，对于人格利益的救济被隐设于《法国民法典》第 1382 条。但这种做法被实践证明是不利于人格权的保护的，因此，在 20 世纪 70 年代和 90 年代，法国民法典关于人

---

〔1〕　马俊驹：《人格和人格权理论讲稿》，法律出版社 2009 年版，第 338 页。

法制度做过两次重要的修正案，分别规定："任何人均享有其私生活受到尊重的权利。在不影响对所受损害给予赔偿的情况下，法官得规定采取诸如对有争议的财产实行保管、扣押或其他适用于阻止或制止妨害私生活隐私的任何措施；如情况紧急，得依紧急审理命令之。"（见该法典第9条，1970年7月17日第70-643号法律）随着人格权日益受到重视，《法国民法典》依1994年7月29日第94-653号法律在第一卷"人"中增设了第二章：尊重人之身体。其于第16条规定，"法律确保人的首要地位，禁止任何侵犯人之尊严的行为，并且保证每一个人自生命一开始即受到尊重"。第16-1条至第16-9条则规定了权利的具体内容，表现了法国民法对人格尊严的重视。可见，法国法上人格权法是依附于人法的。但是，由于历史和观念上的原因，法国民法典至今并没有建立起完整的人格权制度，而关于人格权的保护，则由第1382条、第1383条等加以规定，主要是靠法官在审判实践的过程中，通过充分的自由裁量权，并对"损害"进行扩大解释达到救济的目的。[1] 但毕竟法官的素质是有差别的，因为缺乏统一的标准，实践中关于人格权的救济具有很大的不确定性。这也说明，仅靠简单的侵权法规定救济人格权是不可取的。事实上，法国的人格权救济法律，与其整个侵权法一样，已基本演变为判例法了。

二、德国民法中的人格权救济制度

德国民法中关于人格权保护的条文同样比较简约。基本条文有五：一是第823条的一般性规定："①故意或过失而不法侵害他人的生命、身体、健康、自由、财产所有权或者其他权利的人，有义务向他人赔偿由此而造成的损失。②违反以保护他人为目的的法律的人，负有同样的义务。根据法律的内容，没有过错也可能违反法律的，只有在有过错的情况下，才发生赔偿义务。"二是第12条对

---

[1] 马俊驹：《人格和人格权理论讲稿》，法律出版社2009年版，第171页。

于姓名权的规定：姓名权人于其使用姓名之权利，遭受他人之争执，或因他人之无权使用同一姓名，致其利益受侵害时，得请求他人除去其侵害。侵害有继续之虞者，得提起不作为之诉。三是第825条：以诈术、胁迫或因滥用权力关系，使妇女应允为婚姻外之同居者，对于妇女因此所生之损害，负赔偿之义务。此实质上是有关贞操权的救济制度；四是第824条规定了信用权；五是第253条规定：仅在法律所规定的情况下，才能因非财产损害而请求金钱赔偿；因侵害身体、健康、自由或性的自主决定而须赔偿损害的，也可因非财产损害而请求公平合理的金钱赔偿。

德国法对人格权的上述规定，颇有其特点，除了对姓名权的规定具有具体的内容外，其他关于人格权的规定都没有具体的内容，只是规定当这些权利受到侵害时的法律保护方法。可见，这种立法例很难说人格权法在民事立法中具有独立的地位，与法国法相比，其是将人格权法依附于人法改变为依附于侵权行为法。

同时，由上述规定看出，《德国民法典》对于人格权的救济，并没有专门的一般性规定。仅就个别特定人格利益进行了规定。甚至连被现代社会广泛承认的名誉权也没有规定保护。《德国民法典》第823条是侵权法的中心条款，而立法者在最初的立法草案中设计该条时，在第1款所列举的法益当中，还包括有"名誉"。之所以在法典最终颁布时没有将其写入该条，立法者认为：对损害名誉进行金钱赔偿是一个历史的倒退，并且，试图通过诉讼而以金钱弥补名誉损失的人，本身已经没有什么名誉可言。立法者的这一认识，实际上是与当时盛行的经济自由主义的观点紧密相关的。这种观点认为，为了保证人的充分发展，特别是在经济方面充分发挥自己的能力，就不能对他的行动自由做过多的限制，包括他对他人评判的自由——即使这样有可能对他人的名誉造成损害。[1] 除民法典外，

---

[1] 齐晓琨："'索拉娅案'评注——德国民法中对损害一般人格权的非物质损害的金钱赔偿"，载《现代法学》2007年第1期。

德国在 1907 年颁布的《艺术著作权法（KUG）》的第 22 条规定，要发表或传播他人的肖像，必须经过该他人的同意；在该他人死亡后十年内，必须经过其近亲属的同意。此被认为系对肖像权的保护规范。

第二次世界大战后，理论界特别强调要加强对人格权的保护。王泽鉴先生总结其原因有三：①战后人口集中，交通便捷，大众传播普遍而深入，以及新工艺器材，如窃听器、远距离照相机及录音机之发明，人格随时有遭受侵害之虞，其情形之严重，诚非民法制定时所能预见。②纳粹专政，滥用国家权力，侵害个人自由，唤起个人对人格之自觉以及社会对个人人格之重视。③波昂基本法（宪法）规定人之尊严不得侵犯；尊重并保护人之尊严，系所有国家权力（机关）之义务（波恩基本法第 1 条第 1 项）；在不侵害他人权利及违反宪法秩序或公序良俗范围内，任何人均有自由发展其人格之权利（波恩基本法第 2 条第 1 项）。[1]

德国民法典制定时，没有形成成熟的人格权理论，耶林虽然曾经呼吁将人格利益作为无形财产加以保护，但他并未提出完整的人格权理论。[2] 现在看来，德国民法典有关人格权的规定无疑是不足的，"法律对自然人的规范过于简单，因此没有涉及一些重要的人格权"；"民法典的人格权部分仅仅是一件未完成的作品，人们几乎不能从这些规定中推断出一般性的结论"[3]。当然，立法上的简约并没有阻止对人格权的侵害行为，随着人们要求加强对人格权救济的呼声越来越强烈，德国的实务部门通过对于宪法的应用和对于民法典第 823 条的扩展，在实际案例中发展出一般人格权制度，用于对法律明文规定之外的人格利益的救济。同时，德国为解决非财

---

〔1〕 王泽鉴:《民法学说与判例研究（第一册）》，中国政法大学出版社 2003 年版，第 54 页。

〔2〕 龙显铭:《私法上人格权之保护》，中华书局 1949 年版，第 13 页。

〔3〕 [德] 迪特尔·梅迪库斯:《德国民法总论》，邵建东译，法律出版社 2000 年版，第 778 页。

产损害赔偿适用范围的不足，于 2002 年的法律修订中，将非财产损害赔偿的范围扩展至整个债法。德国的这些做法不能认为立法规定简约不影响法律对人格权的救济，而应认为是其无奈之举。从目前有关人格权救济的制度，尤其是有关一般人格权的非财产损害赔偿制度的现状看，德国已经放弃了其长期固守的大陆法思维，而更接近判例法国家的思维方式。这种思维方式和具体做法是否能为我国所用是值得进一步思考的。

三、日本民法中的人格权救济制度

日本民法典借鉴德国法做法，没有明确规定人格权，而对于身体、自由和名誉的保护是在债权编"侵权行为"一章中加以规定的。根据学者的考察，当代日本的判例中，已出现了"宗教上的宁静权、作为环境的人格权（包括通风、采光、道路通行等）"[1]。第二次世界大战后，日本宪法第 13 条规定："凡国民之人格，均受尊重。"这一原则性规定对日本民法产生了重大影响，1947 年 4 月制定的《日本宪法实施后民法应急措施之法律》以及 1948 年实施的《改正民法一部分之法律》明确规定了人格尊严和两性平等两项内容，从而将宪法的原则在民法中予以落实，确认了民法对一般人格权的保护，使得《日本民法典》能够在实践中不断适应社会的发展。[2] 在人格权保护问题上，日本民法规定除赔偿财产损害外，因人格权受到侵害所造成的精神损害，亦应赔偿。

四、瑞士民法中的人格权救济制度

1907 年的《瑞士民法典》和 1911 年的《瑞士债务法》对于人格权的保护，被学者认为是近代诸大法典中最完备的。在该民法典

---

〔1〕 王利明："人格权制度在中国民法典中的地位"，载《法学研究》2003 年第 2 期。

〔2〕 王利明主编：《民法典·人格权法重大疑难问题研究》，中国法制出版社 2007 年版，第 546 页。

中，人格权内容被列为第一编"人法"的第一章"自然人"的第一节，被学者认为是充分体现了对人的尊重。其对人格权的保护规定的完善也被认为"堪称典范"。但是，事实上我们翻开瑞士民法典就会发现，其中明确规范人格权的条文并不如人们期待的那样。瑞士民法典并没有区分人格和人格权，其所谓人格仅为主体资格之意，在具体人格权方面，瑞士民法典与德国民法典相似，仅规定了姓名权。我国现有的资料中，对于《瑞士债务法》方面的介绍极少，而有关人格权救济问题，应主要集中于此。所以，称该法典对人格权保护完备的结论有待于进一步证实。

五、埃塞俄比亚民法典中的人格权救济制度

被我国有些学者追捧的《埃塞俄比亚民法典》对人格权的规定相当完善，并在法典中占有重要地位。在结构上，该法典的第一编的第一题第一章为"人格与内在于人格的权利"，其中明确以"人格权"为该章的第一节。其第 8 条、第 9 条为有关人格权和自由权的规定，第 10 条为非法妨害的禁止："任何人对人格权的非法妨害都使受害人获得要求停止妨害的权利，妨害者同时要承担民事责任"，由此确认了人格权的停止妨害请求权；从第 11 条到第 19 条规定了自由权；在后面规定了保持沉默权、职业秘密权、死者遗属对葬礼的处理等。而关于肖像权的规定则在第 27 条至第 30 条；第 31 条规定了通讯不受侵犯。值得注意的是，有关姓名权并没有在第一章规定，而是在第二章利用整章予以规范，显示了其与第一章"内在于人格的权利"的不同。该国民法典是由法国人勒内·达维德起草的，所以，带有明显的法国民法典特点，但在人格权制度中，明显有所不同。

六、英美法国家对人格权救济规定

在人格权的保护方面，英国普通法将人格权的商业化问题归属于财产法范畴，好的商誉所带来的利益被视为一种特殊的财产，与

债权、商业证券、股份、知识产权等一起被视为无形财产。也有人
主张将姓名权、肖像权（包括美国法上的公开权）发展为一种
"人格上的新型的知识产权"。对名称、名誉等人格的公开价值的侵
害，主要是通过"仿冒"和"盗用"之诉，适用对财产的侵权行
为规则加以保护的。[1] 美国有关人格权的保护在判例法地区通过
不同侵权类型对人格权予以救济，如侵扰、侵害隐私、诽谤和诋
毁、威胁、殴打等。而在适用大陆法的州，则将人格权救济问题规
定在法定之债的侵权法中。如《加利福尼亚民法典》第3344条明
确规定了对自然人的姓名、肖像、声音和签字进行保护，同时也对
自由、隐私等进行了保护性规定。当然，法律对人格权的救济也在
不断发生变化，如原来肖像权属于隐私权范围得到保护，但随着部
分人格特征的商业化价值的重要性被人们所认识，隐私权救济制度
在人格权的财产利益保护方面渐显落伍。隐私权旨在保障个人独
处、不受干扰，而如果被害人是著名人物，因其已经将个人姓名、
肖像公开于外，并因此获得一定经济利益，其实说明当事人已经抛
弃在此方面的隐私，而没有主张隐私权受侵害的余地，因此，美国
法院又创设了一种独立于隐私权之外的、以保护人格特征的经济利
益为内容，具有财产性质的个人公开权，使个人得享有对自己肖
像、姓名等人格特征为控制、利用，尤其是做商业上用途的权利。

　　另外，虽然在总体上人格权的内容、救济范围等都还在发展过
程中，但是，在世界范围内仍有些国家的民法中没有规定人格权，
如南美洲历史悠久的《智利民法典》（1857年生效），又如20世纪
90年代才颁布的《蒙古民法典》等，这说明人格权法的制定在内
容、体例、结构上并没有一个标准化模式，在能够确保人格利益得
到保护的前提下，采用什么方式要视该国的各方面情况而定。

　　总结域外法律规定和理论成果，可看出，人格权及其救济制度

---

〔1〕 王利明主编：《民法典·人格权法重大疑难问题研究》，中国法制出版社2007
年版，第185页。

是不断发展的。在内涵上由具体人格权转向具体人格权加一般人格权；在主体上由自然人扩展至法人，甚至胎儿和死者；在内容方面更是衍生出隐私权、贞操权、公开权、形象权等，有些国家还规定有声音权等；在救济方式上，除传统的救济方式外，精神损害赔偿的适用范围越来越广，人格特征的利用也被人们所接受，并逐渐完善其救济制度。近代民法典中对人格权及其救济普遍薄弱，远远落后于对财产的规定，而新近制定的民法典都加强了对人格权的规定，而且，对人格权进行正面集中规定的同时，在侵权法中，也有相应的救济制度。很多国家针对这方面的不足对法典进行了修订。有学者认为：从性质上讲，人格权既是积极请求权又是消极防御权。民法在侵权行为法中规定人格权，是将人格权视为消极防御权的结果，也就是只有当某人的人格权受到侵害他才有权提出赔偿的请求。从负面保护上规定人格权意味着，人格权只是在受侵害且进行救济时才显现。正面确定则预先告知人们有何人格权，优点在于有预见性，即便未受侵害也可知晓。我国未来的民法典应采取正面确定典型性具体人格权和负面规定保护措施相结合的方式，只是正面确定应适可而止，使之不致非正当地妨碍他人的行为自由，因为任何一项权利都限制了他人的行为自由。负面规定保护措施既是对正面确定的典型性具体人格权的救济，也可延及未正面确定的开放部分。

第三节 人格权救济的原则

有关侵害人格权的法律救济的讨论，主要表现在对立法和司法实践中存在问题的评论上。其中，从救济方式上，有关非财产责任方式的讨论争议不大，而有关财产责任如精神损害赔偿、残疾赔偿、死亡赔偿的性质，计算标准和赔偿数额等则存在很大分歧。这些分歧与争议在世界其他国家的法学界都普遍存在。笔者认为，学者们在这些问题上的争议很大程度上表现出传统民法理论在现代社会中的发展。

人格权制度作为一种对自然人的生命、健康、肖像、名誉、隐私等人格利益加以确认和保护的制度，是自 20 世纪以来、特别是二战以来形成和发展起来的一项新型的民事法律制度。近代各国的民事法律中，人格权制度并不占重要地位，如在法国民法典、德国民法典中关于人格权的条文寥寥可数。到目前为止，大陆法系国家还主要是通过判例来确认人格权制度的。尽管人格权对自然人的重要性不言而喻，但是作为一项独立的权利制度，人格权制度与以财产权为重心的传统大陆法系民法体系存在颇多冲突。这种冲突不但表现为立法模式中各制度安排上的困难，还表现为人格权与财产权作为两种不同性质权利在内容、保护方式等方面难以融合的差异。因此，我们在讨论人格权的救济问题时往往遇到与财产权救济大异其趣的问题，财产权救济制度中发展起来的某些法律原则或者法律规则对人格权保护制度未必完全适用。

例如，传统民法中的损害赔偿制度以填补损害为其目的，各国法律制度设计虽不一致，但均奉行同一个最高指导原则，即"损害赔偿之最高指导原则在于赔偿被害人所受之损害，俾于赔偿之结果，有如损害事故未曾发生然"[1]。以此原则，传统民法设计有恢复原状与金钱赔偿两种损害赔偿救济的方法。在损害能够恢复原状时，自然应做恢复原状救济，如将损害的门窗修理完好如初等；在无法通过修复恢复原状时，以金钱赔偿代替，实质上是欲通过金钱赔偿方式达到恢复原状一样的效果。理论界和司法实践中甚至还有对恢复原状是恢复"原有状况"还是"应有状况"之不同的讨论。[2] 不管是恢复原状还是金钱赔偿对财产权救济来说当无异议，但是对人格权救济是否完全适用则需要加以分析。

---

〔1〕　曾世雄：《损害赔偿法原理》，中国政法大学出版社 2001 年版，第 16 页。
〔2〕　曾世雄：《损害赔偿法原理》，中国政法大学出版社 2001 年版，第 16 页。

首先以恢复原状而论。人格权受有侵害时，各种人格利益损失有可经救济而得为恢复者，应首先恢复原状。如名誉权可得以登报道歉或收回不当论述而恢复原状、肖像权可得以停止侵害行为而恢复原状、健康权也可因疾病康复得以恢复原状，但是人身受有伤害导致残疾甚至受害人死亡者，要想恢复原状，斯不可能。特别是因人格权侵害而导致精神利益受到损害者，受害人因残疾则当然精神损害时常伴随，而其他情形下是否可因人格权恢复原状而犹如精神未曾受有损害然概难判断。再以金钱赔偿为论。尽管因人格权侵害所导致的医疗费、误工费、护理费、收入损失等物质性损害完全可以金钱赔偿加以填补，但是对于非财产损害是否适用金钱赔偿学者仍有争论。反对者或认为人格无价，以金钱赔偿非财产损害，有损人之人格；或认为金钱只在财产秩序中方有其功能，对于非金钱所可估算之非财产损害不具有作用。肯定者则认为，虽然非财产损害本质上与金钱不相关联而不得以金钱多少加以衡量，但是除此之外似乎更无其他更好方法对非财产损害加以救济，且金钱赔偿兼具使受害人获得某种满足的功能和对侵害人惩罚的功能，与精神抚慰作用相当。因此，"尽管反对之声浪仍存，金钱对人类之魅力现实折服了大多数学者与立法者，接受与非财产上之损害无本质上关联性之金钱赔偿，为其赔偿之方法。"[1] 各国立法例对于非财产之损害均明定金钱为其赔偿方法。但这种金钱赔偿的性质与财产权受有侵害时的金钱赔偿不同，并非同质赔偿。

通过以上的简要分析，在人格权侵害案件中，其各种利益损害因其性质不同而具有不同的救济方式。财产损害，即受害人的经济损失仍然可以在传统民法损害赔偿制度中得到救济。而人格权侵害中的非财产损害，即人身损害和精神损害则表现出与上述物质性损害及财产权损害的救济不尽相同的特点。我们认为，对权利的救济应该区分人格权救济与财产权救济两种不同的法律制度，同时在现

---

[1] 曾世雄：《损害赔偿法原理》，中国政法大学出版社2001年版，第391页。

行法律体系下我们谋求对人格权救济制度的构建和发展还必须尊重财产损害与非财产损害在救济方法、救济范围等方面的各种差异。关于人格权救济制度，我们的基本观点是：在人格权受到侵害的案件中，要区分财产损害和非财产损害，对财产损害使用同质救济原则，损失多少，赔偿多少；对非财产损害应区分人身损害与精神损害；基于对人格商品化的忌惮，以及精神损害本身的主观性考虑对精神损害赔偿贯彻最后适用原则。其具体内容可分述如下：

一、财产损害适用同质救济原则

理论上人格权虽然与财产没有直接关系，但是人格权的侵害多伴随着受害人的财产损害。财产损害是指受害人因其财产或人身受到侵害而造成的经济损失，是可以用金钱的具体数额加以计算的实际物质财富的损失。财产损害有积极损害与消极损害之分，前者指因致损事件导致受害人既有财产利益丧失的损害，即"所受之损害"；后者指因致损事件导致受害人应增加财产未增加的损害，即"所失之利益"，对于这些损害应该适用同质救济原则。所谓同质救济原则，含有两层意思：一是财产损害以财产责任方式加以赔偿救济；二是财产损害救济遵循传统民法损害赔偿救济的指导原则即全部赔偿原则，损失多少，赔偿多少。以物质性人格权损害赔偿案件为例，受害人的财产损害主要包括：

1. 医疗费

医疗费包括医药费和治疗费，是指受害人遭受人身伤害之后接受医学上的检查、治疗过程中所必须支付的各种费用。它不仅包括已经支出的费用，也包括将来要发生的医疗费用，即后续治疗费，如治疗后遗症的费用、二次治疗的费用等。具体说来，医疗费的项目大致包括以下几种：①挂号费，包括医院门诊挂号费、专家门诊挂号费等；②医药费，即购买药品所支出的费用；③检查费，包括治疗所需的各种医疗检查费用，如血液检查费用、透视费、彩超费等；④治疗费，即受害人接受治疗所需的各种费用，如换药、注射、理疗、手术、整容等费用；⑤住院费，即受害人住院治疗所需支出的费用；⑥其他医疗费用，如聘请专家会诊的费用、器官移植所需的费用等。

2. 误工费

误工费是指受害人从受害人遭受损害到恢复治愈能参加正常工作、劳动这一段时间内，因无法从事正常工作或劳动而失去或减少的工作、劳动收入。除此之外，误工费还包括受害人死亡时，受害人亲属办理丧葬事宜所失去或减少的工作、劳动收入。

3. 护理费

护理费是指受害人因遭受人身损害，生活无法自理，需要他人护理而支出的费用。它既包括受害人在治疗伤情期间需要他人帮助而付出的护理费，也包括受害人在伤情治愈后的康复期间需要他人帮助而付出的费用，还包括受害人因残疾而永久性地丧失生活自理能力需要人持续的帮助而付出的护理费。

4. 交通费

交通费指受害人及其陪护人员因就医或者转院治疗所实际用于交通的费用。除此之外，还包括受害人死亡时其亲属因办理丧葬事宜过程中所实际用于交通的费用。

5. 住院伙食补助费

住院伙食补助费是受害人遭受人身损害后，受害人在住院治疗期间支出的超过平时在家的伙食费用。受害人确有必要到外地治疗，因客观原因不能住院，受害人本人及其陪护人员实际发生的住宿费和伙食费，其合理部分也应予赔偿。

6. 必要的营养费

营养费是指受害人在遭受损害后，为辅助治疗或使身体尽快康复而购买日常饮食以外的营养品所支出的费用。

7. 残疾辅助器具费

残疾辅助器具，是因伤致残的受害人为补偿其遭受创伤的肢体器官功能、辅助其实现生活自理或者从事生产劳动而购买、配制的生活自助器具，主要包括：①肢残者用的支辅器，假肢及其零部件，假眼、假鼻、内脏拖带、矫形器、矫形鞋、非机动助行器、代步工具（不包括汽车、摩托车）、生活自助具、特殊卫生用品；②视力残疾者使用的盲杖、导盲镜、助视器、盲人阅读器；③语言、听力残疾者使用的语言训练器、助听器；④智力残疾者使用的行为训练器、生活能力训练用品。

8. 被扶养人生活费

被扶养人生活费是指加害人非法剥夺他人生命权，或者侵害他人健康权致其劳动能力丧失，造成受害人生前或丧失劳动能力以前扶养的人扶养来源的丧失，而应依法向其赔偿的必要的生活费用。这里的扶养关系应做广义的理解，包括①父母对未成年子女的抚养义务，子女对父母的赡养扶助义务；②夫妻间的互相扶养义务；③有负担能力的祖父母、外祖父母，对于父母已经死亡的未成年的孙子女、外孙子女的抚养义务，有负担能力的孙子女、外孙子女，对于子女已经死亡的祖父母、外祖父母的赡养义务；④有负担能力的兄、姐，对于父母已经死亡或者父母无力抚养的未成年的弟、妹的抚养义务等。

当然，对该部分损失是否应当作为独立损害而为诉讼，我国立法中一直以来态度暧昧。《民法通则》第119条明确规定："侵害公民身体造成伤害的，应当赔偿医疗费、因误工减少的收入、残废者生活补助费等费用；造成死亡的，并应当支付丧葬费、死者生前扶养的人必要的生活费等费用。"该规定说明，对因侵权造成生命丧失的情况下，受死者生前扶养的人的生活费被列入赔偿范围；最高人民法院于2003年12月通过的《关于人身损害赔偿的解释》第28条对被扶养人生活费进行了详细规定。而《侵权责任法》第16条在列举赔偿范围时则并未规定此项内容，可是，最高人民法院在2010年6月30日发布的《关于适用〈中华人民共和国侵权责任法〉若干问题的通知》中再次于第4项强调规定："人民法院适用侵权责任法审理民事纠纷案件，如受害人有被扶养人的，应当依据

《最高人民法院关于审理人身损害赔偿案件适用法律若干问题的解释》第 28 条的规定，将被扶养人生活费计入残疾赔偿金或死亡赔偿金。"只不过，在制定民法典过程中，《侵权责任法》的几次审议稿中均没有单独规定被扶养人生活费。这是否意味着这部分费用已包含在死亡赔偿金或残疾赔偿金中了呢？还是立法机关认为该部分不宜作为侵权责任范围，不得而知。

9. 丧葬费

丧葬费是侵害生命权而产生的一项独特的财产损害，它是指受害人死亡后在丧葬过程中发生的费用，包括为安排死亡人生前好友和亲属遗体告别仪式租用场地的费用、为死亡人整理遗容费、火化费、运尸费、尸体冷藏停放费、预定灵车、骨灰寄存、购买墓碑等支出的费用；规定允许土葬的地方，为安葬死亡人的未超过省、自治区、直辖市人民政府规定标准的墓穴占地面积使用费、购买棺材费用，在许多农村安排为死亡人送葬的亲朋好友宴席等支出的必要费用，等等。

10. 其他费用

如康复费及其他合理费用。

另须注意的是，与侵害财产权导致的财产损害救济相同，受害人因加害人侵害其人格权所导致的各种财产损害赔偿法律并非完全地予以承认，而是受到各种限制。特别是在人格权救济赔偿制度中，许多赔偿项目都是由受害人或者其亲属首先支付相关费用而后向加害人追偿的，如治疗费、交通费、护理费、残疾辅助器具费等。这些项目中受害人及其亲属的实际支出因人、因家庭而往往不同，甚至差异悬殊。完全依据实际支出确定加害人的赔偿数额对加害人并非完全公平。因此，在对这些项目实际支出损失的赔偿中，要求受害人或其亲属的实际支出必须合情合理。如医疗费的赔偿中，受害人医药费的支出及治疗医院、方法的选择均应以必要、合理为限，赔偿义务人可对此提出异议。而营养费、残疾辅助器具费等的确定，则应该参考相关专业机构，如医疗机构、辅助器具配置机构的意见。还有，某些项目的计算必须依据法律的明确规定进行，如误工费项目中受害人收入水平的确定、护理费项目中护理人员人数及收入的确定、被抚养人生活费项目中计算基数的确定等。

二、精神损害贯彻最后适用原则和法律明文规定原则

对于精神损害赔偿适用原则问题，我国学者有多种主张，如适当限制、法官自由裁量原则、区别对待原则、综合考虑多种因素原则、适当参考可得利益损失原则、惩罚与安慰相结合原则等等。[1]

我们认为：对于精神损害的金钱赔偿应当遵循最后适用原则和法律明文规定原则。所谓最后适用即将金钱赔偿作为自然人精神损害救济的最后手段。其原因主要有两点应予特别说明：

第一，精神损害救济以抚慰受害人精神痛苦为目的。即便是金钱赔偿，就大多数人而言，也已经开始从更加广泛的功能意义上来看待它，即从抚慰、惩罚等方面对此种民事责任方式予以界定。[2]但是，民事责任方式或者民事权利的救济方式并非仅金钱赔偿一途，其他非财产民事责任形式，如我国《民法通则》中"消除影响""恢复名誉""赔礼道歉"等，如果能使受害人得到抚慰，就无须再适用金钱赔偿。根据《德国民法典》原第847条第1项的规定，人格权受侵害者，关于非财产上损害，得请求以相当的金钱，赔偿其所受侵害；但依第49条规定之恢复原状为可能而且充分，或者对受害人已以金钱以外为补偿者，不适用之；这就是德国法中的所谓痛苦抚慰金的"后援性（subsidiärer Charakter）"，即只有在侵权后果严重，而且其他法律救济手段无法全面有效地为受害人提供保护时，才应当适用非物质损害赔偿，即它是法律救济的最后手段（ultima ratio）。

第二，在精神损害赔偿制度中，精神利益具有无形性，作为精

〔1〕　杨立新：《侵权法论》，人民法院出版社2004年版，第711页。

〔2〕　姚辉："精神损害　物质抚慰"，中国民商法律网，http：//old.civillaw.com.cn/article/default.asp?id=12655，访问日期：2009年10月17日。

神损害后果的精神痛苦是无法具体估量的。但是作为制度运行的必要条件，这个损害额度却又是必须加以确定的。其结果，只能借助法官的自由裁量进行。但是，法官的自由裁量权，动辄适用，易为泛滥。所以，对精神损害赔偿的适用应该加以限制，只有在采用其他民事责任仍不足救济时，才得适用。

所谓法律明文规定原则，是指只有在法律明文规定的范围内，当事人才有权提出精神损害赔偿，事实上，可能所有的侵害行为都或多或少会给当事人造成精神损害，但是，精神损害毕竟只是抚慰性质的一种措施，并不能如财产损害那样可以"同质救济"，在适用过程中采取谨慎的态度是必要的。

综上所述，我们既应该肯定金钱赔偿在精神损害救济中的重要作用，同时又要重视精神损害的特殊性质，重视非财产责任方式的运用，对金钱赔偿贯彻最后适用原则和法律明文规定原则。

三、人身损害赔偿与精神损害赔偿应予区别

这里的人身损害是指侵害受害人的生命、健康、身体等物质性人格要素的损害后果，表现为受害人的死亡、身体机能丧失或下降以及身体残疾等。应该将作为损害类型之一的人身损害与一般所谓的人身损害赔偿中的人身损害相互区分，后者泛指因侵害自然人的生命、健康、身体等物质性人格权要素而导致的全部损害的赔偿，既包括对作为损害类型之一的人身损害的赔偿，还包括对因之产生的财产损害和精神损害的赔偿。按照学理界对损害的一般分类，损害分为财产损害和非财产损害。其中，财产损害是指受害人因受到侵害而造成的可以用金钱的具体数额加以计算的实际物质财富的损失；非财产损害则指受害人因受到侵害而造成的不能用金钱的具体数额加以计算的非物质利益的损失。按照这种理解，人身损害属于非财产损害。但是，也有不少学者认为非财产损害实质上就等于精神损害，两个概念内涵外延同一，可以互相换用。按照这种理解，因侵权引起的损害就可以大体分为财产损害与精神损害两类。这种

观点虽然与传统观点不同，但是在我国立法与司法实践中却根深蒂固。其表现就是在我国涉及人身损害赔偿的相关法律法规或司法解释中，对人身损害赔偿均从物质性财产损失与精神损害两个角度加以救济。这一点集中体现在我国法学理论界和立法上对死亡赔偿金和残疾赔偿金的性质定位上。以死亡赔偿金为例，我国立法在对其的性质定位中经历了一个从精神损害赔偿性质到物质损害赔偿性质的过程，与此相适应，我国学理界在对死亡赔偿金的研究中经历了一个从精神抚慰到收入损失的赔偿的过程。但是，最高院2003年《关于人身损害赔偿的解释》将死亡赔偿金定性为物质性损害赔偿，很大程度上是制定者出于解决刑事案件中不得附带或者独立提出精神损害赔偿问题的考虑。我们认为，在人身损害赔偿案件中，应该区分受害人的人身损害（这里的人身损害仅指受害人的物质性人格权利益的损害）、精神损害与财产损害，对死亡赔偿金和残疾赔偿金应该单独列为独立的赔偿项目。理由如下：

第一，财产损害、人身损害与精神损害所保护的利益不能相互替代。一方面，尽管对自然人生命、身体、健康等的侵害往往带来受害人财产上的损害，但是医疗费、交通费、财产方面的损失并非受害人权利被侵害的直接后果，侵害自然人的生命权、身体权、健康权，其直接后果是受害人生命的消亡、身体完整性的破坏或者身体机能的丧失。对上述财产损害的赔偿其对象并非针对的是侵害自然人生命权、身体权、健康权的直接后果，而是保证受害人的财产状况不因侵害事故的发生而不当减少。另一方面，尽管自然人生命、身体、健康等的损害也还常常伴随着精神的痛苦，精神损害也是人身损害事故的直接后果，但是精神损害并不能替代人身损害，更不能将人身损害与精神损害相互混淆。自然人生命的丧失、身体的缺陷和身体机能的丧失所侵害的是自然人物质性人格要素利益，而精神损害所侵害的则是自然人精神平和的利益，前者往往导致后者的发生，但两种利益损害却是截然两事。精神损害又称为"无形损害"，损害有无完全凭受害人主观内心感受而定，但是人身损害却是一种实实在在的，可以进行一系列伤残等级评定的，有形的损害。

第二，有些学者认为死亡赔偿金、残疾赔偿金在本质上是对受害人收入损失的救济，以此将其归入财产损害的救济中，我们认为此种理解不妥。一方面，如果说死亡赔偿金、残疾赔偿金仅仅是对受害人收入损失的赔偿，那么对一个自然人来说，其死亡所获得的赔偿与其残疾所获得的赔偿之间的差距可能仅仅为几年或者十几年的收入损失而已。尽管学者将死亡赔偿金和残疾赔偿金定义为收入损失的前提是认为两种赔偿金非是对人的生命或者身体健康的赔偿，但是毕竟两种赔偿金所对应的是两种完全性质不同的权益侵害。如果说两种赔偿金选取同样的计算基准，而仅仅是计算期限上存在差额，那么，又有什么理由不认为这种观点将两种原本性质不同的权益侵害混为一类了呢？另一方面，将死亡赔偿金、残疾赔偿金作为受害人收入损失的补偿，可能还有许多在理论上或实践中的障碍，比如为什么要按照固定的期限对不同年龄的人（60周岁以上的除外）的收入损失进行赔偿？再比如，按照我国现行法律法规，收入损失的计算中并不扣除受害人本人未来的生活消费，也与被抚养人的生活费赔偿项目相分立，则此时受害人的近亲属是否存在"获利"嫌疑呢？（对此我们在下文还将展开详细的论述）这些问题也足以说明仅仅将死亡赔偿金、残疾赔偿金解释为对受害人收入损失的赔偿，至少在我国现行的法律制度下是说不通的。但是，我们不同意将死亡赔偿金和残疾赔偿金作为受害人收入损失的救济，并不意味着法律不可以以受害人的收入情况作为基准来确定死亡赔偿金和残疾赔偿金的数额。实际上，法律将受害人的收入情况作为确定死亡赔偿金和残疾赔偿金的计算基准并非没有道理。一个人的生命虽然是无价的，但是一个人对社会的价值和对其家庭近亲属的价值毕竟不完全相同，法律既然要对这种损害进行金钱救济，就一定要对这种金钱赔偿的数额计算规定一系列的标准。与在精神损害赔偿制度中赋予法官广泛的自由裁量权相比，法律在对更重要的人身权益中作出这样的抉择无疑是有其重要的意义的。甚至有学者还明确地将劳动能力作为自然人物质性人格权之一种，而与自然人的生命权、身体权、健康权并列。[1] 而这种选择同时也避免了将"收入损失"单独列为财产损害所带来的理论上和司法实践中的各种问题。

第三，死亡赔偿金、残疾赔偿金也不应该是单纯的精神抚慰金。在我国有不少学者认为，死亡赔偿金、残疾赔偿金实际上是为实现对受害人精神上的抚慰而设立的。为此，理论界还展开了对死亡赔偿金、残疾赔偿金的"改名之争"，即是应该称为"赔偿金"还是应该称为"补偿金"，或者直接称为"抚慰金"？应该说，这种理解在我国精神损害法律制度还没有完善的情况下是具有相当的说服力的，因此也被不少的规范性法律文件所认可。在这种观念下，对死亡赔偿金、残疾赔偿金的计算不再以受害人的收入损失为基准，而是使用了所谓"生活费"的概念。如在国务院《道路交通事故处理办法》（已失效）和 2001 年最高人民法院《关于审理触电人身损害赔偿案件若干问题的解释》（已失效）中都规定了"死亡补偿费"和"当地平均生活费"；而直接规定了"精神损害抚慰金"的国务院于 2002 年公布的《医疗事故处理条例》则使用了"医疗事故发生地居民年平均生活费"的计算基准。与"收入损失"的赔偿标准相比，"生活费损失"标准显然是一个处在低水平的保护。这也反映了我国在精神损害赔偿制度中赔偿数额不高的问题。实际上，精神损害赔偿的数额不高并不一定就不是一件好事，因为在决定精神损害赔偿数额另一端的是法官的自由裁量权。从这个角度讲，将死亡赔偿金、残疾赔偿金定位为单纯的精神抚慰金，在我国也并不适宜。

如何理解最高人民法院《关于审理人身损害赔偿案件适用法律若干问题的解释》第 18 条的规定确是一个问题，该条第 1 款规定：

---

〔1〕　张俊浩主编：《民法学原理》，中国政法大学出版社 2000 年版，第 139 页。

"受害人或者死者近亲属遭受精神损害，赔偿权利人向人民法院请求赔偿精神损害抚慰金的，适用《最高人民法院关于确定民事侵权精神损害赔偿责任若干问题的解释》予以确定。"若此，死亡赔偿金和残疾赔偿金即为精神损害赔偿内容，但是，人格权损害与精神损害是两种不同的损害这种观点应该没有异议，为什么要用精神损害赔偿来代替人格权的损害赔偿？其次，有关死亡赔偿金的标准在前者为"按照受诉法院所在地上一年度城镇居民人均可支配收入或者农村居民人均纯收入标准，按 20 年计算。但 60 周岁以上的，年龄每增加 1 岁减少 1 年；75 周岁以上的，按 5 年计算。"而在后者，精神损害的赔偿数额根据以下因素确定：①侵权人的过错程度，法律另有规定的除外；②侵害的手段、场合、行为方式等具体情节；③侵权行为所造成的后果；④侵权人的获利情况；⑤侵权人承担责任的经济能力；⑥受诉法院所在地平均生活水平。上述两个司法解释显然不同，除此之外，《关于人身损害赔偿的解释》其适用范围广泛，适用于所有因侵权造成受害人生命、健康和身体损害的案件，而《关于精神损害赔偿的解释》第 10 条第 2 款则明确规定："法律、行政法规对残疾赔偿金、死亡赔偿金等有明确规定的，适用法律、行政法规的规定。"

综上所述，我们认为，将人身损害与财产损害、精神损害等加以区分，并将人身损害赔偿列为单独的赔偿项目十分必要。它有利于我国人格权救济制度中各种存在问题的解决。还有一个值得注意的问题是，既然死亡赔偿金、残疾赔偿金都单列为一项赔偿项目，那么是否需要将在一般情况下的伤害，即非致残、致死的伤害赔偿金也单列出来呢？对此我们认为需要慎重。与致残、致死不同，一般伤害的侵害是具有可恢复性的，其对身体权、健康权造成损害的后果都是暂时的。因此，在这种情况下的金钱赔偿的请求权更类似恢复原状请求权，受害人所遭受的仅仅是误工费以及其他费用等一时的财产损失而已。另外，将死亡赔偿金、残疾赔偿金定位为对死亡、伤残损害本身的救济并不意味着死亡赔偿金、残疾赔偿金就是自然人生命或身体的对价。如上所述，我们讨论金钱赔偿的必要性及其局限性问题，其实主要就是针对死亡赔偿金、残疾赔偿金而言的。此处不再多言。

将死亡赔偿金、残疾赔偿金单列出来以后，接下来的问题就是如何确定其计算标准。由于这个问题还涉及死亡赔偿金、伤残赔偿金的性质，以及死亡赔偿金数额较低、计算标准不统一、与残疾赔偿金不相平衡等问题，因此，这个问题我们将放在下文中展开论述。需要注意的是，按照我们上文对损害类型的划分，下文中所称的"人身损害"均指狭义的受害人生命权、身体权、健康权本身的损害。

第四节 胎儿的人格利益及其损害的救济问题

一、胎儿人格利益保护的必要性

胎儿是尚未出生的人。对于出生前的侵害，"自古有之，最近所以倍受关切，其主要原因有三：①工业社会之意外事故，层出不穷，胎儿虽在母体之内，遭受侵害之机会较前大增。②医学进步，有助于确定出生前侵害事由与损害之间的因果关系。③以前，'生命'被认为是上天或父母之赐予，纵有残障，亦属命中注定，无可奈何。今者，社会价值观念丕变，强调生育是一个具有责任之行为，父母亦须负责。昔日可以逆来顺受者，如今则须有适当之救济。"[1] 因此，现代民法大多确立了胎儿人格利益保护的规则。在古罗马法中，即确立了这样的法律原则："胎儿从现实角度上讲不是人，因而，由于它仍然是一个潜在的人，人们为它保存并维护自

---

〔1〕 王泽鉴：《民法学说与判例研究（第四册）》，中国政法大学出版社2003年版，第272页。

出生之时起即归其所有的那些权利，而且为对其有利，权利能力自受孕之时而不是从出生之时起计算。保罗说："当涉及胎儿利益时，母体中的胎儿像活人一样被看待，尽管在它出生以前这对他人毫无裨益'。"[1] 可见，在古罗马法上，就保护而言，胎儿具有权利能力，可以就其人格利益遭受的损害，在出生之后提起损害赔偿的请求。

胎儿人格利益的法律保护与胎儿法律地位的认知有着密切的联系，综观现代法律，各个国家和地区有关胎儿法律地位的立法例大致可分为三种：

第一，总括的保护主义，即就胎儿利益之保护，一般地将胎儿视为已出生。此为罗马法所采取之主义，《瑞士民法典》从之。《瑞士民法典》第31条规定"权利能力自出生开始，死亡终止。胎儿，只要其出生时尚生存，出生前即具有权利能力的条件"，从具有权利能力的视角说明胎儿人格利益保护的正当性。

第二，个别的保护主义，即胎儿原则上无权利能力，但于若干例外情形有权利能力。法国、德国和日本均采此主义。法国法上，对于胎儿的法律地位，存在着两种截然不同的理论观点：功利主义理论和人格主义理论。"前一种理论认为，胚胎并不是人，而是物，因此，它不能成为权利的主体，而仅是权利的客体。而对于人格主义理论来说，人是单一的，是不可分离的，他不论是在其性质上还是在时间方面均是不可分离的；他是完整的，不允许被分开的，无论是肉体方面还是精神方面，从怀胎到死亡都是不能分割的。因此，对人格主义的法学家而言，胎儿是权利的主体而非客体，是人而非物。"[2] 因此，按照功利主义理论的观点，胎儿并不是权利的主体，当然也就不存在其人格利益的保护的问题，而按照人格主义理论的观点，胎儿是完整的"人"的一部分，其是权利的主体，应

---

〔1〕［意］彼德罗·彭梵得：《罗马法教科书》，黄风译，中国政法大学出版社1992年版，第30~31页。

〔2〕 张民安：《现代法国侵权责任制度研究》，法律出版社2007年版，第62页。

对其人格利益进行保护。《法国民法典》采纳了人格主义的理论，其第 16 条规定："法律确保人的首要地位，禁止任何侵犯人之尊严的行为，并且保证每一个人自生命一开始即受到尊重"。并且，"法国司法判例以及大部分法国学者均认为，'人的生命开始'并非是指人的出生，而是指胚胎，因此，胎儿就其出生前所遭受的损害享有侵权损害赔偿请求权。"[1] 因此，法国法通过对法典的扩张解释，对胎儿的人格权给予侵权法上的救济。

在德国法上，《德国民法典》第 1 条规定："人的权利能力，始于出生完成之时。"[2] 而胎儿无疑并不具备民事权利能力，按照这一逻辑思路，胎儿并不具备民事主体资格，似乎胎儿的人格利益将无法获得法律上的保护。但是，德国学者和法院并没有因此而否定对胎儿人格利益的保护，"利用（民事主体资格）概念来阐释是否享有某些法益，如财产权，无疑是恰当的。但联邦最高普通法院在此却拒绝用这种方法论证身体和健康，因为'身体和健康表现了人类的每个个体的特性，它们是自然界的一部分，也是物种的一部分'"。[3] 并且认为"胎儿的本质就是其最终成为一个人而来到世间，其与出生后的孩子是同一个生命体，责任法必须顾及这一符合自然规律的事实。因此，对胎儿的伤害必将及于该人出生后的健康，对此，加害人必须根据《民法典》第 823 条进行赔偿。"[4] 除此之外，对于因侵权造成他人死亡的情况下，如果死者与"已被孕育成胎儿，但尚未出生"处于其对该胎儿依照法律规定负有抚养义务或可抚养义务的关系时，《德国民法典》第 844 条最后一句确认胎儿有赔偿请求权。因此，德国民法虽然认为胎儿并不具备民事权

〔1〕　张民安：《现代法国侵权责任制度研究》，法律出版社 2007 年版，第 62 页。

〔2〕　陈卫佐译注：《德国民法典》，法律出版社 2015 年版，第 5 页。

〔3〕　[德] 马克西米利安·福克斯：《侵权行为法》，齐晓琨译，法律出版社 2006 年版，第 14 页。

〔4〕　[德] 马克西米利安·福克斯：《侵权行为法》，齐晓琨译，法律出版社 2006 年版，第 15 页。

利能力，但是仍然给予其法律上的保护和救济。

《日本民法典》第 721 条规定："胎儿，就损害赔偿请求权，视为已出生。"

可见，在法国法和德国法上，并不是通过扩张权利能力的方法给予胎儿人格利益以法律保护，而是以自然法的视角，肯认生命始于胚胎，胎儿与出生后的婴儿是同一生命体，进而将胎儿的人格利益纳入到法律保护的视野之中。

在多数国家的判例上，对于胎儿人格利益的保护，都采用了"对人类自然成长过程进行保护"的观点，所谓"正义要求我们承认一项原则，即每一个孩童都应当享有以健康的身心开始其生命的权利"。

第三，绝对不保护主义，即绝对贯彻胎儿不具有民事权利能力的原则。我国《民法通则》第 9 条规定，公民从出生时起到死亡时止，具有民事权利能力。"出生之前的胎儿，不享有权利能力。"[1] 无论是总括的保护主义还是个别的保护主义，都给予胎儿人格利益以法律上的保护，而我国《民法通则》不予保护的立场确是一个法律上的漏洞和遗憾。

在我国，仅《继承法》第 28 条规定了胎儿的继承权，该条规定："遗产分割时，应当保留胎儿的继承份额。胎儿出生时是死体的，保留份额按法定继承办理。"可见，我国现有法律对胎儿利益的保护仅限制在继承这一范围，根本没有涉及胎儿的损害赔偿请求权，因此，如果胎儿对其受孕过程中受到的损害在出生之后行使请求权，在我国现行法律中将找不到法律依据。这不仅给法院审理案件带来了困难，而且使胎儿权益得不到有力的保护。而我国《民法通则》规定"公民的权利能力始于出生"，按此规定，孕育中的胎儿当然不享有权利能力，但是胎儿最终是要出生的，孕育中的胎儿

---

[1] 杨立新主编：《中国人格权法立法报告》，知识产权出版社 2005 年版，第 490 页。

乃未来的民事法律主体，且胎儿是所有自然人生命发育的必经阶段，如果胎儿在其孕育过程中受到损害至其出生后畸形或疾病，或者在其孕育过程中其父母（其未来生活的依赖者）受到人身伤害以致丧失劳动能力或者父亲死亡导致其抚养权受到侵害，在这种情况下，如果胎儿出生后不能享有损害赔偿请求权，显然有违公平且与理不符。

《民法通则》对胎儿人格利益忽视的立场已受到学者的质疑，学者对胎儿人格利益保护的必要性亦做出探讨。王利明教授认为："自然人是人格权的主体，其权利能力始于出生，终于死亡，因此，自然人在出生前或者死亡之后就不享有人格权。但是，胎儿的人格利益在各国法律中都是受到法律保护的。胎儿的人格利益与生命权有着密切的联系，胎儿本身已经是一个生命体，胎儿已经享有生命的利益。"[1] 因此，"保护胎儿的人格是保护自然人的人格权的组成部分，与人格权的保护不可分割"[2]。杨立新教授认为："保护胎儿人格利益的理论基础在于人格利益的延伸保护。人格利益延伸保护的理论依据，是在现代人权思想指导下，以维护民事主体统一、完整的人身利益为基本目的，追求创造、保护社会利益与个人利益的和谐、统一。"[3] 我们认为，在我国赋予胎儿以主体资格是不必要也不现实的。法律赋予当事人以主体资格的主要目的是使其能主动行使权利、承担义务，而胎儿不具备这种资格；当今时代药物流产以及堕胎等情况非常普遍，如果承认胎儿的权利能力，无疑会产生重大的法律政策冲突。当然，不承认胎儿的权利能力，并不意味着对胎儿利益的不予保护，在侵权法规范中，确认胎儿出生后对其出生前受到伤害的赔偿请求权，与我国的基本法律制度也不构成冲突。

---

[1] 王利明：《人格权法研究》，中国人民大学出版社2005年版，第336页。
[2] 王利明：《人格权法研究》，中国人民大学出版社2005年版，第338页。
[3] 杨立新主编：《中国人格权法立法报告》，知识产权出版社2005年版，第490～491页。

可见，我国学者对于胎儿人格利益法律保护的必要性的论述，也并没有采纳一般性地赋予胎儿权利能力的立场，而是从人格权完整保护的立场出发来进行说明。胎儿与出生后的婴儿是同一个生命体，其人格利益与出生后婴儿的人格权不可分割，法律无须为胎儿创造独立人格，但有必要保护"形成中的生命"。因此，对胎儿的人格利益给予法律保护是必要的。

《民法总则》对胎儿利益的保护规定，借鉴了域外法的经验，也尊重了理论界讨论的建议，第16条规定："涉及遗产继承、接受赠与等胎儿利益保护的，胎儿视为具有民事权利能力。但是胎儿娩出时为死体的，其民事权利能力自始不存在。"该条规定中没有明确列举出侵权情况下，对胎儿利益的保护，但学者普遍认为，其中的"等"胎儿利益保护，最重要的就是胎儿被侵害时的利益保护。

二、胎儿人格利益受到损害的法律救济

胎儿的损害赔偿请求权是由侵权行为引起的，但是针对胎儿的侵权行为同其他侵权行为相比具有自己的特点，因此，胎儿的损害赔偿请求权也就有一些特殊性：

第一，侵权行为的间接性。其他的侵权行为都是直接实施于客体的，但是针对胎儿的侵权行为并不直接实施于客体（胎儿），而是直接实施于母体，由于母体之健康受到影响，间接地影响到胎儿，使胎儿健康受损。

第二，损害事实认定的时间性。其他的侵权行为，在行为发生后损害事实一般情况下即能确定，即使行为发生时不能确定，间隔的时间也不会太长。但针对胎儿的侵权行为，除抚养请求权可以在胎儿出生前确定之外，其他的损害事实须等到胎儿出生后方能确定。

第三，侵权行为发生时间的特定性。对胎儿的侵权行为一般发生在其母体受孕后、胎儿出生前的这段时间，只要这段时间内发生的行为影响到胎儿的健康权益，都可认定是侵权行为，哪怕从生物学和医学意义上讲其还是受精卵或胚胎也在所不问。如果其出生后因侵权行为受到损害，则不能认定为胎儿享有损害赔偿请求权。但在特殊情况下，因受孕前发生的侵权行为损害胎儿的父母的健康（如环境污染、医生输入带有病毒的血液致父母生殖遗传功能受损），而其父母在不知情的情况下受孕，对受孕前发生的侵权行为也可认定为享有损害赔偿请求权。

第四，请求权行使的前提性。胎儿的损害赔偿请求权的行使是以其活着出生为前提的，如果其出生时是死体，则不再考虑其请求权。如果因一行为致使母亲流产，则该行为只能被认定为对母亲身体的侵害，不能认定为是对胎儿的侵权行为。

正如前文所述，胎儿是尚未出生的人，尚不具备民事权利能力，无法行使权利，因此，其人格利益损害赔偿的请求权只能待其出生以后才能行使。这就需要考虑胎儿出生以后是否存活。胎儿的损害赔偿请求权是以胎儿活着出生为前提的，因此，对母体中的胎儿而言，其损害赔偿请求权实质上是一种期待权。所谓期待权是指取得特定权利部分要件的主体所享有的因法律规定或当事人约定的其他要件的实现而取得特定权利的受法律保护的地位。如果胎儿活着出生，则该期待权转化为既得权，如果胎儿出生后是死体的，其所享有的期待的尚未实现的民事权利便归于消灭。由于胎儿地位的特殊性，其损害赔偿请求权的行使也具有特殊性。参考其他学者意见，本文认为，可按以下规则进行：

第一，侵权行为发生时胎儿尚未出生，如出生后是活体且损害事实在其出生后即能确定的，则出生后的婴儿可作为独立的主体参加诉讼，其权利可由他的法定代理人代为行使。

第二，侵权行为发生时胎儿尚未出生，损害事实在其出生后经过较长一段时间方能确定的，如损害事实确定时其为无民事行为能力或限制行为能力人，则他可以作为独立主体参加诉讼，其权利由他的法定代理人代为行使。如损害事实确定时其为完全行为能力人，则其可以作为独立的主体参加诉讼，由他本人来行使自己的权利。[1]

第三，因同一侵权行为受害的不仅有胎儿还有其他人（如其母亲）的情况下，则对其他人的赔偿请求权可先行审理判决，对胎儿的赔偿请求权可待其出生后、损害事实确定时另案处理。

第四，如果胎儿出生是死胎的，则此时"损害的是母亲的身体或健康，由母亲享有损害赔偿请求权"[2]；如果"母亲受伤害致使胎儿流产的，就是对母亲的健康权或者身体权的侵害，母亲可依法要求侵权损害赔偿"[3]。因为胎儿虽然是生物学意义上的生命，但不是法律意义上的生命。法律上的生命仅指出生后自然人的生命，胎儿是自然人生命形成的必经阶段，从现实意义上讲毕竟不是人，因此不享有生命权，而且胎儿权利的行使是以其活着出生为前提的，如果其出生时是死体则不享有任何权利。退一步说，即使赋予胎儿以生命权，其权利也无法行使，若由母亲代为行使，其生命权则无任何意义。因此，第三人行为致使胎儿母亲流产、胎儿出生后是死体的，胎儿被视为孕妇身体的一部分，第三人之行为只构成对孕妇身体的侵害，而不构成对胎儿权利的侵害，孕妇可提起侵权之诉主张赔偿。

第五节　死者的人格利益救济

一、死者人格利益保护的必要性

自然人死亡后即不再享有权利，这是被普遍承认的观点，而同

---

[1] 黄松有主编：《侵权法司法解释实例释解》，人民法院出版社 2006 年版，第 17 页。

[2] 杨立新主编：《中国人格权法立法报告》，知识产权出版社 2005 年版，第 26 页。

[3] 王利明：《人格权法研究》，中国人民大学出版社 2005 年版，第 339 页。

样被承认的是，对死者的人格不得任意损害。对死者人格利益进行法律保护的理论基础，主要有以下几种学说[1]：一是死者权利保护说，该说认为对死者人格利益的保护，是因为死者仍是人格权的主体，仍享有权利，或死者的人格权并未消灭，所以在本质上保护的还是死者的人身权；二是近亲属权利保护说，该说认为，对死者人格利益保护的实质或作用在于保护死者近亲属的利益；三是人格利益继承说，该说认为人身权是专属权，不能继承，但是人身权和人身利益不可混为一谈，后者具有可继承性，死者的身体利益、人格利益和部分身份利益都可以继承；四是家庭利益保护说，该说认为死者的名誉遭到侵害时，其遗属的名誉也往往会遭到侵害，这两者之间的联结点就是家庭名誉；五是死者法益保护说，该说认为死者不能成为民事权利的主体，更不享有权利，对死者，法律所保护的是法益。

我们认为，死者权利保护说、人格利益继承说、家庭利益保护说都存在理论上的缺陷，难以自圆其说。死者权利保护说实质上认为死者丧失的是权利能力，而权利仍然存在。虽然导致权利消灭的原因有很多，权利能力的消灭只是其中之一，但权利能力的消灭却一定会导致权利的消灭，除非重新构建权利能力的理论体系，否则死者权利保护说将陷入矛盾。从权利的本质看，不管意思说还是利益说，对于死者而言，为其保留权利都是没有意义的。人格利益继承说实质上区分了人身权和人身利益，并认为死者近亲属继承的是人身利益的所有权，但是主体对其人身利益所享有的是否是所有权还需要更为深入的论述。家庭利益保护说实质上是在个人的人身利益之上创设了一个家庭的整体利益，对死者人格利益的法律保护实际上是对其家庭整体利益的保护，但是家庭并不是民法上的民事主体，家庭整体利益也不是独立的利益类型，该学说的立论基础并不

---

[1] 参见杨立新主编：《中国人格权法立法报告》，知识产权出版社2005年版，第196～201页。

严谨。而近亲属权利保护说和死者法益保护说都有其合理成分，从各自的角度都可以说明死者人格利益保护的必要性和正当性，因此我们可以认为，对死者人格利益予以法律保护的理论基础并不是单一的。

（一）死者人格利益保护与其近亲属人格权保护的关系

由于近亲属之间特定的身份关系，自然人死亡后，其人格要素对其近亲属仍然会发生影响，并构成生者精神利益的重要内容。损害死者的名誉，有可能构成侵害死者近亲属的名誉权或者人格尊严，死者近亲属可以为了保护自己的人格权而获得法律救济，包括要求停止损害死者生前人格利益的行为。只要进行恰当的法律解释，就可以给予死者近亲属充分、合理的法律保护，并间接地对死者的生前人格利益予以合理的保护。在通常情形下，死者名誉受损时名誉权或者人格尊严受到侵害的人的范围限定在其近亲属，是基于社会通常情形而确定的，即只有对于近亲属，一般来说损害死者名誉的行为才会和其自身的名誉受损或者人格尊严受损之间有法律上的因果关系。这是一个基于法律政策的判断对侵权人的责任成立和范围所做的限制。在决定侵犯死者名誉是否因此构成对死者亲属名誉权或者人格尊严的侵害时，其法律要件和法律后果都和一般情形相同，无须在此特别讨论。不过，这里需要说明的是，是否侵犯了死者亲属的权利需要个别分析，损害死者名誉并不必然侵害死者亲属的名誉权或者人格尊严，死者亲属仅仅证明死者名誉受损害是不够的，还必须证明自己的名誉或者人格尊严也因此而受到损害。

侵害死者的其他人格利益，如姓名、肖像、荣誉、隐私等，同样只在侵害死者近亲属名誉权或者人格尊严的情况下，死者近亲属才能够主张侵权。比如，盗用死者姓名进行犯罪行为，造成死者名誉下降并且影响其近亲属名誉，或者使用死者肖像从事不恰当的活动，影响了死者的名誉。反之，如果某一行为侵犯了死者的某些利益，但是对其近亲属不造成伤害，或者从社会一般观念来看是须予以容忍的，则不构成侵权。在英美法中，名誉、隐私等人格权被认为是自然人的一种专属权，不能以他人的名誉、隐私受到侵害为由提起诉讼，而且，死者的名誉、隐私在受到侵害时，遗属不能代替死者行使权利。但是，在侵害死者的名誉、隐私的同时，也侵害了遗属自身的名誉、隐私，属于例外。[1]

在大陆法系的德国，理论上的通说以及判例均认可死者自身的人格权不受侵害。德国联邦法院就《基本法》第 1 条、第 2 条规定解释为：人至少可以相信，在其死后受到严重歪曲（事实）的名誉毁损时，其生前的生活形象受到保护。只有在能够拥有这种期待的前提下生存时，其生前的作为人的尊严和自由发展才能够按基本法的含义得到充分保障。当然，联邦宪法法院只认可第 1 条第 1 款中的"人的尊严"可以类推出死者的人格权，而认为第 2 条有关"自由发展"的规定只适用于生者。即对死者的人格权侵害的认可，仅限于损害了"人的尊严"的场合。

相比较德国法院的做法，法国及瑞士的判决虽然也有关于死者的肖像权、隐私权保护的判例，但是，其理论构成并不明确，多数人认为加害人的侵权行为侵害了死者近亲属对死者的怀念之情。这种理由在法律上显然并不充分，因为"怀念之情"范围太过广泛，不仅无法权利化，在法益层面上给予保护也都是很难把握的。

除对死者的肖像、名誉等尊严类型的利益侵害，可以得到法律的救济外，侵犯死者尸体的行为略微有些特殊。通说认为，尸体是物，可以发生继承，继承人对其有所有权，但是该物非常特殊，基于一般社会伦理，该权利的行使应当受到特别大的限制。[2] 以尸体为一种特殊的物，乃是法律上的"迫不得已"，因为既有民法制度上能够合于逻辑地对其加以归类的，大概只有"物"，而为其另外创设独立的法律制度又实在没有必要。实际上，民法上关于所有

---

〔1〕〔日〕五十岚清：《人格权法》，〔日〕铃木贤、葛敏译，北京大学出版社 2009 年版，第 29 页。

〔2〕参见梁慧星：《民法总论》，法律出版社 2001 年版，第 98 页；史尚宽：《民法总论》，中国政法大学出版社 2000 年版，第 251 页。

权和其他物权的一般规定对尸体的适用场合实在有限，因为法律规定以及公序良俗的要求已经将社会伦理观念融入对尸体的使用、处分权的法定界限的划定，还有刑法上的相关制度，就尸体而发生的法律关系在法律调整的效果上完全可以达到比较合理、符合一般人民的习惯和感情的水平。侵犯尸体，不仅仅是侵犯死者继承人的所有权，而且是对死者亲属感情的极大伤害，应当认为同时侵犯了其亲属的人格尊严，须承担侵权责任。可以提出主张的人，虽然原则上限于死者近亲属，但是在特别情况下应当具体分析，比如与死者有几十年事实上的扶养和赡养关系、感情深厚但并无亲属关系的人。

与对名誉、肖像、隐私等保护的谨慎不同，各国法律普遍承认对死者的著作权保护。如根据日本《著作权法》第 60 条规定，将作品提供或提示给社会时，即使在该作品的作者死亡之后，如果把作者仍看做生存在世的情况下，对作者构成侵害人格权的行为予以禁止。我国著作权法也有明确的规定，作者的遗属有权请求制止侵权行为。

（二）死者人格利益保护与社会公共利益的关系

我们认为，死者已经不再具有民法上的主体地位，其权利能力终止，不再享有权利，因此，对死者人格利益的救济和保护对于死者本身已不再有意义。正如学者所说："我们对死者的保护都是做给现世人看的，都是为了现世的个人利益和社会利益，并要通过规范现世人的行为而达到此目的。死者对现世生活是不可能再了解了，维护死者利益的根本目的是为了现世的个人利益和社会利益。"[1] 因此，法律对死者人格利益保护的必要性和正当性基础在于对现世的个人利益和社会利益的共同关注，换言之，侵害死者的人格利益固然可能侵害了其近亲属的人格权利，但是此种的间接保

---

[1] 刘国涛："死者生前人格利益民法保护的法理基础——读《死者生前人格利益的民法保护》后的再思考"，载《比较法研究》2004 年第 4 期。

护，"在很多情况下，从保护死者的角度说，这是不充分的。比如，死者没有近亲属，或者近亲属不愿意主张权利，或者近亲属自己侵害死者的人格利益"[1]，这时就需要承认法律对死者法益基于公共利益需要予以保护的必要性。

因此，法律对死者人格利益的保护也并不是以死者为调整对象的，而是为了调整现世的人和社会秩序，并以此实现对死者人格利益的保护。法律对死者人格利益进行保护的基础和依据在于"维护社会道德和近亲属的感情以及维护社会公共利益的需要。在公民死亡以后，尽管其不再享有任何权利，其名誉、肖像等人格权也不复存在，但其人格利益并不因死亡而消灭。权利内容本身是个人利益和社会利益的产物。在利益中，不仅包括民事主体的个人利益，特定情况下还包括社会公共利益。"[2]因此，法律对死者人格利益的保护，更多的是从价值判断的角度出发，不仅是对于死者个人利益的关注，还站在了更为广阔的社会公共利益的视角进行考量。

与胎儿人格利益的法律保护相似，法律对死者人格利益的保护也是为了维护民事主体完整的人格利益。人格利益与人格权利一脉相承，都是人的本质属性在法律上的当然反映，当侵犯死者的人格利益造成已经终止的法律人格受到损害，则法律仍然要给以救济和保护。

综上所述，对死者生前人格利益是否需要进行民法保护，无外乎两个角度：一是人格权的保护；二是公共利益的维护。我们认为基于个人权利受侵害而提起私法救济只是对个人的能动利益的维护，此时，权利的保护就可以实现个人利益和公共秩序的双重保护，但在静态秩序遭到破坏的情况下，死者生前人格利益缺乏能动性的权利保护，只能基于公共秩序受侵害进行救济。个人权利的赋予体现的是法律确认秩序的一种手段，而不是全部。法律之所以对

[1]　葛云松："死者生前人格利益的民法保护"，载《比较法研究》2002年第4期。

[2]　王利明：《人格权法研究》，中国人民大学出版社2005年版，第196页。

侵犯死者人格利益的行为进行干预，就是维护一种公共秩序，而死者亲属享有精神损害赔偿请求权，正是这种秩序维护的具体体现。

(三) 英雄烈士人格利益保护问题

我国《民法总则》第185条规定："侵害英雄烈士等的姓名、肖像、名誉、荣誉，损害社会公共利益的，应当承担民事责任。"对此，理论界有不同观点。有学者认为，该条文是关于英雄烈士等的人格权益保护之特别规定。[1] 也有学者认为，"本条是对英雄、烈士等的人格利益的保护"。[2] 还有学者认为，该条文体现着对于英雄、烈士的死者人格利益的特殊保护。[3] 概括而言，上述观点的分歧之处在于：①是否认为自然人的人格权益在其死后仍然存在；②是否承认法律对于死者人格利益的保护。而前述基本观点的分歧就导致了对相应的民事责任的构成要件的分歧：有学者认为，"无论侵害死者人格利益的行为是否损害社会公共利益都应保护。对死者人格利益的保护是对私益的保护而不是对公共利益的保护"。[4] 亦有观点认为，依该条承担民事责任应以"损害社会公共利益"为要件。

此外，就"英雄、烈士等"的概念范围的界定而言，学者们普遍注意到了《民法总则》未明确保护一般死者人格利益的问题，并普遍认同对英雄、烈士等和一般死者的人格利益应进行平等保护；同时他们认同，"本条的适用对象不局限于英雄和烈士"。但对于"英雄、烈士等"具体的概念范围的界定存在争议。有学者认为，

---

〔1〕 张荣顺：《中华人民共和国民法总则解读》，中国法制出版社2017年版，第619~623页。

〔2〕 石宏主编：《〈中华人民共和国民法总则〉条文说明、立法理由及相关规定》，北京大学出版社2017年版，第440页。

〔3〕 参见杨立新："对民法总则草案规定第185条的看法"，中国公证网，http：//www. chinanotary. org/content/2017-03/16/content_ 7055561. htm？open_ source = weibo_ search，访问日期：2017年8月20日。

〔4〕 杨立新主编：《中华人民共和国民法总则要义与案例解读》，中国法制出版社2017年版，第687~691页。

"本条保护的对象包括为了人民利益英勇斗争而牺牲，堪为楷模的人，还包括在保卫国家和国家建设中作出巨大贡献、建立卓越功勋，已经故去的人"[1]。还有学者认为："英雄不要求牺牲，只要是作出了显著成绩和特殊贡献的，都可以称为英雄"，但"本条中的'英雄'应理解为形容词，用以修饰'烈士'，即本条原则上指的是已经牺牲的英雄烈士等"。[2] 亦有学者认为："只要是作出了显著成绩和特殊贡献的，都可以称为'英雄'，并不要求牺牲。而烈士是指那些在革命斗争、保家卫国、社会主义现代化建设事业中及为争取大多数人的合法正当利益而壮烈牺牲的人员，因此在概念上，英雄的范围要大于烈士。本条虽然将英雄与烈士并列，但可以认为既包括英雄，又包括已故的烈士"。[3] 概言之，前述观点的分歧之处在于：是否认为该条文中"英雄"需为"已故"状态，及对"等"字范畴如何理解等。

二、死者人格利益损害的法律救济

（一）请求权的主体范围

有关死者人格利益的救济，可以区分死者人格利益中的精神利益和财产利益分别进行讨论。

人格利益中的精神利益与人的自然状态密不可分，不能继承也不能转让，因此，当死者人格利益中的精神利益受到侵害时，"虽然可以确认由死者以外的人以损害人格权为理由提起请求权，从而保护死者的这种利益，但提出请求的人这时并不是被损害的权利的

---

〔1〕 张荣顺：《中华人民共和国民法总则解读》，中国法制出版社 2017 年版，第619~623 页。

〔2〕 张新宝：《〈中华人民共和国民法总则〉释义》，中国人民人学出版社 2017 年版，第 400~403 页。

〔3〕 王利明主编：《〈中华人民共和国民法总则〉条文释义》，人民法院出版社2017 年版，第 464~465 页。

享有人"。[1] 此时，存在着侵害行为人、人格利益受侵害的死者以及有权提起保护请求的第三人三方关系，"与死者有特别关系之人，终究为对象外之人，因而可以第三人称之"。[2] 因此，在这种情况下，有权提起诉讼的主体是与死者有特别关系之人，在我国即是其近亲属。并且，此时"近亲属行使的保护权，乃是基于死者人格利益保护人的身份所直接享有的保护请求权，而不是行使死者人格利益的保护请求权"[3]，换言之，此时近亲属并不是以死者的名义起诉，而是以自己的名义请求法律救济。"人的权利能力消灭后，其人格仍有保护的价值，不对死者进行贬低和歪曲性描述，是出于对死者的尊重。因此，死者的近亲属有权利要求制止或收回对死者的不实之词。这种做法并不与人的权利能力因死亡而消灭的原则相背离，也不是说与人密切相关的一般人格权可以转让或者和继承。亲属在这里行使的是自己的权利，授予他们权利既是为了死者的利益，也是为了他们自己的利益。"[4] 对此，有人称之为人格利益的延伸保护。我国现行司法解释也采纳了这一做法，最高人民法院《关于确定民事侵权精神损害赔偿责任若干问题的解释》第3条规定："自然人死亡后，其近亲属因下列侵权行为遭受精神痛苦，向人民法院起诉请求赔偿精神损害的，人民法院应当依法予以受理……"；第7条规定："自然人因侵权行为致死，或者自然人死亡后其人格或者遗体遭受侵害，死者的配偶、父母和子女向人民法院起诉请求赔偿精神损害的，列其配偶、父母和子女为原告；没有配偶、父母和子女的，可以由其他近亲属提起诉讼，列其他近亲属为

---

〔1〕 ［德］马克西米利安·福克斯：《侵权行为法》，齐晓琨译，法律出版社2006年版，第67页。

〔2〕 曾世雄：《损害赔偿法原理》，中国政法大学出版社2001年版，第348页。

〔3〕 杨立新主编：《中国人格权法立法报告》，知识产权出版社2005年，第498页。

〔4〕 ［德］卡尔·拉伦茨：《德国民法通论》，谢怀栻等译，法律出版社2003年版，第172页。

原告。"最高人民法院《关于审理名誉权案件若干问题的解答》第5条解答规定:"死者名誉受到损害的,其近亲属有权向人民法院起诉……"

死者人格利益中的财产利益可以由其继承人继承,"应当指出的是,此处所指的继承是人格利益中的财产价值转化为现实的财产利益以后,如何对该财产利益进行继承,而不是说对死者的财产利益进行分割"[1]。此时,对于死者人格利益的侵害,其继承人有权提起诉讼请求救济,"继承人在此的法律地位,不仅仅在于被动地抵御对他所继承的财产价值的不法侵害,还在于他主动地将死者人格利益继续市场化的可能性"[2]。唯应注意的是,继承人对死者人格利益只能保护和利用而不能处分,其依据在于"死者人格利益和这种利益所包含的人格因素不能截然地分开。如果将人格利益中的财产利益作为商品转让,不仅违反了人格利益的专属性规则,而且这种转让使人格成为一种商品,是对死者人格的不尊重"[3]。

另外,在没有近亲属进行保护的情形下,如果死者的人格利益关系到社会公共利益或社会的公序良俗,则可以由他人或检察机关提起公益诉讼。

(二)对死者人格利益保护的限制

正如上文所述,法律对死者人格利益进行保护是价值判断的结果,如果死者逝世已经很久远,其人格利益已经进入社会公共领域、成为历史事实,那么法律对其保护的正当性和必要性就会大大削弱。因此,对死者人格利益的保护一般存在一个期限上的限制。

"国外关于死者人格利益的保护期限有两种模式。一是仅规定肖像利益受到期限的限制,对其他人格利益并不做严格限制。二是

---

[1] 王利明:《人格权法研究》,中国人民大学出版社2005年版,第201页。
[2] [德]马克西米利安·福克斯:《侵权行为法》,齐晓琨译,法律出版社2006年版,第68页。
[3] 王利明:《人格权法研究》,中国人民大学出版社2005年版,第201页。

对各种死者人格都不做期限限制，但限定在其近亲属范围内。"〔1〕正如前文所述，我国对死者人格利益的保护也是限定在其近亲属的范围之内的，依照《最高人民法院关于审理名誉权案件若干问题的解答》的规定，近亲属包括配偶、父母、子女、兄弟姐妹、祖父母、外祖父母、孙子女、外孙子女，即对死者人格利益的保护是限制在其三代以内近亲属的范围内，这既是对提起诉讼主体的限制同时也是对保护期限的限制。

这里还有两个问题值得注意。其一是死者肖像利益的特殊性，死者的肖像利益与肖像作品的著作权密切相关，为了平衡著作权人的著作权，应对死者的肖像利益进行特殊的限制。比如《德国美术作品著作权法》第22条规定："人之肖像，限于原像人同意时，得公布或公然展览……原像人死亡时，死亡后如未经过10年，即须得死者亲属之同意……"〔2〕此种做法值得借鉴，因为，此时肖像的利用实质上更注重的是肖像的财产性利益；其二是涉及社会公共利益和公序良俗的公益诉讼，由于不存在法律保护正当性的削弱，并不受保护期限的限制。

第六节　民事权利之外人格利益救济的必要性分析

"人格权概念的出现是法律实证主义的表现。人之所以为人，其本质属性当然受法律保护。但实证主义却遵循这样的逻辑：受法律保护的东西，必然具有法律上的依据，即它应当是一种权利。"〔3〕因此，虽然人格权的概念本身是法律实证主义的表现，但人格权本质上具有人之所以为人的自然属性不容否认。法律只是对

---

〔1〕 王利明：《人格权法研究》，中国人民大学出版社2005年版，第202页。

〔2〕 转引自杨立新主编：《中国人格权法立法报告》，知识产权出版社2005年版，第500页。

〔3〕 李永军：《民法总论》，法律出版社2006年版，第239页。

人格权的确认和保护，而不是创设。由此可见，人格权应是一种开放性的权利，而不能人格权法定。人格权是随着人类社会的发展，人们权利意识的增强而不断丰富发展的。从外国经验看，绝大多数国家并没有以法律规定的形式确定人格权范围，而我国《民法通则》对人格权采取的封闭式列举，已越来越不适应不断变化的现实生活。

我们认为，法律对具体人格权的列举是必要的，这样有利于使该权利受到侵害后能直接、具体适用法律，使受害人获得有效救济。但是，法律对人格权的保护是一个不断丰富发展的动态过程，"人格权本身无法完全通过列举的方式加以规定"[1]，因此，需要通过一般人格权的规范来解决权利范围过窄的弊端，从而保持人格权保护的开放性，这也就是法律对列举之外的人格利益予以救济的基础和依据。一般人格权的内容包括所有的具体人格权，但社会关系日益复杂、科学技术日益发达使得人们的活动空间越来越小，人们之间摩擦、碰撞的可能性越来越大，人格利益将呈纷繁多彩的势态。这就要求人格权的边界不能像其他权利一样明确，而应当具有相当大的伸缩性。所以，现行立法中规定的具体人格权所不能包含的内容都可以归在一般人格权的内容之中。正是因为这个特征，一般人格权为补充和完善具体人格权的立法不足提供切实可靠的法律依据。当人们遇到自己的人格利益遭到侵害但该人格利益又超出了具体人格权保护的范围时，可以依据关于一般人格权的法律规定，寻求法律上的救济。因一般人格权也是一种权利，虽然其范围"可大可小"，但人格利益的广泛性决定了，一般人格权并不能全部涵盖没有被权利化的人格利益。

其他人格利益的精神损害赔偿问题，传统大陆法系国家一般奉行法定主义原则，即以法律明文规定之权利受侵害作为请求赔偿的依据，限定精神损害赔偿的适用范围。这样做的基本考量在于：

---

〔1〕　王利明：《人格权法研究》，中国人民大学出版社 2005 年版，第 21 页。

"其一，防止人格权商业化；其二，因为精神医学尚不发达，仍有人认为精神损害是短暂而微不足道的，没有认识到精神损害对人们生活的巨大的不良影响；其三，因精神痛苦以人的主观感受为基础，不能排除一些情况下受害人伪装精神痛苦而提出欺诈性的赔偿要求；其四，防止精神损害赔偿请求权的滥用。"[1] 但是，随着时代的变迁，尊重人格，重视人的价值的理念的不断发展，各个国家和地区对于精神损害赔偿的法定性多做出了突破和扩张。德国法上以《基本法》第1条、第2条为依据创造一般人格权，并直接以宪法作为请求精神损害赔偿的基础。一般人格权的设定与保护表明法律保护的范围已不限于法定的具体人格权和人格利益，只要侵害了人的尊严和基本价值，当事人均可提出损害赔偿的请求。《瑞士民法典》第28条首次规定了一般人格权的概念，并在《瑞士债务法》第49条规定："因过失损害他人人格关系，应负损害赔偿责任"，确立了一般人格权的保护制度。可见，对于法律列举之外的人格利益，尤其是其中的精神损害赔偿，发展的趋势是通过一般人格权制度或者对法律进行扩张解释的途径进行保护和救济。具体到个案当中，这应属法官自由裁量的范畴，法官应综合前文所述的精神损害财产性救济应考虑的各种因素进行判断。

法律具有确定性的品格，其第一要求就是法律应提供尽可能多的规则，即法律对其调整的社会生活应有最大限度的涵盖面。法律采取列举方式规范的主要目的包括两方面：一是明示法律保护的利益；二是划定保护的利益界限，防止权利泛滥。但是，这一艰巨的任务对立法者来说过于艰难，因为立法者是不可能预见所有可能发生的情况并据此为人们设定行为方案的，尽管他竭尽全力，仍会在法律中留下缺陷和漏洞。为弥补法律的这种缺陷和漏洞，有两种方法可供选择，一为修改现行法律，使变动不居的社会生活在法律上

---

〔1〕 胡春丽："精神损害赔偿法定性的突破与扩张"，载王利明总主编、杨立新主编：《民商法理论争议问题——精神损害赔偿》，中国人民大学出版社2004年版，第143页。

及时得以反映，也就是说，不断地修改法律以适应快速变化的社会生活和社会关系；二为在保持法律稳定性的同时，通过一定的制度设计赋予法官一定的自由裁量权，通过自由裁量权的行使，由法官根据法律的原则规定就具体情事作出合乎法律目的的安排。就第一种方法而言，法律的相对稳定性与其形成一对不可协调的矛盾，朝令夕改的法律不能对它统治下的人民产生一种确定的法律预期，这有损人民的法感情和法意识，有损法律的尊严和威信，因此不是最适当的选择；当然这并不意味着法律的一成不变，不意味着法律的因循守旧，我们反对的只是法律的朝令夕改。在这种情况下，赋予法官自由裁量权便成了我们行之有效的首要选择。在人格权的保护上，"不能因法律无规定，就认为在法律上等于零，而不予保护。同样应认为存在法律空白，对此应采取妥当的形式，以适应社会的需求"〔1〕。这种"妥当的形式"，我们同样应认为是赋予法官自由裁量权，由法官根据具体情事对各种人格利益进行判断，以确定哪些人格利益需要保护，以及如何对它们进行保护。

另外，还有一个值得注意的问题是，对于其他在公法中有所保护，但在民法中没有列举的人格利益，当事人是否可以提起民法上的救济，例如《中华人民共和国宪法》规定了一些具有一定的人格利益因素的权利，例如受教育权、休息权、环境权等。对于这些宪法权利，当事人寻求民法上的保护，有学者指出要具备三个条件："一是该权利为民事主体所享有，二是这个权利具有人格利益内容，三是这个权利受到损害有民法上的补救性措施。"〔2〕 因此，只要符合条件，对于民法没有列举，但宪法和其他法律规定保护的人格利益，当事人可以依照民法上有关人格权和人格利益保护的规定请求

---

〔1〕　［日］加藤一郎："民法的解释与利益衡量"，梁慧星译，载梁慧星主编：《民商法论丛第2卷——谢怀栻先生从事民法五十周年特辑》，法律出版社1994年版，第86页。

〔2〕　杨立新主编：《中国人格权法立法报告》，知识产权出版社2005年版，第16页。

救济。这样做的理由是：其一，人格权渊源具有多样性，宪法等公法规定的公民基本权利制度是重要的渊源之一。作为民法一个重要组成部分，人格权法也有形式意义上的人格权法和实质意义上的人格权法之分，前者指以"民法""民法典"命名的法律中所设立的人格权制度，就我国而言，《民法通则》是民法人格权制度的主要渊源，在其"公民""法人""民事权利"和"民事责任"章中有许多涉及对人格权的确认和保护的规定；后者指一国法律体系中所有调整人格利益的法律规范。不少学者认为宪法的有关规定应当作为民法的人格权制度的渊源，民法关于人格权的确认和保护的规定也是宪法有关规定的具体化。其二，公法对人格性基本权利设置的救济措施不能对权利人提供全面保护。公法性救济措施审查的对象是国家公共权力机关行使公权力的行为，保护公民免受国家和地方政权机关等公权力的侵犯。这些公法上的救济措施未能对私人间的人格性公民权利的相互侵害提供救济。并且国家赔偿有别于民法上的侵权损害赔偿，前者救济的涉及人格利益的基本权利种类非常有限，仅仅包括人身自由、生命、健康，损害赔偿的范围也不包括精神损害赔偿，救济手段上权利人也不能行使停止侵害、消除妨害等人格权请求权上的保护措施。其三，人格权体系具有开放性。权利保留是私法上的一个基本原则，即法不禁止即为民众之权利和自由。宪法确立的公民基本权利是人所应当享有的基本人权，是人作为人所应当具备的权利，符合民事人格权的内涵和价值取向。人格性宪法权利应当获得民事法律的救济，是民法注重具体人格、追求实质正义的理念和社会妥当性的价值体现。人格权的体系是一个开放的体系，只要是人格权或者是人格利益，法律都应予以保护。对此，最高人民法院《关于精神损害赔偿的解释》第 1 条已有明确规定，该条第 1 款列举规定了各种具体人格权，在第 2 款则规定：违反公共利益、社会公德侵害他人隐私或者其他人格利益，受害人请求赔偿精神损害的，人民法院应当依法予以受理。此举也是我国民法对权利之外的人格权利益救济最明确的规定。

　　当然，对于法律列举之外的人格利益的法律保护并非没有限制，这需要法官根据个案进行价值和法律判断，需要当事人就其受损害的事实进行举证，否则将可能出现人格利益的泛权利化倾向，导致违背法律保护初衷的滥诉现象的出现。

　　对于人格权的理解在救济方面是否必须以法律明文规定为限的问题。人格权中的人格具有一体性，凡足以表征一个人格之各种因素，虽其使用之文义不同，甚或内容有所不同，所表征者究属同一之人格。在法律适用上，针对人格权之保护采取列举主义的做法而言，对于尚未明文规定的权利，除可使用"一般人格权"保护外，可以由法官基于社会的普遍观念，视其为应受法律保护的利益而给予必要的救济。

第三章　我国人格权救济制度分析

　　本章针对我国人格权救济制度进行论述。在介绍了我国在人格权救济方面法律规定的现状后，我们认为我国在物质性人格权救济方面存在严重问题，在宏观上表现为：不同领域造成的损害赔偿项目、赔偿性质不同，赔偿金的计算标准不同，实践中不同的行政区划有关人身损害的赔偿也千差万别，以至于同样为交通事故造成的死亡，海上旅客运输、航空运输与铁路运输规定的赔偿限额差距巨大。在微观上的问题是：法律术语混乱以及根据身份来确定相应的赔偿标准。

　　对此我们认为，应统一物质性人格权损害赔偿概念，科学确立死亡赔偿、残疾赔偿的性质及包含的内容。死亡赔偿、残疾赔偿与精神损害赔偿不同；我们认为对生命权的损害赔偿包括三部分：①对生命丧失的赔偿，基于生命的同等性特点，应在全国范围内制定统一的赔偿标准，解决所谓"同命不同价"问题；②死者生前可获得的财产损失，以劳动能力为请求权基础，该部分因人而异；③死者生前扶养的人的扶养费。与死亡赔偿的性质相同，残疾赔偿也应以劳动能力丧失或降低为标准确定赔偿数额。

　　对于精神性人格权的救济问题，主要应着眼于非财产责任和精神损害的赔偿，除此之外，对于某些具有财产性的人格利益，其救济应考虑侵权行为人的获利情况。

第一节　我国人格权救济制度的法律规定现状

我国的人格权救济制度在立法与司法方面经历了一个由无到有、由粗到细、由简到详的过程。从我国目前关于人格权救济的各种规定来看，我国现行法上的人格权救济制度主要由以下三个方面组成：

一、民事基本法对人格权救济的规定

1986年《民法通则》的颁布，标志着新中国人格权及其救济法律制度的正式建立，至此司法行为告别了无法可依或者依靠政策和司法解释做出判决的时代。《民法通则》在其第五章"民事权利"中以"人身权"为第四节节名，单独列节规范的做法，实际上创立了一种非常重要的关于人格权立法的新的异于其他国家立法例的模式，并且通过列举的方式比较具体地勾勒了我国民法中的人格权制度，明确规定了生命健康权、姓名权（名称权）、肖像权、名誉权、荣誉权。

当然，从内容上看，《民法通则》规范得比较混乱，表现在：①各条文结构不一致。生命健康权只有宣示性规定，而其他各项权利都有禁止性规定；②第103条、第104条和第105条规定的内容与节名以及其他条文规定内容不符[1]，其内容本不属于人身权内

---

[1] 《民法通则》第104条规定："婚姻、家庭、老人、母亲和儿童受法律保护。残疾人的合法权益受法律保护。"且不说将婚姻、家庭与老人、母亲、儿童并列的不当，所列内容"男女平等""残疾人合法权益"以及"婚姻、家庭、老人、母亲和儿童受法律保护"也不是人格权，无法认定为身份权内容。对该条第1款所列主体以及第2款规定的"残疾人"如果需给予特别保护，应作为特别法规范内容；在民事基本法中应贯彻平等原则。第105条规定："妇女享有同男子平等的民事权利。"这属于民法基本原则解决的问题，而且，"男女平等权"也无法解读为一项独立的人格权或身份权。

容，甚至不属于民法规定的内容。尤其第 103 条规定的"婚姻自主权"，在有《婚姻法》单独规定婚姻自由后，实无再以《民法通则》重复之必要，如果视其为"自由权"之一种，至少当时的立法者并无此意。

除对人格权的确认外，《民法通则》在第 119 条、第 120 条规定了上述人格权的救济内容，从救济方式上看包括财产损失赔偿、非财产损失的赔偿等，只是关于人格权救济制度的规定比较简陋，表现在：①在人身损害的救济程度上不尽如人意，仅仅规定了对受害人或其近亲属的医疗费、误工费、生活补助费以及丧葬费、扶养费的赔偿，救济范围非常狭窄；②对精神损害的赔偿问题规定不明确，"并可要求赔偿损失"究竟是否为"精神损害赔偿"学者意见不一，导致学界在这个问题上产生激烈争论，为司法实践制造了不少障碍。最为严重的问题是，按照这一赔偿标准计算，造成受害人残废的损害赔偿数额远远高于造成其死亡的赔偿数额，导致人们对人的生命价值产生怀疑。这种作为基本法的不健全、不完备性使得立法者、司法者开始从通过不同的途径寻求问题的补救与解决，并直接导致了人格权救济制度在我国立法和司法实践中的混乱局面。

到 2009 年，《侵权责任法》通过第 16 条的规定，将人身权损害的赔偿范围进一步明确，通过第 17 条对长期以来饱受人们批评的"同命不同价"问题予以解决，明确规定"因同一侵权行为造成多人死亡的，可以以相同数额确定死亡赔偿金"。对于人身权益的损害如果造成财产损害，《侵权责任法》也于第 20 条规定了赔偿标准。

二、其他法律法规和行政规章中的人格权救济规定

1993 年，立法机关连续通过了《产品质量法》和《消费者权益保护法》，这两部法律都涉及了对自然人人格权的救济问题，特别是在对人身损害赔偿问题的规定上两法有较大的进展。1993 年《产品质量法》第 32 条提出对造成受害人死亡的赔偿抚恤费的规

定，有精神损害赔偿的意义，这也是我国第一次以立法形式设立造成当事人死亡应当赔偿丧葬费、死者生前抚养的人必要的生活费以外的赔偿项目；同年的《消费者权益保护法》第41条、第42条规定中，第一次提出了残疾赔偿金和死亡赔偿金的概念；《产品质量法》在2000年的修改中也采纳了这两个概念。

1994年的《国家赔偿法》，为进一步完善人身损害赔偿制度作出了新的规定。该法的第27条对残疾赔偿金和死亡赔偿金的赔偿办法第一次作出了具体规定，即以国家上年度职工年平均工资作为标准，造成受害人部分丧失劳动能力的赔偿10倍，造成其全部丧失劳动能力的赔偿20倍；造成受害人死亡的赔偿20倍。同时，该法对误工费和受害人抚养的人的生活费的具体赔偿标准也作出了规定，前者按国家上年度职工日平均工资计算，最高额为5倍；后者参照当地民政部门发放生活救济的标准，对未成年的受害人给付至18周岁，对无劳动能力的人给付至其死亡时止。这是国家法律第一次规定人身损害赔偿的具体计算标准和办法，虽然其适用的范围受到很大限制，但是其拥有十分重要的参考价值。

除此之外，在其他一些特殊领域中，还存在一部分行政法规或部门规章也对人身损害赔偿问题进行了规定。如《医疗事故处理条例》就对因医疗事故致人损害时的赔偿问题进行了规定。特别值得说明的是，1991年国务院制定的《道路交通事故处理办法》可以说是我国寻求解决《民法通则》人身损害赔偿存在问题的一次成功努力。该"办法"虽现已被《道路交通安全法》代替，从我国现行法律制度来说，因道路交通事故引起的人身损害的赔偿应适用最高人民法院《关于审理人身损害赔偿案件适用法律若干问题的解释》中确立的标准，但在我国人格权救济制度的发展史上《道路交通事故处理办法》具有重要地位。这部行政法规对解决人身损害赔偿的问题提出了较好的办法：首先，该行政法规第一次全面规定人身损害赔偿中的各项赔偿项目，并规定具体的计算办法，对人身损害赔偿的医疗费、误工费、住院伙食补助费、护理费、残疾者生活费、残疾用具费、丧葬费、死亡补偿费、被扶养人生活费、交通费、住宿费等 11 项赔偿项目都详细地规定了具体的赔偿计算标准。其次，该行政法规第一次规定了行为人侵害生命权造成死亡的，应当赔偿死亡补偿费。尽管这个法规规定的赔偿计算标准还很低，有的计算方法也不够科学，但是在当时的历史条件下，这确实是人身损害赔偿历史上的一个重大进展。它标志着中国人身损害赔偿制度的发展进入了一个新的时期。尤其是其对死亡补偿费的规定，是第一次规定用精神损害赔偿即精神抚慰金的方式救济人身损害，在人身损害赔偿的发展历史上具有更为重大的意义。

三、相关司法解释对自然人人格权救济的规定

在立法者通过立法途径解决我国人格权救济制度存在的问题的同时，最高人民法院也通过司法解释的形式力图对《民法通则》关于人格权救济规定存在的不足进行补救，这些司法解释主要包括：《关于贯彻执行〈中华人民共和国民法通则〉若干问题的意见（试行）》；《关于审理名誉权案件若干问题的解答》《关于审理名誉权案件若干问题的解释》；《关于审理涉外海上人身伤亡案件损害赔偿的具体规定（试行）》（已失效）《关于审理触电人身损害赔偿案件若干问题的解释》（已失效）；《关于确定民事侵权精神损害赔偿责任若干问题的解释》；《关于审理人身损害赔偿案件适用法律若干问题的解释》等。除典型的司法解释外，最高人民法院也通过个案批复方式，对典型案件给出自己的态度，以此达到适用的目的。

综上所述，我国现行法上的人格权救济制度的一般规定主要由《民法通则》《侵权责任法》和最高人民法院的《民法通则意见》《关于精神损害赔偿的解释》《关于人身损害赔偿的解释》三个司法解释组成；其特别规定则体现在《消费者权益保护法》《产品质量法》《国家赔偿法》《民用航空法》《医疗事故处理条例》等法律法规和行政规章中。这种各种形式的救济制度并存的模式是合理的，在人格权的救济制度上也将长期存在。

第二节　物质性人格权救济制度

在我国的法律体系中，对物质性人格权的救济是由多个部门法完成的。比如我国宪法中没有明确规定生命权，它是通过"国家尊重和保护人权"的方式，以生命权当然包含于人权中的观点来认识生命权的。对生命健康的保护历来是刑法的重要任务。但是，我国的某些领域对于个体生命的价值并不重视，例如在经常出现的矿难事故中，通行的做法是由政府出面全权包揽所有的事故处理，决定事故处理的责任分担，以行政责任代替了所有责任承担。这种做法在一定意义上使复杂问题变得比较简单，有利于及时、快速处理问题。但是，当个人权利受到侵害时，通常个体受害人没有参与权，法院的司法裁断也被排除在外的做法，无论如何都不是一个法治社会应有的。公民的生命健康权神圣不可侵犯的理念没有在法律上得到全面体现。这些问题不是本书讨论的重点，但也不可忽略。

如前所述，物质性人格权是指以自然人的物质性人格要素为其权利客体的人格权，包括生命权、身体权和健康权等。其中，生命权是自然人以其性命维持和安全利益为内容的人格权；身体权是自然人对其肢体、器官的完满状态所享有的权利；健康权是自然人以其器官乃至整体的功能利益为内容的人格权。侵害物质性人格权的表现是自然人的死亡或者伤残。物质性人格权所保护的权利客体如生命、身体和健康等是自然人其他权利（包括精神性人格权）的基础，由于其权利范围相对固定，其救济边界也相对容易划定。关于物质性人格权救济的主要问题集中在对物质性人格权进行金钱救济时的赔偿请求权的性质、赔偿数额的计算标准以及不同物质性人格权金钱赔偿数额的平衡上。

一、我国法律规定存在的问题

（一）我国现行法律对物质性人格权救济的规范概况

1.《民法通则》《侵权责任法》及其司法解释的相关规定

如前所述，《民法通则》的公布实施，标志着我国人身损害赔偿法律制度的正式建立，但是，正如《民法通则》不是一部完整的民事法律规范一样，其建立的人身损害赔偿制度同样也是不够健全和完备的。《民法通则》第 119 条规定："侵害公民身体造成伤害的，应当赔偿医疗费、因误工减少的收入、残废者生活补助费等费用；造成死亡的，并应当支付丧葬费、死者生前扶养的人必要的生活费等费用。"这一规定在具体实施中，经过初步的实践，就检验出了其不完备性的缺陷。其中最明显的就是，按照这一赔偿标准计算，造成残废的损害赔偿数额远远高于造成死亡的赔偿数额。无论在实践中还是在理论上，生命权之于人的价值都远远高于身体健康权，这是不可争辩的事实，但是依照《民法通则》规定的赔偿标准，结果却恰恰相反。因此，人们不可能不对人的生命价值产生怀疑。另外，在《民法通则》中关于精神损害赔偿规定的第 120 条，仅仅规定在侵害"姓名权、肖像权、名誉权、荣誉权"的情形中可以适用，对于侵害生命权、健康权和身体权造成的精神损害抚慰金赔偿问题则没有规定。

最高人民法院对《民法通则》关于人身损害赔偿规定存在的不足进行了补救。在 1988 年 1 月 26 日最高人民法院审判委员会讨论通过的《关于贯彻执行〈中华人民共和国民法通则〉若干问题的意见（试行）》"民事责任"一节中，第 142 条至第 147 条对维护国家、集体或者他人合法权益，以及其他非法侵害他人物质性人格权而致害的，规定了误工损失赔偿、医药治疗费赔偿、护理费赔偿、丧失劳动能力生活补助费赔偿，以及致死前、致残前受害人扶养的人的必要生活费的赔偿。该意见在一定程度上，补充了《民法通则》关于人身损害赔偿规定的不足。

《侵权责任法》的规定，在一定程度上吸收了司法解释的合理内容，规定了诸如第 17 条的同一行为造成多人死亡时，以相同数额确定赔偿金的规则。

2.《道路交通事故处理办法》中的规定

1991 年国务院颁布的《道路交通事故处理办法》虽属于法规性质，而且也只是针对道路交通事故责任所作的规定，但其中涉及的物质性人格权的救济，尤其是损害赔偿责任的规定内容是极具意义的。该办法第 36 条第 1 款规定："损害赔偿的项目包括：医疗费、误工费、住院伙食补助费、护理费、残疾者生活补助费、残疾用具费、丧葬费、死亡补偿费、被扶养人生活费、交通费、住宿费和财产直接损失。"与最高人民法院《民法通则意见》的规定相比在造成死亡后果的赔偿中增加了"死亡补偿费"和"交通费、住宿费和财产直接损失"。其中，"死亡补偿费"的增加具有重要意义，它不仅适度弥补了《民法通则》在生命权和健康权受到侵害时，赔偿内容上的不公平之缺陷，同时，也为以后区别人格权损害赔偿与精神损害赔偿奠定了一定的基础。2004 年后，因《道路交通安全法》的出台，该办法失去了效力，但其规定的基本内容实际早被 2003 年最高人民法院的《关于人身损害赔偿的解释》吸收。

3. 涉外海上人身伤亡案件损害赔偿的规定

1991 年 11 月最高人民法院出台了《关于审理涉外海上人身伤亡案件损害赔偿的具体规定（试行）》，该规定是为正确审理涉外海上人身伤亡损害赔偿案件所作的，《民法通则》是其基本依据，其第 3 项规定了伤残赔偿范围，第 4 项详尽罗列了死亡赔偿的范围，包括收入损失，医疗、护理费，安抚费，丧葬费和其他必要的费用（包括寻找尸体、遗属的交通、食宿及误工等合理费用）。该规定的价值在于：对于"收入损失"进行了明确具体的规定。收入损失是根据死者生前的综合收入水平计算的，计算公式为：收入损失＝（年收入–年个人生活费）×死亡时起至退休的年数＋退休收入×10，年个人生活费占年收入的 25%～30%。除此之外，该规定在伤残赔偿和死亡赔偿的项目中，都列举了"安抚费"，并明确了该项赔偿的性质为：对受伤致残者和死者遗属的精神损失补偿。这也是我国第一次明确提出的"精神损害赔偿"概念。

4. 《产品质量法》和《消费者权益保护法》的相关规定

1993 年 2 月颁布的《产品质量法》第 32 条规定，因产品质量造成受害人死亡的，应当支付丧葬费、抚恤费、死者生前抚养的人必要的生活费的费用。该法中并没有"死亡补偿费"和"安抚费"，但提出了"抚恤费"。2000 年《产品质量法》修改后，第 44 条明定因产品质量造成受害人死亡的，"应当支付丧葬费、死亡赔偿金以及由死者生前扶养的人所必需的生活费等费用"。

1993 年 10 月颁布的《消费者权益保护法》在人身损害赔偿的立法上前进了一大步。该法第 41 条规定的是侵害健康权的损害赔偿："经营者提供商品或者服务，造成消费者或者其他受害人人身伤害的，应当支付医疗费、治疗期间的护理费、因误工减少的收入等费用，造成残疾的，还应当支付残疾者生活自助具费、生活补助费、残疾赔偿金以及由其扶养的人所必需的生活费等费用……"第 42 条规定的是侵害生命权的损害赔偿："经营者提供商品或者服务，造成消费者或者其他受害人死亡的，应当支付丧葬费、死亡赔偿金以及由死者生前扶养的人所必需的生活费等费用……"这两条规定第一次提出了残疾赔偿金和死亡赔偿金的概念，这在运用精神损害赔偿救济侵害生命权和健康权损害的问题上，具有里程碑式的意义。

5. 《国家赔偿法》中的规定

1994 年，立法机关通过了具有重要意义的《国家赔偿法》，对进一步完善人身损害赔偿制度做出了新的规定。其中，该法第 26 条规定："侵犯公民人身自由的，每日的赔偿金按照国家上年度职工日平均工资计算。"而该法第 27 条对生命健康权的侵害责任作出了规定：其一，对残疾赔偿金和死亡赔偿金的赔偿办法第一次作出了具体规定，即以国家上年度职工年平均工资作为标准，造成受害人部分丧失劳动能力的赔偿 10 倍，造成其全部丧失劳动能力的赔偿 20 倍；造成受害人死亡的赔偿 20 倍。其二，赔偿减少收入的标准确定为国家上年度职工日平均工资，最高额为 5 倍。其三，赔偿生活费的标准，是当地民政部门发放生活救济的标准，对未成年的受害人给付至 18 周岁，对无劳动能力的人给付至其死亡时止。这是国家法律第一次规定人身损害赔偿的具体计算标准和办法，虽然其适用的范围受到很大限制，但是其具有十分重要的参考价值。其中规定的"10 倍""20 倍"的赔偿标准，实际上也是年限标准，为以后法律规定的赔偿时间标准提供了参考依据。

6. 精神损害赔偿的解释和人身损害赔偿的解释

2001 年《最高人民法院关于确定民事侵权精神损害赔偿责任若干问题的解释》中，死亡赔偿金被诠释为精神损害抚慰金。该解释第 9 条规定："精神损害抚慰金包括以下方式：①致人残疾的，为残疾赔偿金；②致人死亡的，为死亡赔偿金；③其他损害情形的精神抚慰金。"说明对物质性人格权的侵害受害人得提出精神损害赔偿请求。

关于物质性人格权救济的最完整的规范是 2003 年《最高人民法院关于审理人身损害赔偿案件适用法律若干问题的解释》，该解释的第 17 条规定："受害人遭受人身损害，因就医治疗支出的各项费用以及因误工减少的收入，包括医疗费、误工费、护理费、交通费、住宿费、住院伙食补助费、必要的营养费，赔偿义务人应当予以赔偿。受害人因伤致残的，其因增加生活上需要所支出的必要费用以及因丧失劳动能力导致的收入损失，包括残疾赔偿金、残疾辅助器具费、被扶养人生活费，以及因康复护理、继续治疗实际发生的必要的康复费、护理费、后续治疗费，赔偿义务人也应当予以赔偿。受害人死亡的，赔偿义务人除应当根据抢救治疗情况赔偿本条第 1 款规定的相关费用外，还应当赔偿丧葬费、被扶养人生活费、死亡补偿费以及受害人亲属办理丧葬事宜支出的交通费、住宿费和误工损失费等其他合理费用。"

该解释第 18 条还规定了受害人以及死亡近亲属的精神损害抚慰金的赔偿。除此之外，该解释对于第 17 条列举的各种赔偿项目的具体计算标准也作出了相对明确的规范。

从上文的梳理可以看出，我国法律关于人身损害赔偿制度在法律体系上较为混乱，既有立法上的规定又有司法解释上的创造，既有民事基本法《民法通则》上的规范，又有众多单行法的规范。并且在法律术语上也是各行其是，多有交叉和矛盾。这些情况致使人们很难把握我国人身损害赔偿的法律制度，在适用上导致困惑和混乱。因此，有必要先从法律术语统一的角度思考。本文认为，人身损害赔偿中的损失可以分为财产损失和非财产损失，非财产损失又可分为人身损害和精神损害。针对不同的损失类型，对其法律救济的赔偿亦应统一术语。侵害生命权的赔偿中，对财产损害的救济直接称之为"财产赔偿金"（具体可以包括因就医治疗支出的各项费用以及因误工减少的收入，如医疗费、误工费、护理费、交通费、住宿费、住院伙食补助费、必要的营养费等）；对生命损害的救济应称之为"死亡补偿金"；对因死亡而成立的近亲属的精神损害的救济应称之为"精神损害抚慰金"。与此对应，对身体权和健康权的救济应称之为"伤害赔偿金"（具体可以包括因增加生活上需要所支出的必要费用以及因丧失劳动能力导致的收入损失，包括残疾赔偿金、残疾辅助器具费、被抚养人生活费，以及因康复护理、继续治疗实际发生的必要的康复费、护理费、后续治疗费等）和"精神损害抚恤金"。其中关于侵害生命权成立的"精神损害抚慰金"以及侵害身体权和健康权成立的"精神损害抚恤金"的区别，在前文第二部分"理论观点"的论述中已有涉及，在此不再赘述。关于侵害生命权的损害赔偿，下文将集中论述。

（二）我国有关物质性人格权救济法律规定中存在的具体问题

1. 我国物质性人格权救济制度在宏观层面上存在的问题

从宏观层面上说，我国物质性人格权救济制度规则体系极其混乱，表现为关于人格权救济的基本法规则缺乏，司法解释地位显赫，不同效力层次的各种法律法规、行政规章均有涉足，这些不同层次的规范性文件之间以及同一层次的规范性文件之间存在许多冲突与矛盾的地方。如《民法通则》中仅仅第119条一个条款对自然人的身体健康和生命权的救济问题进行了规定，而主要的救济性规范都体现在最高人民法院的《关于精神损害赔偿的解释》和《关于人身损害赔偿的解释》两个司法解释中；同时，《产品质量法》《消费者权益保护法》《国家赔偿法》等法律以及其他大量的行政法规、规章却对各自适用领域内的人身损害赔偿问题予以规定。这些规范性文件虽然在生效日期上有前后之别，在一定程度上体现了我国法律在人格权救济问题上的进步，但是由于这些规范性文件效力等级不一，在适用领域上也有一般与特殊之分，因此，新的规范性文件所体现的精神很难贯彻进入旧法所适用的领域，导致不同领域之间规定不一。具体表现是：

（1）在不同侵权损害赔偿领域中赔偿项目可能不同。按照最高人民法院《关于人身损害赔偿的解释》第17条的规定："受害人遭受人身损害，因就医治疗支出的各项费用以及因误工减少的收入，包括医疗费、误工费、护理费、交通费、住宿费、住院伙食补助费、必要的营养费，赔偿义务人应当予以赔偿；受害人因伤致残的，其因增加生活上需要所支出的必要费用以及因丧失劳动能力导致的收入损失，包括残疾赔偿金、残疾辅助器具费、被扶养人生活费，以及因康复护理、继续治疗实际发生的必要的康复费、护理费、后续治疗费，赔偿义务人也应当予以赔偿；受害人死亡的，赔偿义务人除应当根据抢救治疗情况赔偿本条第1款规定的相关费用外，还应当赔偿丧葬费、被扶养人生活费、死亡补偿费以及受害人亲属办理丧葬事宜支出的交通费、住宿费和误工损失等其他合理费用。"而按照1994年《国家赔偿法》第27条，国家机关和国家机关工作人员违法行使职权侵犯公民生命健康权的，其赔偿金主要包括以下项目：造成身体伤害的，应当支付医疗费，以及赔偿因误工减少的收入；造成部分或者全部丧失劳动能力的，应当支付医疗费，以及残疾赔偿金；造成死亡的，应当支付死亡赔偿金、丧葬费。而按照国务院《医疗事故处理条例》的规定，医疗事故赔偿的项目有医疗费、误工费、住院伙食补助费、陪护费、残疾生活补助费、残疾用具费、丧葬费、被扶养人生活费、交通费、住宿费、精神损害抚慰金，还包括患者近亲属因参加医疗事故处理时所花费的交通费、误工费、住宿费等，但计算费用的人数不超过 2 人。

上述三个法律文件对人身损害赔偿中的赔偿项目都进行了列举，但是其项目范围明显存在差异，而且后两个法律文件在对人身损害赔偿项目的列举上采用了封闭式的列举方式，在列举项目之外，不承认其他赔偿项目的存在。从三者的规范范围来看，最高院的解释属于对人身损害问题的一般规定，而后两个法律文件则是对国家赔偿领域和医疗事故赔偿领域两个特殊领域中的人身损害赔偿的特殊规定。从效力等级上看，《国家赔偿法》属于法律，其效力显然比最高人民法院的司法解释高；而《医疗事故处理条例》则属于国务院行政法规，尽管学者对该"条例"与最高人民法院的《关于人身损害赔偿的解释》是否属于特殊法与一般法的关系还有争论，但是按照最高人民法院《关于参照〈医疗事故处理条例〉审理医疗纠纷民事案件的通知》的规定，实际上已经形成了医疗纠纷案件适用法律中的"二元化"现象。依据该通知，对于医疗事故引起的医疗赔偿纠纷案件，适用《医疗事故处理条例》；对于非医疗事故引起的医疗赔偿纠纷案件，则作为一般的人身损害赔偿案件，适用《民法通则》及相关司法解释。这种适用法律"二元化"现象的直接后果，就是两种类型的医疗纠纷案件裁判结果明显不公平：构成医疗事故的医疗行为，医院过错程度较重，但赔偿项目以及数额可能较少；而不构成医疗事故的医疗纠纷行为，医院过错程度较轻时，医院赔偿数额反而可能较多。

（2）相同的损害赔偿项目的性质可能不同。这一问题在死亡赔偿金项目方面表现得尤为突出。已失效的《道路交通事故处理办法》和最高人民法院《关于审理触电人身损害赔偿案件若干问题的解释》都规定了"死亡赔偿费"。尽管其计算标准并不完全一致，但均以当地平均生活费为计算基数。但在1993年《国家赔偿法》和最高人民法院1991年通过的《关于审理涉外海上人身伤亡案件损害赔偿的具体规定（试行）》中则规定了以受害人的收入或者工资为基数进行计算的赔偿项目。从这种赔偿项目的计算标准来看，因其除规定了"收入损失"一项外，还另外单独规定了"安抚费"的赔偿项目，并明确其是对受伤致残者或死者遗属的精神损失的补偿，说明规定中的"死亡赔偿费"是一种对物质性损害的赔偿。

《消费者权益保护法》和《产品质量法》中的"死亡赔偿金"没有规定具体的计算标准。我们认为，这两个法律规定的"死亡赔偿金"项目仍然是具有精神抚慰性质的赔偿项目。从法律条文的设计上可以看出致人死亡时的"死亡赔偿金"与致人残疾时的"残疾赔偿金"是并列的，两者性质是相同的。而两法在规定残疾赔偿金的同时还都规定了物质性损害赔偿性质的残疾者"生活补助费"，因此可以大概认为两法中的"残疾赔偿金"是具有精神损害赔偿性质的。这点从修订后的《产品质量法》将原来的"抚恤费"改为"死亡赔偿金"，并在残疾者"生活补助费"外另加设"残疾赔偿金"项目的变化中也可以看出。从"抚恤费"到"死亡赔偿金"的变动应该说是仅仅具有形式上的意义。这种对死亡赔偿金性质的定位也得到了最高人民法院2001年《关于精神损害赔偿的解释》的承认。按照该解释第9条，死亡赔偿金与残疾赔偿金均是精神损害抚慰金的表现形式。

但是此种倾向是否被最高人民法院2003年《关于人身损害赔偿的解释》改变值得探讨。如上所述，按照该解释，死亡赔偿金按照受诉法院所在地上一年度城镇居民人均可支配收入或者农村居民人均纯收入标准，以20年计算；但60周岁以上的，年龄每增加1岁减少1年；75周岁以上的，按5年计算。此种计算标准与《国家赔偿法》均以"收入"来表示，其体现的是对受害人收入损失的赔偿，还是仅以"收入"为标准？最高人民法院并没有解释，学界在理解上也不一致。

而且该解释明确规定，受害人或者死者近亲属遭受精神损害，赔偿权利人可依据最高人民法院《关于精神损害赔偿的解释》向人民法院请求赔偿精神损害抚慰金，将死亡赔偿金和残疾赔偿金等同于精神损害赔偿金。但是问题至此并未结束，由于司法解释法律效力等级较低，因此尽管最高院的《关于人身损害赔偿的解释》明确将死亡赔偿金、残疾赔偿金定位为物质性损害的赔偿，但是在产品责任领域，这一精神是否得以适用还存在疑问。特别是在国务院2002年公布的《医疗事故处理条例》中，由于没有规定"死亡赔偿金"和"残疾赔偿金"而直接规定了"精神损害抚慰金"的赔偿项目，并且以医疗事故发生地居民年平均生活费为计算标准，使得其与最高人民法院的上述解释的精神分歧更是难以弥合。

而《侵权责任法》则在第16条规定了"死亡赔偿金"和"残疾赔偿金"，对于精神损害赔偿则于第22条单独规定，由此可知，在该法中，死亡赔偿金、残疾赔偿金与精神损害赔偿并非相同。受害人在死亡赔偿金、残疾赔偿金之外，还可以单独提出精神损害赔偿。

（3）相同性质的损害赔偿项目的计算标准可能不同。首先，在死亡赔偿金的计算标准方面，即便是最高人民法院的《关于人身损害赔偿的解释》和《国家赔偿法》以及最高人民法院1991年通过的《关于审理涉外海上人身伤亡案件损害赔偿的具体规定（试行）》都将死亡赔偿金或者死亡补偿费定位为物质损害赔偿性质，但是其计算标准却差异悬殊。按照最高人民法院《关于人身损害赔偿的解释》第29条规定，"死亡赔偿金按照受诉法院所在地上一年度城镇居民人均可支配收入或者农村居民人均纯收入标准，按20年计算。但60周岁以上的，年龄每增加1岁减少1年；75周岁以上的，按5年计算"。而按照1993年《国家赔偿法》第27条的规定，侵犯公民生命健康权造成其死亡的，应当支付死亡赔偿金、丧葬费，总额为国家上年度职工年平均工资的20倍。最高人民院

《关于审理涉外海上人身伤亡案件损害赔偿的具体规定（试行）》是我国第一个明确将收入损失列入赔偿项目的规范性法律文件，按照该文件的规定，收入损失根据死者生前的综合收入水平计算，其公式为：收入损失＝（年收入–年个人生活费）×死亡时起至退休的年数+退休收入×10，其中死者年个人生活费占年收入的 25%~30%。这个计算标准与前两者也不一致。

其次，在被扶养人生活费方面，尽管从性质、内容上被扶养人生活费都是比较容易认定和确定的，但各种法律文件对这一赔偿项目计算标准的规定也存在差异。如按照《国家赔偿法》规定，生活费的发放标准参照当地民政部门有关生活救济的规定办理，被扶养的人是未成年人的，生活费给付至 18 周岁止；其他无劳动能力的人，生活费给付至死亡时止。而按照《医疗事故处理条例》，被扶养人生活费按照其户籍所在地或者居所地居民最低生活保障标准计算，对不满 16 周岁的，扶养到 16 周岁；对年满 16 周岁但无劳动能力的，扶养 20 年；但是 60 周岁以上的不超过 15 年，70 周岁以上的不超过 5 年。而按照最高人民法院的《关于人身损害赔偿的解释》，被扶养人生活费根据扶养人丧失劳动能力程度，按照受诉法院所在地上一年度城镇居民人均消费性支出和农村居民人均年生活消费支出标准计算，被扶养人为未成年人的计算至 18 周岁；被扶养人无劳动能力又无其他生活来源的计算 20 年，但 60 周岁以上的年龄每增加一岁减少 1 年，75 周岁以上的按 1 年计算。三个法律文件中，不但被扶养人的计算标准不一样，而且计算期间也不相同。有关人身损害的其他赔偿项目大体上也都存在类似现象。

（4）交通事故致人损害中的责任限额制度的存在。在某些特殊领域中，我国的部门规章还经常对人身损害赔偿的数额进行部门最高限价，这些领域主要是指承运人因交通事故致使旅客人身受到损害的案件。比如 1993 年底原交通部发布的《中华人民共和国港口间海上旅客运输赔偿责任限额规定》第 3 条规定，对每名旅客的死亡赔偿数额不超过 4 万元；又如 2006 年原民用航空总局发布的

《国内航空运输承运人赔偿责任限额规定》第 3 条规定，每名旅客可以获得的最高赔偿金额为 40 万元；再如 2007 年国务院公布的《铁路交通事故应急救援和调查处理条例》第 33 条规定，铁路运输企业对每名铁路旅客人身伤亡的赔偿责任限额为人民币 15 万元。而如果因汽车等机动车发生的道路交通事故致人死亡时，赔偿数额则又需借助 2003 年的《关于人身损害赔偿的解释》计算。这些死亡赔偿数额通常不是根据侵权法计算出来的，更多的是出于政策的考虑，带有很大的随意性。尽管这些领域中多有保险制度发挥作用，但是在某些情况下，这些责任限额的规定仍会使旅客处于一种不公平的待遇之中。

（5）不同行政区域之间在某些领域的人身损害赔偿问题上"各自为政"。由于我国人身损害赔偿制度的不完善，各地方政府、地方法院大多通过制定地方政府法规或规章、规范意见等形式对各管辖范围内特殊领域的人身损害赔偿问题进行规范。以水上交通事故处理中的死亡补偿费为例，《安徽省水上交通事故处理办法》（已失效）中死亡补偿费是"按照本省人均年生活费标准计算，补偿 20 年；但是 70 周岁以上的，年龄每增加 1 岁，补偿期减少 1 年，补偿期最低不少于 10 年"。但按照《四川省水上交通事故人身伤亡赔偿办法》（已失效）第 14 条的规定，死亡者补偿费按四川省人均生活费支出额计算，补偿 10 年；不满 16 周岁的，年龄每减少 1 岁减少 1 年；70 周岁以上的，年龄每增加 1 岁减少 1 年，最低不少于 5 年。其他省如甘肃、浙江、广东等则规定其人身伤亡损害赔偿的计算方法按国务院《道路交通事故处理办法》执行，《道路交通安全法》生效后，国务院该办法失效，其死亡补偿费或死亡赔偿金的计算标准应适用《关于人身损害赔偿的解释》。

我国现行人格权救济制度在宏观层面上存在的各种问题是我国立法司法实践中各种问题长期积累的结果，它不但直接影响到我国人格权救济制度在司法实践中的顺利、合理运作，而且还直接影响到我国法律的统一性和稳定性，造成了不同地区间、不同行业间以及不同领域内的"法律割据"以及人格权救济中的不公平现象。所以我们认为，我国人格权救济制度宏观层面上的问题并非仅仅是一个形式问题，它的解决所需要的也不仅仅是一个立法环境或者立法机遇。其中既掺杂了不同地区、不同行业的利益考虑，也涉及我国立法实践中的立法习惯、立法理念、指导思想等一系列问题。对于我国人格权救济制度的体系混乱问题，如果仅仅从学理方面分析，学者们意见相当一致，都认为应当建立一个相对统一而合理的人格权救济制度。但是如果想通过一部法律的制定就解决上述所有存在的问题，还是不现实的，特别是行政性法律规范在人格权救济制度中的地位、效力问题，仍然需要深刻研究（对此将在第五节"民法典规定与单行法规定的协调问题"部分展开论述）。相反，也许我国人格权救济制度在微观层面上存在的诸多问题，才是目前学者们应该更加深入探讨并寻求合理解决方法的。

2. 我国物质性人格权救济制度在微观层面上存在的问题

我国人格权救济制度在微观层面上的问题主要体现在以下两个方面：

（1）法律术语混乱。我国人格权救济制度宏观层面上的体系混乱首先造成的就是我国立法与司法实践中法律术语应用上的混乱。这种不同术语林立的局面，不但造成了概念界定的模糊和赔偿性质认定的困难，给司法实践带来巨大阻碍，而且进一步加剧了我国人格权救济制度体系的混乱。

第一，在侵害生命权的死亡赔偿金方面，现有的法律与司法解释中，除《消费者权益保护法》《国家赔偿法》《产品质量法》等法律以及最高人民法院《关于精神损害赔偿的解释》《关于人身损害赔偿的解释》中使用了"死亡赔偿金"的概念外，在其他规范性法律文件中还存在以下称谓：①死亡补偿费。在国务院1991年发布的《道路交通事故处理办法》（虽然已失效，但失效是因为《道路交通安全法》的实施，而非因为要以"死亡赔偿金"代替"死亡补偿费"）、最高人民法院《关于审理触电人身损害赔偿案件若干问题的解释》（已失效）中都使用了"死亡补偿费"的概念，且其计算标准均是按照当地平均生活费为基准，以一定的期间计算；②精神损害抚慰金。"精神损害抚慰金"的概念出现在国务院 2002 年的《医疗事故处理条例》和最高人民法院《关于精神损害赔偿的解释》中。其中，前者的"精神损害抚慰金"是按照医疗事故发生地居民年平均生活费计算，在计算标准上与上述"死亡补偿费"的计算标准相似。而后者中的"精神损害抚慰金"则是泛指对因侵权所致的受害人精神损害的赔偿，其形式包括致人残疾时的"残疾赔偿金"、致人死亡时的"死亡赔偿金"以及其他损害情形下的精神抚慰金，其数额根据侵权人的过错程度、侵害的具体情节、侵权行为所造成的后果、侵权人的获利情况、侵权人承担责任的经济能力以及受诉法院所在地平均生活水平等因素综合确定；③收入损失、安抚费。在最高人民法院《关于审理涉外海上人身伤亡案件损害赔偿的具体规定（试行）》中，还使用了"收入损失"和"安抚费"两个概念。其中前者概念具有物质损害赔偿的性质，后者则有非物质损害赔偿的性质。该司法解释第一次将侵害生命权所导致的非纯粹经济损失以外的损失划分为两种不同性质的赔偿项目；④抚恤费。修订之前的《产品质量法》还曾经使用了"抚恤费"的概念，但是并没有规定其具体的计算标准。而实际上，早在《民法通则》实施之前，被冠以各类抚恤金之名的损害赔偿金，如死亡抚恤金、安慰抚恤金等，已经出现在司法实践中，这些概念在很多现行法律法规中被沿用。[1]

值得注意的是，最高人民法院《关于精神损害赔偿的解释》和《关于人身损害赔偿的解释》中，都使用了"精神损害抚慰金"和"死亡赔偿金"概念。关于两者之间的关系，有不同意见，有学者认为后者实际上对前者中的相关规定进行了修订，精神损害抚慰金

---

〔1〕 朱晔："论人身损害赔偿请求权与继承"，载《环球法律评论》2006 年第 2 期。

与死亡赔偿金是分立的两个性质不同、计算标准不一的赔偿项目；也有些学者认为，这实际上仅存在一个赔偿项目，即"死亡赔偿金"，只是其具有物质赔偿与精神赔偿的双重性质。如前所述，《侵权责任法》的分立规定说明，后种理解混淆了两种性质的赔偿，也不利于解决我国司法实践中存在的所谓"同命不同价"以及死亡赔偿数额过低等问题。另外，最高人民法院《关于人身损害赔偿的解释》第17条规定的"死亡补偿费"与第29条规定的"死亡赔偿金"概念不一致，但在司法实践中前者依后者计算标准进行计算，两个概念的区分在此有何意义，令人费解。

　　第二，在残疾赔偿金概念中，国务院的《道路交通事故处理办法》中使用了"残疾者生活补助费"的概念。这一赔偿项目，在最高人民法院《关于涉外海上人身伤亡案件损害赔偿的具体规定（试行）》中被分解为受伤致残者的"收入损失"和受伤致残者的"安抚费"两个赔偿项目；在修订前的《产品质量法》中，因产品存在缺陷致人损害造成残疾的，侵害人须赔偿医疗费、误工费及残疾者生活补助费等费用。而在随后颁布的《消费者权益保护法》中则规定，侵害人在赔偿残疾者生活补助费的同时另须支付残疾赔偿金，即对"生活补助费"与"残疾赔偿金"两个赔偿项目都进行了规定，此与《消费者权益保护法》的规定相同。但是在1994年《国家赔偿法》中仅仅规定了"残疾赔偿金"，最高人民法院《关于审理触电人身损害赔偿案件若干问题的解释》中仅规定了"残疾人生活补助费"，《关于人身损害赔偿的解释》中仅仅规定了"残疾赔偿金"而没有规定"残疾人生活补助费"的赔偿项目。从立法来看，我国关于残疾赔偿金的规定还是比较混乱的。从法理角度讲，"生活补助费"是一种较"残疾赔偿金"水平低的救济，前者以生活费的补偿为标准，后者则是一种对受害人收入损失的赔偿。但是，在我国的《产品质量法》和《消费者权益保护法》中，残疾人"生活补助费"与"残疾赔偿金"到底是何关系，仍值得研究。

法律术语的统一是我们进行理论研究的前提。法律术语的选择与该法律术语所标志的事物的性质、内容等属性密切相关。如上所述，在人格权救济制度中，各种损害赔偿请求权所使用的法律术语的混乱是一种普遍存在的现象。按照我们上文中对损害类型的划分，对于各种财产损害的救济请求权应该直接称之为"财产赔偿金"，具体又可以分为医疗赔偿、误工赔偿等不同项目。在此点上应该不会存在太大的争议。但是对于人身损害本身的赔偿请求权以及对精神损害赔偿的请求权，到底该使用何种法律术语，则是需要认真分析的事情。

从我国现行法律法规和其他规范性法律文件的具体规定来看，对人身损害本身的救济有"赔偿金"与"补偿金"之争，如对生命损害的救济应称之为"死亡赔偿金"还是"死亡补偿金"，学者们意见不一；除此之外，"抚恤金"的概念也广泛地出现在各种法律文件中，用以表达对受害人或伤亡者亲属的生活救济。而对精神损害的救济则有"精神损害抚慰金"与"精神损害抚恤金"之争。按照笔者意见，对于生命权丧失的损害赔偿应该称之为"死亡赔偿金"，对于侵害身体权、健康权导致残疾损害的赔偿应该称之为"残疾赔偿金"，对于各种情形下所产生的精神损害的赔偿应该称之为"精神损害抚慰金"。理由如下：

首先，关于"赔偿金"与"补偿金"之争。支持使用后一法律术语的学者的主要理由在于，生命、身体、健康是没有对价的，因此对这些人格利益的金钱救济仅能说是一种"补偿"而已。我们认为，此种理由虽然似乎有深刻的伦理支持，但是它实际上是建立在某一种理论假设之上的，即所谓的"赔偿"即为全部损害的赔偿。而实际上，此种理念或者思想仅仅适用于财产损害的赔偿而已，对于人身损害的救济不能完全照搬传统民法上的财产救济理念。而且，"赔偿"一词，其最核心的词义在于划定义务人的某种责任，或者表达一种对其不当行为的否定。相比较此点而言，"补偿"一词显然就"弱势"得多。其结果，使用"赔偿"一词有利于权利人对其权利的主张和充分救济。其次，从我国现有的法律法规所使用的法律术语来看，在《国家赔偿法》《产品质量法》《消费者权益保护法》以及最高人民法院的《关于人身损害赔偿的解释》《关于精神损害赔偿的解释》等涉及人身损害赔偿的重要规范性法律文件中都使用了"赔偿金"的概念，可以说无论从理论上还是从司法实践中，"死亡赔偿金""残疾赔偿金"的使用都已经成为了一种习惯。既然如此，法律为什么非要通过一种习惯的改变去建立人们的另一种思维习惯呢？最后，从我国几个使用"补偿"字眼的规范性法律文件中对赔偿数额的具体规定来看，补偿费均是按照当地平均生活费来计算，救济水平非常之低。按照"补偿"的理论，补偿金既然不是人格要素的对价，则法律当然可以任意选用计算标准。笔者认为，生命健康确实无价，但是法律对其的救济态度应该是"虽不能至，心向往之"，而不能反其方向而为之。

此外，关于"抚恤"的概念。"抚恤"一词在我国法律体系中被频繁使用，从它在不同范围和领域的法律规范文件中的使用来看，我们可以看出"抚恤"一词所具有某些共同的东西。如我们会看到，在我国《个人所得税法》中抚恤金与福利费、救济金等概念相并列；而在《民事诉讼法》中抚恤金与赡养费、扶养费、抚育费、医疗费用等概念并用；在《企业破产法》中抚恤费用与职工的工资和医疗、伤残补助费用并列；而在《行政复议法》中抚恤金则与社会保险金、最低生活保障费等并列。此外，我国还有直接使用"抚恤"一词作为法律文件名称的，比如国务院与中央军事委员会共同颁布的《军人抚恤优待条例》、国务院民政部颁布的《伤残抚恤管理办法》等。从这些相关文件的规定中，我们可以发现"抚恤金"具有以下特点：①发放主体一般是国家机关、企事业单位或者集体经济组织等具有公有制性质的企业或单位；②发放对象一般是上述企业或单位中的伤残职工或者死者家属；③发放的标准一般参考职工平均工资或者基本生活费，水平较低；④抚恤金一般具有生活保障与生活救济的性质。从这些特点来看，"抚恤金"与财产损害的赔偿救济和精神损害的赔偿救济都存在很大不同，也不利于对受害人的充分救济。2005 年最高人民法院《关于对经济确有困难的当事人提供司法救助的规定》第 3 条中就明确将"追索赡养费、扶养费、抚育费、抚恤金的"与"交通事故、医疗事故、工伤事故、产品质量事故或者其他人身伤害事故的受害人，请求赔偿的"两种类型加以了区分。因此，无论是对人身损害的救济还是对精神损害的救济，使用"抚恤金"的概念都是与我国现有的法律法规不相协调的。

（2）以死者身份确定赔偿标准及数额，也即"同命不同价"问题。最高人民法院《关于人身损害赔偿的解释》对于因侵权造成死亡的赔偿标准以"城镇居民人均可支配收入""农村居民人均纯收入"为计算基准，并以 20 年为固定赔偿年限计算时间。而由于这两种"收入"在现实生活中存在巨大差异，就必然导致实务中同样的侵权行为，只是由于受害人城镇或农村户籍的不同而产生巨大的赔偿差异。也就是人们所广泛热议的"同命不同价"问题。对此问题的解决，在下节讨论。

二、侵害生命权的救济制度

（一）侵害生命权救济制度概述

生命是自然人拥有民事权利能力，成为民事主体的基础，也是享有其他民事权益的前提，所以，生命是人的最高利益，生命权是法律保护的最高权利。各国法律无不对生命予以保护，而且，对生命的保护不仅是民事法律的任务，在刑法中，非法剥夺他人生命构成杀人罪。民法上对生命权的救济主要通过财产损害赔偿、非财产赔偿和精神损害赔偿方式。长期以来，我国立法和司法实践在侵害生命权的赔偿范围方面一直缺乏统一、明确的标准，赔偿范围也过于狭窄；另外，对于生命权受到侵害后，赔偿权利人的范围在理论上也一直存在争论。对于生命权的救济，一直以来就有"生命无价、不具有交换价值，无论支付多少金钱都无法赔偿"的观点，而且，每个人在社会中的地位、能力等都有所不同，如果对生命权实行一体赔偿，也会产生人与人之间的不平等等观点，并以此反对对生命权丧失的赔偿。但是，绝大多数人是认可在生命权受到侵害时的赔偿救济方式的。

因侵害生命权的损害事实构成通常要求必须造成死亡事实，所以对于生命权侵害的救济只能通过赔偿的方式，只是赔什么以及赔给谁，学界有不同观点。

有学者注意到日本民法的做法，并认为可以作为我国立法上的参考。在整个损害赔偿的范围和标准方面，日本采用的赔偿范围包括三部分：①直接损失（包括治疗费、住院护理费、住院杂费、看病交通费）。此与我国的常规赔偿范围基本一致，并以实际支出的费用为标准。②未来可得利益的损失。未来可得利益以 60 岁为限，在平均寿命基础上计算死者的就职、就劳可能年数，再乘上死亡时的年度收入，算出应得收入总额，减去受害人本人的生活费，算出应得纯利益，最后扣除因一次性获得利益而多出的利息。对于无收入者采取推定其参与劳动直至平均的不能劳动年龄，并以雇佣劳动者的平均工资作为标准；这部分相当于我国的死亡赔偿金。③安抚费，相当于我国的精神损害赔偿金。依其观点我国也可以建立完全统一的赔偿标准，[1] 以增强对生命权的保护。

（二）死亡赔偿金的法律救济——兼论赔偿标准的统一

在侵害生命权的行为造成受害人的生命权丧失的过程中，侵权行为既侵害了生命权人的权利，同时，由于对受害人的伤害进行抢救及丧葬，受害人的继承人在财产上和精神上都受到了损害，因此死者的继承人也成为侵害生命权的受害人，即财产损失和精神损害的受害人。这样，在侵害生命权的场合就存在双重受害人，一重受害人是生命权丧失之人，另一重受害人就是因救治、丧葬受害人而

---

[1] 黄松有主编：《侵权法司法解释实例释解》，人民法院出版社 2006 年版，第220～225 页。

受到财产损害和精神损害的死者的继承人。因此，在致人死亡的损害赔偿上既有对死者的死亡赔偿金救济又有对其继承人的精神损害抚慰金救济，本文将分别对这两个问题进行论述。

1．死亡赔偿金的法律性质

法律关系系指由法所规范，以权利义务为内容的关系。[1] 法律关系作为民法上的一个核心概念，是分析民法问题的最为有力的工具，有助于我们分辨权利与义务的归属，尤其是在存在多种法律关系的情形下。在民法上，一个法律事实可以产生一种法律关系，也可以同时产生多种法律关系。那么生命受到侵犯作为一个法律事实，从逻辑的角度来看，可能存在四种法律关系：①只产生加害人和死者之间的侵权法律关系；②只产生加害人和死者的利害关系人之间的法律关系；③同时产生上述两种法律关系；④在民法上不产生任何法律关系。

（1）只承认一个侵权法律关系的做法。以德国、瑞士、法国和意大利等诸多大陆法系国家为典型。其中，德国只承认产生加害人和死者的利害关系人之间的法律关系。《德国民法典》第842条是对人身伤害时赔偿义务范围的规定："因对人身实施的侵权行为而发生的损害赔偿义务，扩及于此行为对受害人的生计或前途引起的不利益"，第844条、第855条和第847条规定是对致人死亡时第三人的丧葬费、扶养费、劳务损害和精神损害的规定。学说对此的解释如下："生命这一法益受侵害的人自己已经不再能够主张请求权，其已经死亡。就是说，只有其他的人可以作为债权人出现。这可能是依第1922条在财产法上取得被继承人地位的继承人。但就亲属至今为止由被继承人供养，而现在丧失其供养人而论，死亡也可能会带来损害，这主要是寡妇和子女"[2]，由此可见德国民法目前只承认加害人和死者的利害关系人之间的法律关系。

---

〔1〕 王泽鉴：《民法总则》，中国政法大学出版社2001年版，第80页。
〔2〕 ［德］迪特尔·梅迪库斯：《德国债法总论》，杜景林、卢谌译，法律出版社2004年版，第500页。

而《瑞士债务法》第45条是关于致人死亡之损害赔偿的规定："伤害致人死亡时，支付的赔偿金应当包括所支出的费用和丧葬费。伤害未致人立即死亡的，应当支付的赔偿金包括医疗费用和误工损失。伤害致人死亡造成由死亡人扶养的人损失的，责任方也应当给予相应的赔偿"，同时第47条规定了受害人遗族的非财产损害赔偿请求权，"对于致死或伤害，法院得斟酌特殊情况，允许受害人或者遗族，以相当金额之赔偿。"《法国民法典》第四编第二章"侵权行为与准侵权行为"与《意大利民法典》第四编第九章"不法行为"都没对不法致人死亡的问题做出具体规定，但根据有关学说这三个国家同样只承认加害人与受害人的继承人之间的法律关系。

（2）同时产生两种法律关系的做法。此说以日本为代表，但日本法学在死亡赔偿的问题上的态度比较特殊。《日本民法典》的相关规定有：第709条是统摄侵权行为法立法的一般条款："因故意或过失侵害他人权利者，负因此而产生的赔偿责任"；第710条是对精神损害赔偿的规定："不问是侵害他人身体，自由或名誉情形，还是侵害他人财产权的情形，依前条规定应负赔偿责任者，对财产以外的损害亦应赔偿"；第711条则是对侵犯生命权的赔偿的规定："侵害他人生命者，对于受害人之父母、配偶和子女，虽未害及其财产权，亦应赔偿损害"。学界就此争论了近一个世纪，存在"继承肯定说"与"继承否定说"两种对立的学说。前者主张死者本人的损害赔偿请求权可以作为债权由其法定继承人继承；而后者则否定前者的主张。这两种对立的学说谁也没有战胜谁，在不同的时期轮流占据学术界的优势地位，同时立法和判例出现分隔。但某一时期的判例却承认受害人受伤后立即死亡的情形下死者依然拥有精神损害赔偿请求权，这也说明判例对立法做出了很大变通，实际上默认了加害人和受害人之间的法律关系。[1] 就此，可以认为在日本，因侵权造成受害人死亡的，加害人除对死者承担赔偿责任外，与死者近亲属之间也存在独立的法律关系。

（3）不产生任何侵权法律关系的做法。这种情况出现在早期的普通法系国家。这是一种比较极端的情形。按照古老的普通法，当被告过失致人死亡时，死者的配偶或孩子不能提起诉讼，因为侵权责任主要是追究"伤害"责任，由于被害人已经死亡，因此就不存在对他的伤害。最早确定该规则的判例是 1808 年的"Baker v. Bolton"案，该案中法院认为："在民事法庭中，人的死亡不能作为一项损害而起诉"。[2] 当然这种看法很快被 20 世纪的英美成文法改变。英国主要通过 1934 年的法律改革法；美国是由各州的《幸存法》和《不当死亡法》加以改变的，现在的英美两国允许死者的继承人对因亲人死亡所遭受的财产损害与非财产损害提起诉讼。

2. 我国学者对死亡赔偿金的法律性质观点

我国理论界对于死亡赔偿金也存在多种认识。主要包括以下几种：

（1）死亡赔偿金类似抚恤金。该学说以林存柱为代表。[3] 他认为，1991 年《道路交通事故处理办法》中增加的"死亡补偿费"，与 1988 年《军人抚恤优待条例》中的"一次性抚恤金"类似，其作用仅仅是提高总的赔偿水平。这种观点明显混淆了民事责任制度与社会保障制度。所谓抚恤金是指国家机关、企事业单位、

---

〔1〕 于敏：《日本侵权行为法》，法律出版社 1998 年版，第 276~381 页；孙鹏："'生命的价值'——日本死亡损害赔偿的判例与学说"，载《甘肃政法学院学报》2005 年第 4 期。

〔2〕 ［德］克雷斯蒂安·冯·巴尔：《欧洲比较侵权行为法》，焦美华译、张新宝审校，法律出版社 2001 年版，第 67 页。

〔3〕 林存柱："我国死亡赔偿制度的演变与趋势"，载《东岳论丛》2004 年第 4 期，第 196 页。

集体经济组织对死者家属或伤残职工发给的金钱。工人、职员因工负伤被确定为残废时，完全丧失劳动能力不能工作退职后，饮食起居需人扶助者，发给因工残废抚恤费，至死亡时止；完全丧失劳动能力不能工作退职后，饮食起居不需人扶助者，发给因工残废抚恤费，至恢复劳动力或死亡时止；工人、职员因工死亡时，按其供养的直系亲属人数，每月付给供养直系亲属抚恤费，至受供养人失去受供养的条件为止。这明显是一种福利制度，林存柱将死亡赔偿制度追溯到《民法通则》以前，并以各种各样的条例为参考，试图指出它们和以后侵权法的隐秘关联，本文认为这是一种方向错误的方法。《民法通则》之前的种种条例大都是政策的产物，带有浓厚的法律虚无主义和计划经济的色彩，而军人的法律地位在中国一直比较特殊，所以这种观点不足信。

（2）死亡赔偿金就是受害人的近亲属的精神抚慰金。该学说以杨立新、胡平等为代表。[1] 在2003年《最高人民法院关于审理人身损害赔偿案件适用法律若干问题的解释》出台之前，学说上对死亡赔偿金的理解就紧密地与2001年最高人民法院《关于精神损害赔偿的解释》所规定的性质保持一致，这是一种最为流行的"通说"。该说认为，既然审判机关已经将死亡赔偿金纳入精神抚慰金之中，那么死亡赔偿金就是对死者的近亲属的精神损害赔偿，并指出该司法解释里的"死亡赔偿金"与之前立法里面的"抚恤费""死亡赔偿金"和"死亡补偿费"性质相同。[2] 最高人民法院《关于精神损害赔偿的解释》出台之前各种法律文件里面出现的"死亡赔偿金"大都是针对财产损失进行的赔偿，这从前文简述其历史时分析的赔偿标准也可以看出来。财产损害与精神损害是两种完全不同性质的损害，其赔偿的计算方法也完全不同，可惜的是在

---

〔1〕　胡平：《精神损害赔偿制度研究》，中国政法大学出版社2003年版，第275～300页。

〔2〕　陈现杰："《关于确定民事侵权精神损害赔偿责任若干问题的解释》的理解与适用"，载《人民司法》2001年第4期。

最高人民法院的解释中却出现了混淆。如果仅仅为了和司法解释保持统一，而不顾现实强行将其拉入"精神抚慰金"，这是对精神损害赔偿的误解。此外，在这里需要说明的是，最高人民法院的解释对精神抚慰金进行了分类，将精神抚慰金区分为死亡赔偿金、残疾赔偿金和其他形式的精神抚慰金，这种分类法不仅没有使精神抚慰金制度清晰明确，反而使得概念更加混乱，因为根据《最高人民法院关于确定民事侵权精神损害赔偿责任若干问题的解释》第1条规定，权利人在人格权受到侵犯时自然可以依此请求精神损害赔偿，那么再根据受害人身体受伤害程度而对精神抚慰金进行区分，实无必要。

（3）死亡赔偿金是对财产损失的赔偿。这种观点的提出是在2003年最高人民法院《关于人身损害赔偿的解释》出台之后，民法理论界也紧跟着立法政策的转向出现"一边倒"趋势。最典型的说法来自原最高人民法院副院长黄松有，他认为赔偿权利人因受害人死亡所蒙受的财产损失可以有两种计算方法：一是以被扶养人丧失生活来源作为计算依据；二是以受害人死亡导致的家庭整体收入减少为计算依据。《关于人身损害赔偿的解释》将"死亡赔偿金"的性质确定为收入损失的赔偿，而非"精神损害抚慰金"。

我们认为，死亡赔偿金是存在于加害人和被害人即死者之间的赔偿。生命权是以生命的存续和安全为内容的人格权。侵犯生命权的行为针对的是生命的存续和生命的安全，当侵权人的行为威胁到他人的生命安全，比如追杀、重伤、威胁，将受害人置于生命危险之中，侵权行为已经开始，生命权本身已经遭到了侵犯，当死亡发生时，侵权行为已经发生到了极端。从生命陷入危险到生命丧失总有一个时间，在这个间隙内受害人的损害赔偿请求权已经产生，伴随着死亡的发生该侵权之债作为受害人遗产的一部分发生继承。如果有人认为这个间隙的人为痕迹太重的话，我们可以做出进一步分析。在同意"生命权非有死亡无以认为受到了侵犯"这种观点的基础上，也可以努力做出并不过分伤害逻辑的推理。在侵权致死时发生了两种法律关系。一种是加害人与受害人之间的侵权法律关系，另外一种则是受害人与其继承人之间的继承关系。它们同时发生在死亡这个临界点上，但并不妨碍我们在逻辑上做出一个无伤大雅的推定，推定侵权法律关系在先，继承法律关系在后。这样一来，受害人本人因生命权被侵害所得损害赔偿请求权作为债权，可以与死者生前其他财产共同发生继承。另外，生命固然不能用金钱来衡量，但生命价值在某种程度上能够反映在死者或其家属可请求的赔偿金额上。如果不能杜绝侵犯物质性人格权的行为发生，那么在侵权行为发生之后进行赔偿就比不赔更体现对人的尊重。进一步说，这也是不得已而为之的法律措施，真正的问题在于如何设计死亡赔偿制度，一方面告慰死者在天之灵，另一方面补偿家属的丧亲之痛。如果说生命权在民法中的价值仅仅在于宣示，那么根本大法已经对生命这一自然人的最高利益做了宣告，民法何必再来重复呢？既然肯定生命权为独立的权利，且为最重要的人格权，按照有权利必有救济的原理，该救济权理应归属本人享有。如果说连受害人本人都没有获得赔偿的资格，谁比他们更有资格就成为一个难以论证的问题。

基于上述分析，我们认为，死亡补偿金的法律性质是对受害人本人的赔偿，但是问题在于当受害人死亡时，该请求权如何行使，这就涉及致人死亡损害赔偿请求权的基础。

3. 死亡赔偿金的请求权基础

在人身损害案件中，因损害事故的发生，受害人所遭受的损害包括财产损害、人身损害和精神损害，已如上述。此处所谓死亡赔偿金的请求权基础问题，是指死者继承人的死亡补偿金请求权究竟是来自于受害人继承人对死者遗产的继承还是来自于死者继承人自身的权益损害。死亡赔偿制度真正要救济的是因受害死亡事件而受到利益影响的第三人。第三人损害赔偿请求权的基础，学者对此问题的主张分为两派：一为"继承主义"，二为"固有受害主义"。

（1）继承主义。继承主义的要义在于：其一，先认可加害人与受害人之间成立损害赔偿关系，受害人获得对加害人的损害赔偿请求权；其二，该损害赔偿请求权因受害人的死亡而由其继承人继承。此派学说又有若干分说：①间隙取得请求权说。被害人从受致命伤到其生命丧失之时，理论上总有一个或长或短的间隙，在这个间隙中，被害人是有民事权利能力的，故可取得损害赔偿请求权。他死亡之后其请求损害赔偿的权利可以依法继承转移给其继承人，他的继承人可以通过法院要求赔偿损失。②民事权利能力转化说。该学说认为民事权利能力由存在到不存在，有一个转化的过程，在这个过程中产生损害赔偿请求权。③加害人赔偿义务说。该学说认为加害人的赔偿义务不因被害人的死亡而消灭，所以被害人得受赔偿的地位当然由其继承人继承。④极限概念说。该学说认为可把生命侵害作为身体侵害的极限概念，虽然二者在概念上必须严格区别，但在计算损害赔偿额时，无限大的身体侵害产生的损害程度与生命侵害产生的损害程度相比，差别是无限小的，实际上可以忽略不计。⑤死者人格存续说。该学说认为损害赔偿请求权随生命消亡没有根据，主张在请求权的限度内，将被害人视为法律观念的权利主体，使其人格存续。⑥同一人格继承说。该学说认为继承人与被继承人系纵向联系的系列人格，继承的对象并非被继承人的权利和义务，实则被继承人的人格或法律上之地位。[1]

（2）固有损害主义。"固有损害主义"的要义在于：其一，逝者民事主体资格消灭，与加害人之间亦不能成立生命侵权损害赔偿关系，无必要也无可能再对加害人主张损害赔偿；其二，民法直接关注的是"死亡后果的承担者"，即因受害人的去世而遭受了现实损失的第三人。民法需要做的事情是在受损失的第三人和侵权人之间架起损害赔偿关系的桥梁。固有损害主义也有若干分说：①双重直接受害人说。该学说认为在侵害生命权的法律关系中，存在双重

---

[1] 杨立新：《人身权法论》，中国检察出版社1996年版，第411~412页。另参见史尚宽：《债法总论》，中国政法大学出版社2000年版，第147页。

的直接受害人，死者是丧失生命的直接受害人，其继承人是侵害生命造成财产损失的直接受害人，这两重直接受害人享有一个共同的损害赔偿请求权。当一个直接受害人死亡后，另一个直接受害人直接享有该损害赔偿请求权，因而加害人的赔偿义务并未发生任何变化，只是向仅存的直接受害人履行赔偿义务而已。②死者近亲属直接受害说。该学说认为死者近亲属所享有的损害赔偿请求权来源于其自身权利遭到侵害而受有损失的事实。侵害生命权的行为在使生命权人丧失生命的同时，也破坏了正常的亲属身份关系，直接侵害了死者近亲属的身份权，造成其精神损害和亲属身份利益的丧失，从而应承担相应的民事责任。

从理论上看，继承主义学说所面对的难点在于，死亡是产生死亡赔偿请求权的前提或者原因，但是死者既已死亡，权利能力终止，其请求权也就无从产生，这样继承人继承其请求权就成为无源之水、无本之木。此点被学者称为死亡赔偿的"死穴"。除此之外，继承主义学说还有一个困难，即即便我们承认死者产生了死亡赔偿金的请求权，那么，这种请求权是否当然就可以由其继承人继承呢？从理论上分析，继承是否发生应视该种请求权的性质而定：如果死亡赔偿金请求权不属于死者专属性的权利，则它作为一种债权，当然可以在权利人死后由权利人的法定继承人继承；而如果死亡赔偿金请求权属于死者专属性的权利，则它一般只有在权利人起诉或者与义务人达成协议后才能在法律上产生可以由其继承人继承的性质。而实际情况是，死亡赔偿金作为对受害人生命权的救济，当然具有专属性。因此死者继承人要想从死者处继承对死亡赔偿金的请求权就必须存在死者行使请求权的前提，这当然在实际生活中是不可能的。继承主义无法回答的一个难题是：受害人不死，难谓生命权已受侵犯，生命侵权损害赔偿关系无由成立；受害人已死，其民事主体资格丧失，生命侵权损害赔偿关系亦无由成立。"间隙取得请求权说"也好，"权利能力转化说"也好，都会出现被日本判例嘲笑过的"死前亦死，死后又死"的尴尬。其他诸说里，"加害人赔偿义务说"割裂了权利义务的相对性，无法解释何以"加害人的赔偿义务不因被害人死亡而消灭"。"极限概念说"抹杀了生命权和身体权的区别，给人以偷梁换柱之感。"死者人格存续说"纯属法律拟制，难以说明问题的实质。"同一人格继承说"违背了现代继承法的基本理念——继承的对象是权利义务而不是所谓的人格或法律上的地位。

与继承主义的理论尴尬相比，固有损害主义显得较为自然和顺畅，但也并非没有瑕疵。"双重直接受害人说"试图引入"共有"的概念来帮助解释，但是不能说明为什么"两重直接受害人享有一个共同的损害赔偿请求权"，即难以说明该共有如何发生。"死者继承人直接受害说"在中国身份权地位尚还微弱的背景下有些力不从心。

无论是继承主义还是固有损害主义，损害赔偿请求权的最终享有者都是因受害人死亡而遭受了现实损失的第三人。两学说争论的实际意义不在于死者本身是否享有损害赔偿请求权，而在于对死亡赔偿额度的认定上。

根据继承主义，被害人死亡前的瞬间已取得赔偿请求权的内容是在相当因果关系的范围内侵权行为发生前后被害人利益状态上的差额。为了准确的计算出该利益差额，又具体化出了若干的损害赔偿项目。即首先将损害二分为财产损害和非财产损害，再将财产损害细化为积极损害和消极损害。积极损害包括丧葬费、被害人受伤与死亡间的治疗费、看护费、交通费等；而消极损害则是指被害人如果继续生存可以取得的、在其死亡时可由其继承人继承的利益，又可称之为可得利益。也有学者称之为"余命赔偿"。[1]

而根据固有损害主义，第三人就自身固有利益的损害提出的请求项目一般包括丧葬费、抚养费、被害人父母、子女、配偶等继承

---

〔1〕 邱聪智：《新订民法债编通则（上）》，中国人民大学出版社2003年版，第170页。

人的抚慰金等。相形之下，依固有损害主义获得的扶养利益损失赔偿和抚慰金赔偿数额一般都要远远低于依继承主义获得的死者余命损害赔偿数额。

所以，尽管继承主义有若干理论尴尬，但日本判例"仍旧牢守继承说，恐怕主要是因应死亡赔偿高额化的要求并维持死亡赔偿与伤害赔偿的均衡。在资本主义高度发达的日本，即使普通人的收入也远远超过其个人生活及家务方面的支出。也就是说，按继承说可由遗族继承的、正常计算出的被害人可得利益在额度上往往大大高于按固有被害说计算出的遗族的扶养利益。在被害人没有扶养权利人时继承说的优势更显现无遗"[1]。就维持死亡赔偿与伤害赔偿的均衡来讲，判例显然不希望出现"撞伤不如撞死"的道德风险。

正如前文对死亡赔偿金法律性质的分析所述，死亡赔偿金存在于受害人和加害人之间，是对死者生命权的法律救济。死亡赔偿金的请求权主体应是死者，只是由于受害人死亡而无法行使权利，而由其继承人行使该请求权。因此，本文认为，在死亡补偿金的请求权基础的问题上，继承主义更为可采。在我国实证法上，目前最为详细集中对人身损害赔偿进行规定的是 2003 年《最高人民法院关于审理人身损害赔偿案件适用法律若干问题的解释》，"根据该司法解释起草者的解释，第 17 条采取的是继承主义"[2]。当得出死亡赔偿金是存在于加害人与死者之间的法律关系时，该司法解释中的死亡赔偿金的性质也就显示出来了，即其是对死者本人的财产损害赔偿，而不是对死者的近亲属的财产损害赔偿。这两种解释的法律后果有很大差别，解释为前者，则死亡赔偿金作为遗产的一部分伙同受害人本人生前的其他财产一并发生继承，且可以作为死者生前债权人的一般担保；解释为后者，则死亡赔偿金直接归受害人近亲

---

〔1〕　孙鹏："'生命的价值'——日本死亡损害赔偿的判例与学说"，载《甘肃政法学院学报》2005 年第 4 期。

〔2〕　姚辉、邱鹏："论侵害生命权之损害赔偿"，载王利明主编：《民法典·人格权法重大疑难问题研究》，中国法制出版社 2007 年版，第 278 页。

属所有，不能作为死者生前债权人的一般担保。

4．死亡赔偿金请求权的行使

（1）死亡赔偿金的赔偿范围。在继承主义之下，死亡赔偿金请求权由死者的继承人行使，但是在赔偿范围上存在不同的看法：一是扶养丧失说。该说认为，由于受害人死亡导致其生前依法定扶养义务供给生活费的被扶养人因此丧失了生活的来源，这种损害应当由赔偿义务人加以赔偿。按照扶养丧失说，赔偿义务人赔偿的范围就是被扶养人在受害人生前从其收入中获得的或者有权获得的自己的扶养费的份额。至于因受害人的死亡而导致对受害人有法定继承权的那些人从受害人处将来所继承财产减少的损失，则不在赔偿之列。目前，采此说的包括德国、英国、美国大多数州、俄罗斯联邦等。二是继承丧失说。该说认为，受害人倘若没有遭受侵害，在未来将不断地获得收入，而这些收入本来是可以作为受害人的财产为其法定继承人所继承的。加害人的侵害行为导致受害人死亡，从而使得这些未来可以获得的收入完全丧失，以致受害人的法定继承人在将来所能够继承的财产也减少了。因此，依据继承丧失说，赔偿义务人应当赔偿的是因受害人死亡而丧失的未来可得利益。美国少数州、日本及我国采取此说。[1]

长期以来，我国立法和司法实践在致人死亡的赔偿范围方面一直缺乏统一的、明确的标准，赔偿范围也过于狭窄。最典型的是最高人民法院《关于精神损害赔偿的解释》中，将死亡赔偿金定性为精神损害赔偿金，依此规定，近亲属对于死亡赔偿金的请求权就不是继承转化而来，而是因该近亲属自己遭受到的精神损害而获得的。直到2003年《最高人民法院关于审理人身损害赔偿案件适用法律若干问题的解释》颁布，将死亡赔偿金与近亲属的精神损害赔偿相区别，确定为两个独立的赔偿项目。依据权威观点，在死亡赔

---

〔1〕 张新宝主编：《人身损害赔偿案件的法律适用》，中国法制出版社2004年版，第392页。

偿金问题上，我国采用继承丧失说，所以，死亡赔偿金应该是指：赔偿义务人对受害人之法定继承人因受害人死亡而遭受的未来可继承或可共享的受害人收入损失的赔偿责任。[1] 在这种定性情况下，该解释第 29 条规定了死亡赔偿金的赔偿范围，"死亡赔偿金按照受诉法院所在地上一年度城镇居民人均可支配收入或者农村居民人均纯收入标准，按 20 年计算。但 60 周岁以上的，年龄每增加 1 岁减少 1 年；75 周岁以上的，按 5 年计算"。该条采取的是继承丧失说，以被扶养人丧失生活来源作为计算依据。也正是这一标准被指责为"同命不同价"。

（2）死亡赔偿金请求权人。关于死亡赔偿金的请求权人究竟是死者的近亲属还是死者的继承人，我国理论和实务上存在混乱。死者的近亲属和其继承人在范围上是不同的。根据司法解释的规定，近亲属包括配偶、父母、子女、祖父母、外祖父母、孙子女和外孙子女。而依据我国《继承法》的规定，法定继承人分为第一顺序继承人和第二顺序继承人，其中第一顺序继承人仅限于配偶、父母、子女；此外，"对岳父母、公婆尽了主要赡养义务的丧偶的女婿、儿媳"也可以作为第一顺序继承人。第二顺序的继承人为兄弟姐妹、祖父母、外祖父母。

本文认为，死亡赔偿金的请求权人应当是死者的继承人。正如前文所述，死亡赔偿金存在于作为受害人的死者和加害人之间，只是由于死者无法行使请求权而由他人行使。该请求权的基础是继承主义，在赔偿范围上我国采纳的是继承丧失说，在这种情况下，请求权人显然应当是死者的继承人，而不能笼统地规定为死者的近亲属。据此，在受害人死亡后，其丧偶的女婿或丧偶的儿媳也可以作为死亡赔偿金的请求权人。

5. 死亡赔偿金赔偿标准的统一化思考

正如前文所述，我国在死亡赔偿金问题上原则上采纳的是继承

---

〔1〕 张新宝：《侵权责任法原理》，中国人民大学出版社 2005 年版，第 183 页。

主义的立场，但是又对继承主义加以改造。首先，采用继承主义的日本判例在计算死者余命收入损失时，通常以被害人死亡时的收入为基准，乘以被害人剩余的可劳动年限，计算出其如果生存可能取得的总收入。[1] 而我国《最高人民法院关于审理人身损害赔偿案件适用法律若干问题的解释》却以"城镇居民人均可支配收入""农村居民人均纯收入"为计算基准，并以 20 年为固定赔偿年限计算时间。据说，这种采定型化赔偿和客观计算的方式，"旨在既与过去的法律法规相衔接，又不致因主观计算导致两极分化、贫富悬殊"。[2] 其次，根据继承主义，一般不能再对死者的被扶养人生活费进行规定。被扶养人生活费是基于固有损害主义而产生的赔偿项目，实际上已被包含在继承丧失说的死者收入损失之中，再作规定是为重复。而采继承主义的《关于人身损害赔偿的解释》一方面与《民法通则》和现行有关立法衔接，仍保留了过去的被扶养人生活费的赔偿，另一方面以分解的方法对继承丧失说的"收入损失"赔偿做了技术处理，即将"收入损失"分解为"人均可支配收入"以及"被扶养人生活费"两个部分。以人均可支配收入为标准计算死亡补偿金，以平均生活费为标准计算被扶养人生活费，二者之和大致等于"收入损失"。因此，"分解的结果既体现了继承主义的赔偿理念和标准，又避免了与现行法律、法规相冲突"。[3]

但是，采用继承主义将死亡赔偿金定性为"死者收入损失"，就意味着赔偿至少在理论上是以"死者"为中心计算的——即死亡补偿金的数额是以死者的某个参数为依据来进行衡量的，所以，以城乡收入分别算定"收入损失"的计算标准所带来的赔偿结果的巨

---

〔1〕 参见孙鹏："'生命的价值'——日本死亡损害赔偿的判例与学说"，载《甘肃政法学院学报》2005 年 4 期。

〔2〕 黄松有主编：《最高人民法院人身损害赔偿司法解释的理解与适用》，人民法院出版社 2004 年版，第 366 页。

〔3〕 黄松有主编：《最高人民法院人身损害赔偿司法解释的理解与适用》，人民法院出版社 2004 年版，第 366~367 页。

大差距，引起了"同命不同价"的责难。

于是，有种观点认为基于"人命平等"的理念，应建立统一的赔偿标准，进行"一刀切"式的补偿。但是，这种统一的赔偿标准是否合理，同样值得我们思考。继承主义背景下的死亡赔偿金以死者的收入损失为算定标准，个体劳动能力的差异决定了收入的差异，这是朴素的平等观念所不能掩盖的客观事实。依据死者劳动能力的价值而做出对死者收入损失的判断无论如何也都具有相当的合理性。反之，对死者收入损失进行一刀切的赔偿却找不到合理的解释。以所谓"人命平等"来主张一刀切的"平等"赔偿数额，在理论上的最大问题在于死亡补偿绝对不是命价赔偿。生命平等在法律上的解释应当是，受害人因其遭受侵害而产生的财产或非财产损害，均可以获得平等的实现矫正正义的机会。简言之，就是使法律视野中程度殊异的各种损害均能获得与其相称的赔偿。一个生命的陨落给其曾处的社会关系带来的裂痕和伤害都是现实和充满个性的，给第三人带来的损失和伤害也是现实和充满个性的。死者因劳动能力的差异而产生的收入损失的差异必然要反映到死亡赔偿金的数额上。第三人可以要求与损害相适应的赔偿，但是没有理由要求统一的绝对数额。整齐划一的收入损失标准实际上是在分配正义的理念下不顾生命消逝带来的现实损害程度而实行的"社会救灾"。可见，在人命平等基础上实行的统一赔偿标准，实际上是忽略了现实的个体差异，以形式上的平等掩盖了实质上的不平等。因此，这种"一刀切"式的赔偿同样在正当性和合理性方面面临着考量与质疑。

现行法律和实务以城乡为标准进行区分同样不是一个合理的选择。在采继承主义的《关于人身损害赔偿的解释》分别以"城镇居民人均可支配收入"和"农村居民人均纯收入"为基准计算死亡赔偿金的所谓"定型化赔偿和客观计算的方式"，完全可以被看做是：不惜违背矫正正义，忽略当今社会城镇居民、农村居民各自相互之间的差异而凸显城乡差异，致使死亡补偿金在城镇居民和农村居民之间呈现巨大反差的做法。这也是"同命不同价"遭到质疑和非议的原始肇因。

所以，目前的司法解释中所采用的以受害人城市和农村户籍为区分标准的做法是不能接受的，我国城乡差别是客观存在的，但是，侵权法所规制的内容是一个一个具体的受害人和加害人。在现实生活中，具体到某一个具体的人时，城市居民的收入不一定比农村村民的收入高，劳动能力也不一定更强。尤其是大城市的近郊与城市居民的生活水平相差无几。而且另一个重要的方面是，城乡二元结构和户籍制度是我国的历史遗留问题，户籍制度是行政法概念，本身是身份制度，体现的是不平等的当事人地位，不能以此来规范民事制度。

在《侵权责任法》制定过程中，一直试图解决"同命不同价"问题，有建议意见便认为应该在第 18 条增加这样的规定："死亡赔偿金一般按照国家上年度城镇职工年平均工资乘以 15 年计算。具体数额根据受害人年龄、收入状况等因素可以适当增加或者减少。赔偿死亡赔偿金的，不再计算精神损害赔偿。"显然这种规定是为解决"同命不同价"问题所做的努力，但稍作分析就会发现，在这个规定下不同的人死亡时，赔偿的结果仍然是不同的。而且，该规定显然将精神损害与生命损害的赔偿混为一谈，或者说将精神损害赔偿并入死亡赔偿之中了。最终该条被删除；而第三稿又在第 17 条规定：因交通事故、矿山事故等侵权行为造成死亡人数较多的，可以不考虑年龄、收入状况等因素，以同一数额确定死亡赔偿金。该条看似做到"同命同价"了，但是，法律委员会副主任李适时在对草案第三次审议稿第 17 条所作的说明认为"在同一事故造成死亡人数较多时，为便于解决纠纷，不少采用相同数额予以赔偿，草案应当根据实际做法增加有关规定"，说明该条规定是为了"便于解决纠纷"而不在于解决"同命不同价"问题。在最终通过的《侵权责任法》中，第 17 条的内容为"因同一侵权行为造成多人死亡的，可以以相同数额确定死亡赔偿金"。

　　本文认为，对于生命的救济，主要分为三部分：一是实际财产损失部分的赔偿，主要指受害人生前因医疗等支出的费用，该部分赔偿按照实际支出确定赔偿数额，损失多少，赔偿多少；二是精神损害赔偿，对于死者而言，包括其生前侵权人已承诺或起诉后被法院已判决支持的部分；也包括与死者有一定身份关系的人的精神损害赔偿；三是"死亡赔偿"，这部分应包括：①对生命丧失的赔偿。因每个人的生命只有一次，无法转让或接受，在法律上任何人的生命价值都是一样的，所以，对生命的"赔偿"都应是一致的，从便于理解角度看，此即所谓"同命同价"。②死者生前的可以获得的财产损失赔偿，这部分内容以劳动能力为请求权基础，因死者个体之间的差异，赔偿数额可能会有很大区别。对于有劳动收入来源的与没有收入来源、未成年人和完全没有劳动能力的人可以适用不同的标准。为防止巨大赔偿数额的出现，可以进行最高限额规定。③受死者生前扶养的人扶养费部分的赔偿。

　　综上，在确定死亡赔偿标准和数额时，我们不能忽略个体差异而粗暴地选择整齐划一的赔偿标准，又不能简单地以城乡二元结构作为个体差异的识别标准。那么我们是否可以考虑一个相对合理的不统一标准呢？正如上文所述，个体劳动能力的差异是现实而客观的，以此为识别标准即以死者生前的收入状况为基准计算死亡赔偿金，既兼顾了个体差异，又可以避开城乡二元标准的争议和不公，而这种不统一的标准其实也是继承主义的本来面目。

　　（三）对死者的利害关系人的法律救济

　　大多数国家的法律一致认为加害人与死者的利害关系人之间存在侵权法律关系。为了区别于死者本人这一直接受害人，人们通常把受害人利害关系人统称为间接受害人。间接受害人是直接受害人的对称，由于间接受害人受害和直接受害人受害是由同一个侵权行为引起的，因此理论上对间接受害人制度的探讨往往受到直接受害人理论的影响。有学者称，所谓间接受害人指的是，"因侵权行为致直接受害人死亡或丧失劳动能力的，而致那些正在接受直接受害人扶养的丧失接受扶养利益的人"[1]。本文认为这样的概念过于狭隘。因为除了受害人的近亲属之外，间接受害人还包括与之发生交易的第三人，如直接受害人的死亡致使其作为卖方不能按时交货从而遭受损失的买方，企业技术人员受到伤亡影响企业业务活动的正常进行从而遭受损失的企业。故而，所谓间接受害人，即指因直接受害人被侵权致死或者致残或者丧失劳动能力时，其生活或者交易受到影响的自然人或者法人。因此，死者的利害关系人可以分为两类：一是有亲属关系的利害关系人，二是没有亲属关系的利害关系人。

1. 死者利害关系人的财产损失赔偿

（1）有亲属关系的利害关系人的财产损失赔偿。近亲属是指相互间具有权利义务关系的亲属。根据最高人民法院的司法解释，其范围是：配偶、父母、子女、祖父母、外祖父母、孙子女、外孙子女和兄弟姐妹。据此，可将近亲属间的关系分成三种类型：夫妻关系、父母子女关系及亲属关系，相应的在当事人间就有三种权利义务关系：配偶权、亲权、亲属权。这三项权利可统一界定为民法上的身份权。侵害生命权的行为在使生命权人丧失生命的同时，同时也破坏了正常的亲属身份关系，直接侵害了死者近亲属的身份权，造成其精神损害和亲属身份利益的丧失，从而应承担相应的民事责任。自然人的死亡，将导致其近亲属众多费用的支出，如在死者生前为救治而支付的医疗费，在死者亡后为料理后事而支付的丧葬费。这皆为死者近亲属直接付出的物质性代价，其遭受了现实的财产损失。正如前文所述，在侵害生命权的赔偿中，对财产损害的救济可直接称之为"财产赔偿金"（具体可以包括因就医治疗支出的各项费用以及因误工减少的收入，如医疗费、误工费、护理费、交通费、住宿费、住院伙食补助费、必要的营养费等）。除此之外，

---

[1] 邵世星："间接受害人制度初探"，载《国家检察官学院学报》2001年第4期。

对于有些依靠受害人扶养的人，因为受害人的死亡而丧失扶养费来源，也属于财产损害之一种，所以《关于人身损害赔偿的解释》第28条第2款规定："被扶养人是指受害人依法应当承担扶养义务的未成年人或者丧失劳动能力又无其他生活来源的成年近亲属……"

（2）没有亲属关系的利害关系人的财产损失赔偿。没有亲属关系的间接受害人主要指的是与受害人进行交易的相对方，如合同的相对人或者当事人所在的企业。受害人生命权遭侵害而死亡的情形下，间接受害人一般只会遭受财产损失，该财产损失是否可由加害人予以赔偿，值得探讨。

在侵害生命权案件中，往往会出现一些受害人间接造成的损害，比如雇主因某一重要的雇员死亡而遭受的误工损失；或甲依赖乙的特殊技能才能完成某项工作，后因丙的侵害行为使乙死亡，甲此时所遭受的损失等。这些损害被称为纯经济损失，它是侵权法的一个新的且重要的问题。纯经济损失本来是属于财产损害一类的，但是它相对于财产损害下面的传统分类——积极损害与消极损害来说有一定的不同之处，所以在此单独讨论。关于纯经济损失，理论上有很多种定义，但对其基本的认识是：纯经济损失是受害人所直接遭受的经济上的不利益或金钱上的损失，它并非是因受害人的人身或者有形财产遭受损害而间接引起的。纯经济损失离侵害行为所导致的直接后果较远，如果对其赔偿的话，往往会使赔偿范围不当扩大，导致责任人责任过重，所以在各国的司法中原则上对其不予赔偿。但是各国仍然不断地在个案中探索对遭受纯经济损失的受害人的赔偿问题，以求能维护法律救济的公平正义。对于侵害生命权中的纯经济损失与其他的纯经济损失一样，原则上不应予以赔偿，但是正如本文在抽象标准部分论述的一样，应当在个案中探讨对扩张损害的赔偿，不能以统一的抽象标准来判断。我们认为，虽然法理上承认债（尤其是合同）具有相对性，一般情况下第三人不能成为违反债之义务的责任主体，但是如果侵权人侵犯他人生命权的目的在于使与受害人进行交易的相对方遭受损失，应当认定侵权人的行为构成积极侵犯他人债权，违背了公序良俗，这时间接受害人可以依照侵权法寻求救济。除上述情形外，其他情形下的间接受害人不能主张损害赔偿请求权，以避免加害人所承担的责任漫无边际，以致不堪重负。

2. 死者利害关系人的精神损害赔偿

有关与死者有身份关系的人的精神损害赔偿问题，将在下章专门论述。

（四）关于"撞伤不如撞死"问题的思考

生命对人而言是最为重要的，无论在实践中还是在理论上，生命权之于人的价值都远远高于身体健康权，但是依照我国现行法律规定，在侵权救济上，常常会出现侵害身体健康权的法律责任比侵害生命权更重的现象。如上所述，按照我国《民法通则》第 119 条所确定的赔偿标准，侵权行为造成受害人残废的损害赔偿数额可能远远高于其造成受害人死亡的赔偿数额，后者甚至可能仅仅是几千元钱的丧葬费而已。2003 年最高人民法院《关于人身损害赔偿的解释》对这一问题进行了一定程度的修正，分别就因伤致残和因伤死亡专门规定了残疾赔偿金和死亡赔偿金。但是，问题并没有得到解决。按照该解释中确定的新的人身损害赔偿标准，侵权行为致人死亡情形下，赔偿义务人应该赔偿的包括丧葬费、被扶养人生活费、死亡赔偿金以及受害人亲属办理丧葬事宜支出的交通费、住宿费和其误工损失等，依照法律规定，每一项赔偿内容都有明确的计算标准，其赔偿总额是可以预计的。但与之相比，因伤致残的赔偿费用则具有非常大的不可预期性，其包括医疗费、误工费、护理费、残疾赔偿金、被扶养人生活费、残疾辅助器具费等，赔偿数额可能就是一个"无底洞"；如果伤势较重，赔偿义务人赔偿的数额可能就是一个天文数字，在法院实际审判中，赔偿额上百万元的也并不少见。而且，即使赔偿义务人赔偿了以上全部款项，也并非完全没有了后顾之忧。按照法律规定，在赔偿之后，如果受害人再发生相关费用，只要能够证明是因原伤害事件而支出的，赔偿义务人还须负赔偿责任。也就是说，赔偿义务人有可能面临受害人无休止的索赔。

这种尴尬的局面，一方面使人们对于法律的规定所依据的价值基础产生了怀疑，另一方面也引发了严重的道德危机。在实际生活中，这一问题在道路交通肇事事件中尤为突出，形成了所谓"撞伤不如撞死"的潜规则。在网络上只要输入"撞伤不如撞死"进行搜索，就会有海量信息出现：①2005年2月1日，一辆白色林肯轿车在长春市亚泰大街掉头时将一名10岁女童撞倒，在女童家人和当街群众的呼叫阻拦下，林肯车不仅没有停下，反而拖着女孩行驶2000多米，导致女孩当场死亡。②2005年10月14日，一名年仅11个月的幼女，在广州市荔湾区芳村万兴街内街家门口学步时，被一部倒车的小货车撞倒压住大腿，下车查看了幼儿伤情的司机继续倒车，车轮压到幼女头部致其死亡。③2006年4月4日，台州市64岁的居民陈老太散步时，在离小区门口约5米的地方，被突然从后面开出的一辆白色"帕萨特"轿车撞倒，老人顿时被压在了车子底下。这辆"帕萨特"轿车在停了几秒后，又往后倒了一下，车轮再次从老人身上碾过。这时司机并没有停下车子，反而往前开，后面的两个车轮再次从老人身上压过。接下来发生的一幕更让人震惊，轿车司机再次踩上油门往后倒车并碾过受害者，随后又一次往前开，无情的车轮第五次重重地碾过了老人的身体。肇事司机这时才下了车，察看伤者的情况。事发约3分钟后，肇事司机报了警。伤者在被送进医院后不治身亡。④2006年4月10日，四川新津县县城内，邵大爷抱着孙女沿着武阳西路往金三角广场方向步行，被一辆桑塔纳从身后撞倒在地，其副驾驶位置的一名男子伸出头看了看地上的老人，却没有下车。很快，桑塔纳往后倒车，不顾当街群众呼叫，径直退向倒在地上的老大爷。邵大爷被再次碾压，抢救无效死亡。⑤2006年12月20日，四川一名3岁的男孩参加外公寿宴时溜出玩耍，在宾馆大门处被一辆奔驰车撞倒。奔驰车内当时坐了四个人，两名中年男子从驾驶室和副驾驶位置下车查看后，再次上车，倒车从孩子身上碾压过去，造成其颈椎粉碎性骨折，不幸当场身亡。后来，该车下来的另一男子对身旁的人说："不怕，反正车子买了保险的。"[1]

这种现象的普遍存在促使立法、司法和法学研究必须进行深入分析，并找出解决问题的基本思路。

1. 两类赔偿对象的比较

死亡赔偿和伤残赔偿的比较并非直接对应生命损害与身体健康损害的比较。正如前文所述，致人死亡的侵害，既有对受害人生命权的侵害，又有对其近亲属财产和精神的侵害，死亡赔偿金存在于死者和加害人之间，应采继承主义，由死者的继承人行使赔偿请求权。伤残赔偿权利主体主要是身体健康受有损害的伤残者本人。死者遗属和伤残者遭受的两种损害的性质和表现形式是不同的，遗属自身并没有受到身体健康的伤害。简言之，死亡赔偿数额和伤残赔偿数额的比较并不是生命利益和身体健康利益（或劳动能力丧失）的比较。两种损害的性质和内容并不相同，缺少可比性。因而实质上，在赔偿理论上推不出死亡赔偿数额应高于伤残赔偿数额的结论。

2. 赔偿项目和赔偿期限的比较

（1）赔偿项目的比较。2003 年最高人民法院《关于人身损害赔偿的解释》第 17 条规定："受害人遭受人身损害，因就医治疗支

---

[1] 这些案例均来源自网络新闻：①参见张田勘："林肯撞死人，'撞伤不如撞死'心态从哪来？"，搜狐新闻，http：//news. sohu. com/20050207/n224270037. shtml，访问日期：2019 年 10 月 18 日。②参见"如何遏制'撞伤不如撞死'"，搜狐新闻，http：//news. sohu. com/20060411/n242752829. shtml，访问日期：2009 年 10 月 28 日。③参见"浙江一六旬老太遭帕萨特倒车撞到反复碾压惨死"，搜狐新闻，http：//news. sohu. com/20060405/n242657123. shtml，访问日期：2019 年 10 月 18 日。④参见"肇事司机撞倒老人，又倒车将正挣扎老人轧死"，搜狐新闻，http：//news. sohu. com/20060411/n242746356. shtml，访问日期：2019 年 10 月 18 日。⑤参见"奔驰车撞倒 3 岁男孩 查看后倒车将其碾死"，搜狐新闻，http：//news. sohu. com/20061221/n247172322. shtml，访问日期：1019 年 10 月 18 日。

出的各项费用以及因误工减少的收入，包括医疗费、误工费、护理费、交通费、住宿费、住院伙食补助费、必要的营养费，赔偿义务人应当予以赔偿。受害人因伤致残的，其因增加生活上需要所支出的必要费用以及因丧失劳动能力导致的收入损失，包括残疾赔偿金、残疾辅助器具费、被扶养人生活费，以及因康复护理、继续治疗实际发生的必要的康复费、护理费、后续治疗费，赔偿义务人也应当予以赔偿。受害人死亡的，赔偿义务人除应当根据抢救治疗情况赔偿本条第 1 款规定的相关费用外，还应当赔偿丧葬费、被扶养人生活费、死亡补偿费以及受害人亲属办理丧葬事宜支出的交通费、住宿费和误工损失等其他合理费用。"

　　据此对死亡赔偿的项目和伤残赔偿的项目进行比较，可以发现：除了医疗费、误工费、护理费、交通费、住院伙食补助费、营养费等常规项目的规定一致外，二者对扶养费也作了一致的规定。不同之处在于：死亡赔偿中有丧葬费、死亡补偿费以及受害人亲属办理丧葬事宜支出的交通费、住宿费和误工损失等其他合理费用。伤残赔偿中有残疾赔偿金、残疾辅助器具费、被扶养人生活费，以及因康复护理、继续治疗实际发生的必要的康复费、护理费、后续治疗费。其中，死亡补偿费（即死亡赔偿金）和残疾赔偿金的赔偿标准相同，特别是在伤残者完全丧失劳动能力的情形，残疾赔偿金和死亡补偿金在赔偿数额上别无二致。同时，常规项目不是死亡赔偿的必赔项目。在被害人当场死亡的情形，常规项目一般不会产生。非当场死亡的情形也是根据抢救治疗的情况赔偿相关常规费用，而这笔费用通常不及伤残情况中常规项目的费用赔偿。丧葬费以及被害人遗属办理丧葬事宜支出的交通费、住宿费和误工损失等其他合理费用通常都是有严格限制的，在最终的赔偿结果上不会是一个大数目的赔偿。而伤残赔偿中仅常规项目就是一笔不小的开支，而残疾辅助器具费、被扶养人生活费，以及因康复护理、继续治疗实际发生的必要的康复费、护理费、后续治疗费更被很多人称为"天价赔偿"。如此一来，伤残者和死亡者遗属间存在损害形式和内容不同的事实基础，伤残赔偿数额和死亡赔偿数额之间的距离就拉大了。

（2）赔偿期限的比较。根据最高人民法院《关于人身损害赔偿的解释》第32条规定："超过确定的护理期限、辅助器具费给付年限或者残疾赔偿金给付年限，赔偿权利人向人民法院起诉请求继续给付护理费、辅助器具费或者残疾赔偿金的，人民法院应予受理。赔偿权利人确需继续护理、配制辅助器具，或者没有劳动能力和生活来源的，人民法院应当判令赔偿义务人继续给付相关费用5至10年。"因而伤残者初次起诉请求人身损害赔偿的判决数额并不是终局性的判决。实际赔偿额和赔偿期限会根据伤残者的治疗需要和身体康复状况的变化而变化。而在死亡赔偿上，除了扶养费可以定期支付外，死亡赔偿金和精神损害赔偿金是一次性赔偿的。

通过死亡赔偿和伤残赔偿的比较，伤残赔偿的赔偿项目多于死亡赔偿的赔偿项目，而且存在因赔偿期限不确定导致后续仍要不断赔偿的情形。这样的法律规定，的确会出现伤残赔偿的数额远高于死亡赔偿数额的现象。无论是赔偿数额还是赔偿期限对于致人伤残的侵权人来说都有较大的不确定性，这种不确定性就表现在伤残者可能面临的长期治疗上，这对于侵权人的心理承受力也是一个极大的考验。但是，问题的根本不在于死亡赔偿制度和伤残赔偿制度规定本身的内容结构的不合理。伤残赔偿是伤残者本人因自己身体健康受到损害而要求的治疗费、残疾器具费、护理费等费用和收入损失以及其他必要生活开支的赔偿，其中的每一个赔偿项目都是伤残者接受治疗、维持生命、恢复健康、开展生活所必须的。而在未来的日子里，赋予伤残者根据自身的治疗和恢复情况向侵权人要求追加赔偿金的权利，实质上也是对生命利益的保障和尊重。

（3）法律约束和道德约束的交锋。通过上述比较，本文得出的结论是死亡赔偿的数额并不应该必然高于伤残赔偿。实务中至今为止没有统计出伤残赔偿的最高数额是多少，也不能预料以后的伤残赔偿数额就一定不会超出这个水平。死亡赔偿是一次确定的赔偿，伤残赔偿是不确定的赔偿，并且有可能伴随伤残者直到生命的终点。在2003年《最高人民法院关于审理人身损害赔偿案件适用法律若干问题的解释》出台之前，死亡赔偿所有项目的总额远低于伤残赔偿（以交通肇事致人伤残情形为多）的项目之和。但是在《道路交通安全法》及其实施条例以及2003年最高人民法院相关司法解释施行后，交通事故的人身损害赔偿以该司法解释为依据确定赔偿项目和赔偿标准，死亡赔偿数额已在原有的《道路交通事故处理办法》基础上提高了一倍。

　　有意见认为"撞伤不如撞死"的形成主要由于死亡赔偿总额偏低，因而建议在精神损害的赔偿上，致人死亡的精神损害赔偿应该远高于致人伤残的精神损害赔偿，以平衡死亡赔偿和伤残赔偿的数额，从而对"撞伤不如撞死"的现象产生影响。伤残者长时间伴随着身体上的疼痛感、不适感，以及可能产生的焦躁心理，他们忍受着肉体和精神的双重折磨，受到终身性损害的伤残者更是如此。在某种意义上，伤残者的精神损害比死者遗属的纯精神痛苦在持续时间上更为长久，在痛苦程度上更为严重。而且将死亡的精神损害赔偿额提高到怎样的程度才合适，也是一个难题。按照已有的对于死亡赔偿总额和伤残赔偿总额计算结果的比较，如果试图通过平衡赔偿数额的方式减少"撞伤不如撞死"现象，就须大幅度提高对死亡案件的精神损害赔偿金数额。但这种人为的大幅度提高致人死亡的精神损害赔偿额的做法并不符合法律公平正义的理念，它不能找到一个合理的理由填补死者遗属与伤残者在精神损害上存在的巨大的差距。因此，以精神损害的高额赔偿抗衡"撞伤不如撞死"的潜规则缺乏一定的法理支持和可行性。除此之外，还有一个目前无法操作的原因：交通肇事一旦进入刑事领域，刑事附带民事人身损害赔偿的审理上对被害人的精神损害赔偿要求并不支持。

　　也有不少意见分析，除了死亡赔偿可能远低于伤残赔偿外，肇事者还可能存在一种侥幸的心理：要么"人不知鬼不觉"地撞伤再碾死被害人后逃逸，要么"争取"一个"交通肇事过失致人死亡罪"，即逃避故意杀人罪的制裁。因为，第一种做法既有机会脱罪又可以不予赔偿；第二种做法，两罪在量刑上差别很大。这再次说明"撞伤不如撞死"潜规则的形成可能不仅仅是一个法律的问题，还是一个基本的道德责任感缺失的问题。同是撞伤人的肇事，其中还是有不少及时将伤者送往医院展开施救的。而在同样的法律制约环境中，即死亡赔偿、交通肇事过失致人死亡罪和故意杀人罪的法律约束下，不同的人却有着不同的抉择，救人还是杀人，拷问的是肇事者的良心。

我们还可以考虑是否可以借鉴惩罚性赔偿的原理，对侵害生命权的损害赔偿数额进行扩充，进而缩小致人死亡和致人伤残的损害赔偿在结果上的差距。本文虽然不赞成在民事侵权的损害赔偿中增加惩罚性赔偿的规定，但是，面对诸如所举案例中发生的情形，确定肇事者在驾车撞伤人后，不及时施救，反而继续实施侵权行为致人死亡的，在原死亡赔偿额的基础上，对肇事者再课以几倍于原赔偿总额的惩罚性赔偿金，这样做的确可以使死亡赔偿总额超过严重伤残情形的赔偿总额。但是将"惩罚性赔偿金"纳入死亡赔偿制度以大幅提高肇事者撞人后进行杀人行为的赔偿数额来"换取"和"督促"肇事者的良心和责任感，将可能是死亡赔偿制度的无奈之举。一是惩罚性赔偿金的适用，违反了民法侵权赔偿填补实际损害的原则。民事侵权的损害赔偿以补偿实际损失为旨，不具有惩罚性，更不主张当事人间运用私罚；二是如果惩罚性赔偿金归属于被碾压者的遗属，那么有可能造成其他情形死亡赔偿事件中的死者遗属在接受相对偏低的赔偿金时心理不平衡；三是交通肇事情形惩罚性赔偿金适用的影响还有可能扩大到其他侵权人主观恶性极大的生命损害赔偿事件，此时又应该如何对惩罚性赔偿金的适用进行稳妥的控制。这些都是需要慎重思考和研究的问题。而我们始终认为"撞伤不如撞死"的问题不是死亡赔偿制度本身能够解决的，即不是仅靠死亡赔偿额的大幅度提高就能够根本解决的，甚至不是民法本身所能够解决的；如果刑事法律对于为逃避赔偿而故意"撞死"

行为不仅处以重刑，还施以罚金刑，可能会是一个有效的解决方式。

三、侵害身体健康权的救济制度

（一）侵害身体健康权的救济概述

如前所述，身体权是自然人维护其身体组织器官的完整性并支配其肢体、器官和其他身体组织的权利。从权利内容上分析，身体权所要保护的是自然人对于自己身体的完满状态，包括生物意义上的完满状态和观念上（法律上）的完满状态。如前所述，身体是生命和健康所附着的载体，无身体也就无所谓生命、健康，无生命之躯体则为尸体。身体、生命和健康为自然人之最根本利益，是人之所以为人并进而成为法律主体之根基。[1] 健康权是自然人享有的以其身体的生理机能和持续、稳定、良好的心理状态为内容的人格权利。身体权与健康权是既有区别又有密切联系的两种人格权，但是，除人身自由内容外，在权利救济方面，区别身体权与健康权的意义不大。在讨论对身体权和健康权进行救济的问题上，主要的不是比较二者的异同，而是探讨损害赔偿的性质、范围和赔偿权利人的范围。奥地利民法典第 1325 条则直接使用了"身体健康"，而没有区别身体权与健康权，其条文中使用的"身体伤害"就包含了德国学者所讨论的身体伤害和健康损害两个方面。奥地利学者将身体伤害理解为一切对身体或精神健康或身体完好性的不利影响，不以外在的可以看见的伤害为前提，导致任何疾病——包括神经系统的损害都构成身体伤害。[2] 在我国的立法上，作为救济条款的《民法通则》第 119 条也没有明确区分身体权与健康权，而是一体规定的：侵害公民身体造成伤害的，应当赔偿医疗费、因误工减少的收入、残废者生活补助费等费用。

---

〔1〕 梁慧星：《民法总论》，法律出版社 2017 年版，第 93 页。

〔2〕 ［德］克雷斯蒂安·冯·巴尔：《欧洲比较侵权行为法》，焦美华译、张新宝审校，法律出版社 2001 年版，第 80 页。

人格权及其救济制度研究

另外，各国法律在对身体、健康利益救济时，除损害赔偿外，虽然均没有特别规定，但在具体实践中被当然适用的救济方式还包括：停止侵害、恢复原状、消除危险，在我国也当然还包括赔礼道歉等。对此类救济方式，本节不做具体讨论。

（二）我国法律确定的侵害身体权、健康权的赔偿范围

如前所述，我国对于身体权、健康权的救济制度中，涉及赔偿项目的规定，各种法律规范、行政规范以及司法解释等都不统一，这种现象直到 2003 年最高人民法院《关于人身损害赔偿的解释》出台，才暂告一段落。根据该解释，因侵权行为遭受身体权、健康权损害的，受害人有权针对下列费用请求赔偿：因就医治疗而支出的各项费用和因误工减少的收入，具体包括：医疗费、误工费、护理费、交通费、住宿费、住院伙食补助费、必要的营养费；在造成不能恢复原状的残疾时，受害人可以请求赔偿的项目还包括：残疾赔偿金、残疾辅助器具费、被扶养人生活费等因增加生活上需要所支付的必要费用以及因丧失劳动能力导致的收入损失；如果受害人还需要继续进一步康复、治疗，因此而发生的必要康复费、护理费、后续治疗费也属于赔偿范围。除此之外，涉及造成伤残后的精神损害赔偿项目时，该解释第 18 条第 1 款规定："受害人或者死者近亲属遭受精神损害，赔偿权利人向人民法院请求赔偿精神损害抚慰金的，适用《最高人民法院关于确定民事侵权精神损害赔偿责任若干问题的解释》予以确定。"而依据《关于精神损害赔偿的解释》第 9 条的规定，精神损害抚慰金包括：致人残疾的，为残疾赔偿金。

从上述规定看，我国对于身体权、健康权赔偿方面的保护是比较完善的。赔偿范围的规定体现了全部赔偿原则。

（三）残疾赔偿金的内容及范围

侵害身体健康权从损害后果看，可能有两种情况：其一，受害人身体受到侵害，并未造成残疾；其二，身体受到侵害并造成了残疾。在司法实践中，对于前者称一般伤害，指经过治疗能够恢复原

状的伤害，对于后者称为伤残，指造成的身体伤害不能恢复原状的情形。对于一般伤害，依据《侵权责任法》第 16 条规定和最高人民法院《关于人身损害赔偿的解释》第 25 条规定，受害人有权请求必要的医疗费、住院费、伙食补助费、必要的营养费、护理费、治疗期间的交通费、误工费等，但不能请求残疾赔偿金。对于伤残后果，受害人除可以请求赔偿上述费用外，还有权请求残疾赔偿。这种规定与《民法通则》第 119 条规定的身体、健康受到侵害的，赔偿的范围仅为"医疗费、因误工减少的收入、残废前生活补助费"有明显区别，与原《道路交通事故处理办法》第 37 条和《产品质量法》第 44 条规定的"残废者生活补助费"是否相同也不明确。残疾赔偿金到底属于对什么损害的赔偿，赔偿范围有多大等问题都是值得讨论的。

残疾赔偿，是指加害人侵害受害人身体、健康，导致受害人伤残的损害后果时所应承担的一种法律责任。

作为财产赔偿的一种，残疾赔偿金是对什么的赔偿，理论上有三种观点：

第一，收入丧失说。依此说，残疾赔偿金的目的在于填补受害人因侵权行为遭受身体损害而导致的实际收入减少，损害赔偿额即是受害人遭受伤害前后的收入差额，此说也被称为"差额说"、"所得丧失说"。因此，如果受害人虽然丧失或者减少劳动能力，但是没有遭受实际损害，或者受伤前后的收入并无差别时，不得请求加害人承担赔偿责任。德国民法典第 843 条第 1 项规定："因侵害身体或者健康，致使受害人的从业能力丧失或减弱，或其需要有所增加的，必须通过支付金钱定期金向受害人给予损害赔偿。"其中的"从业能力"，学者认为"并非是指受害人在遭受损害之前已经具备的抽象的一切为谋生之能力，而是以于受伤害前已具体行使，或依其情事及事物自然之经过，应认定于将来可行使者为限"[1]。

---

〔1〕 史尚宽：《债法总论》，中国政法大学出版社 2000 年版，第 217 页。

第二，劳动能力丧失说。该说认为，受害人因身体或健康受到侵害以致完全或部分丧失劳动能力本身就是一种损害，并不限于现实收入的损失。劳动能力虽然并不像一般财物那样具有交换价格，但劳动能力也是完全可以买卖的，工资就是其对价。因此劳动能力属于一种人力资本，部分或完全丧失劳动能力本身就构成了一种伤害。个人实际所得额只是对劳动能力损害程度进行确定时的一种参考因素。因此，未成年人、失业人员以及家庭主妇在遭受侵害以致部分或完全丧失劳动能力的时候，也有权要求加害人承担赔偿责任。[1]

第三，生活来源丧失说。该说认为，受害人劳动能力丧失与减少，必致其生活来源丧失，因而应当赔偿受害人一定的生活补助费，使其生活来源能够恢复。赔偿所救济的既不是劳动能力的丧失，也不是受害人致残前后的收入差距，而是受害人致残前后生活来源的差额。[2]

比较三种学说可以看出，因侵权行为导致受害人伤残，其直接的后果是受害人劳动能力的丧失或降低，至于生活来源丧失、收入丧失其实都是劳动能力丧失的一种后果而已，而劳动能力丧失的后果并非只是生活来源丧失，或者仅为收入丧失。所以，以劳动能力丧失来确定残疾赔偿金性质是最合理的。依据学者的考察，劳动能力丧失说为英美法系侵权法所普遍采纳，日本侵权法中，原先较多地采纳所得丧失说，现今的判例与学说多采纳劳动能力丧失说。[3]我国民法中，有关残疾赔偿金的性质问题，在《关于精神损害赔偿的解释》中被最高人民法院定性为"精神损害赔偿"范围；而《关于人身损害赔偿的解释》则认为残疾赔偿金是对受害人因身体

---

〔1〕 曾隆兴：《现代损害赔偿法论》，台湾泽华彩色印刷事业有限公司1988年版，第196~197页。转引自张新宝：《侵权责任法原理》，中国人民大学出版社2005年版，第490页。

〔2〕 杨立新：《侵权法论》，吉林人民出版社2000年版，第637页。

〔3〕 张新宝：《侵权责任法原理》，中国人民大学出版社2005年版，第490页。

或健康受到侵害后以致全部或部分丧失劳动能力的损害赔偿，属于财产损害赔偿。这种变化说明在我国的司法实践中，残疾赔偿金与精神损害赔偿金是有区别的。残疾赔偿属于对于受害人所失财产利益的赔偿，而精神损害赔偿则属于对非财产的赔偿。这种变化同时也说明我国加强了对身体权、健康权的保护，除了财产上的赔偿外，受害人还可以独立请求精神损害赔偿。因此，我国现在的通说是劳动能力丧失说，原最高人民法院副院长黄松有在对此进行解释时认为：关于残疾赔偿采取劳动能力丧失说。劳动能力丧失说是根据残疾等级抽象评定劳动能力丧失程度，并以此作为评价受害人利益损失的学说，与"收入丧失说"是相对的；依据"收入丧失说"，只有实际取得收入的受害人才会有收入损失，也只有实际减少收入的人才存在收入损失，未成年人、待业人员都不存在收入损失，因此不能获得赔偿，这显然是不合理的。因此，通常都以"收入丧失说"结合"劳动能力丧失说"作为评价残疾赔偿的理论依据。《人身损害赔偿解释》以"劳动能力丧失说"为原则，同时也综合考虑收入丧失与否的实际情况，以平衡当事人双方的利益。[1]

（四）精神损害赔偿

对于因侵权造成伤残后果的，法律赋予受害人本人精神损害赔偿请求权现在已无争议，但是，与受害人有一定亲属身份或某种重要感情关系的人是否具有精神损害赔偿请求权则是不明确的，理论上也有不同意见。从最高人民法院《关于精神损害赔偿的解释》的规定和《关于人身损害赔偿的解释》第18条规定精神看，在身体、健康权受到侵害时，只有受害人本人被法律赋予精神损害赔偿请求权，这种观点是值得商榷的。精神作为一项独立的利益，受到损害时自应作为一种独立的损害类型予以救济；因生命权受到侵害而导致与其有一定身份关系的人受有精神损害也是不争的事实，对这种

---

〔1〕　黄松有："就《最高人民法院关于审理人身损害赔偿案件适用法律若干问题的解释》答记者问"，载《人民法院报》，2003年12月30日。

第三人的精神损害我国的上述两个司法解释都是予以承认并支持的。但是，在侵权行为造成受害人伤残时，对于与受害人有一定身份关系的人同样也会造成精神损害，而基于这一损害的赔偿请求却得不到支持，这种做法是没有道理的。针对损害赔偿范围可能过大的顾虑，应该通过立法和司法限制方式解决，而不能以牺牲法律公平为代价。有关身体、健康权受到侵害的精神损害赔偿问题，在下面章节中详细论述。

第三节　精神性人格权救济制度

一、精神性人格权的概述

精神性人格权是与物质性人格权相对应的概念，是指"不以具体的物质性实体为标的，而是以抽象的精神价值为标的的、不可转让的人格权"。[1] 精神性人格权以人格的精神性要素为其权利客体。而按照各种精神性人格要素的不同性质，精神性人格又可以分为标记表彰型人格权、自由型人格权、尊严型人格权等多种类型。我国现行人格权体系中的姓名权、肖像权、名誉权、荣誉权即属于精神性人格权，其中前两者属于标记表彰型人格权，后两者则属于尊严型人格权。一方面，由于人的精神生活日渐丰富，这一分支的成员众多，可以说相对于人的丰富的精神生活，我国人格权体系的构建远未完善，甚至许多在理论上已经比较成熟的人格权，如隐私权、贞操权、自由权、信用权等都没有得到法律或者司法解释的明确承认。另一方面，精神性人格权还是一种处在不断发展中的具有开放性的人格权，许多权利类型在当今社会中正处于成长发展期，如人格要素的商品化权等等。对于这些法律明确规定之外的人格利

----

〔1〕　王利明：《人格权法研究》，中国人民大学出版社 2005 年版，第 44 页。

益，法律不能放任不管，任人索取。对于那些在理论与司法实践中已臻成熟的人格法益，立法上应该大胆承认；对于那些尚未成熟的人格法益，学术界则应该加强研究，司法实践中也应该不断积累经验，并可以先通过司法解释等形式对这些法益进行规范与调整。对法律列举之外的人格利益救济问题的具体分析，笔者将在下一节中详细阐述。

与上文所述的物质性人格权相比，精神性人格权有些不同：第一，物质性人格权具有鲜明的固有性和专属性，与主体的自然存在或法律存在相伴始终，而无须通过主体的行为获得，并且其与权利的主体不可分离，不可转让，因此，物质性人格权不能够商品化。而精神性人格权虽然也有着一定的固有性，但并不如物质性人格权那样鲜明，精神性人格权的某些权能是可以转让的，比如肖像使用权，因此，许多精神性人格权是可以商品化的。第二，物质性人格权不得克减（权利克减，是指在特殊情况下对权利的限制和减少），物质性人格权尤其是生命权，是人之所以为人的基本条件，因此是不得克减的。而精神性人格权尤其是隐私权，在社会紧急状态威胁到国家安全并经正式宣布时，可以作出适当的克减。

由于物质性人格权和精神性人格权存在上述的区别，所以二者在法律救济方面呈现出不同的特色。对物质性人格权的救济主要是物质性的损害赔偿，如治疗费、丧葬费、误工费的赔偿，对于此种损害的赔偿是可以法定化的。而对精神性人格权的救济主要是精神损害赔偿，还包括恢复名誉、消除影响等特殊的救济手段，并且对于精神损害赔偿很难在法律上界定一个统一的赔偿标准。从精神性人格权的特点分析，其救济途径是通过使侵权人承担财产责任、非财产责任和精神损害赔偿责任三种责任方式实现的。

（一）非财产性责任

针对物质性人格权的侵害大多采用物理性的人身伤害等方式，其损害结果主要是财产损失和生理上的疼痛等。侵害物质性人格权多表现为这些权利的物质载体受到了损害，受到损害的人身利益最终都表现为财产上的损失和精神上的痛苦，因此，对物质性人格权的救济以财产上的救济方式为主。而针对精神性人格权的侵害方式则多种多样，其损害后果往往不涉及生理上的痛苦，此时，非财产性的救济方式就具有重要的意义。

我国《民法通则》第 120 条第 1 款规定："公民的姓名权、肖像权、名誉权、荣誉权受到侵害的，有权要求停止侵害，恢复名誉，消除影响，赔礼道歉，并可以要求赔偿损失。"其中的"停止侵害、恢复名誉、消除影响、赔礼道歉"属于精神性人格权的非财产性救济方式。

1. 请求停止侵害的救济方式

当民事主体的人格权正在遭受侵害的情况下，权利人可以要求行为人停止侵害。由于针对人格权的侵害能够造成难以挽回的损害后果，所以一旦发生损害，为了防止损害的进一步扩大，有必要及时制止损害。尤其是在网络昌盛的现代，信息传播的范围和速度远胜于传统媒介，由此造成的损害后果也非常严重，因此有必要赋予当事人停止侵害的请求权以及时制止侵害行为。停止侵害这一救济方式，当事人可以直接向不法侵害人提出请求，也可以向人民法院提出请求，还可以向行政机关提出请求。请求停止侵害行为人寻求行政保护的基础在于民事主体人格权的享有和行政机关保护公民人格权的职责。并且，行政保护较司法保护更为便捷，有利于对权利人利益的紧急保护，只是为了避免行政机关滥用职权或者损害请求权人以外主体的权益，法律应明确行政机关保护公民人格权的条件和程序。与物权请求权和知识产权请求权一样，人格权上的停止侵害请求权也不以实际造成损害为前提条件，而是以恢复人格权的圆满状态为行使的目的。当加害人正在对受害人实施侵害时，受害人得依法请求停止侵害。停止侵害适用于各种正在进行的侵权行为，对于已经终止和尚未实施的侵权行为，不适用停止侵害的救济方式。停止侵害的请求权由权利受到侵害的当事人或者其监护人、利害关系人提出。这种请求首先可以直接向加害人提出，以图迅速、及时制止侵害行为，防止损害后果的扩大；其次也可以直接向人民法院提出，请求加害人停止侵害。在诉讼实践中，人民法院得依当事人的申请或依职权先行作出停止侵害的裁定。停止侵害可以单独适用，也可以与其他承担侵权的民事责任的方式合并适用。如果侵害尚未造成任何实际损失，可以单独适用停止侵害；如果侵害行为已经造成财产损失或者精神损害，停止侵害可以与赔偿损失或者其他民事责任方式合并适用。

2. 请求恢复名誉、消除影响、赔礼道歉的救济方式

恢复名誉、消除影响、赔礼道歉一般是恢复对名誉、隐私、人格尊严和人格自由等人格利益的圆满状态的非财产性救济手段。请求恢复名誉，一般适用于名誉权和信用权受侵害的情形，但是，在侵害隐私权等情形下，常常伴有名誉权的损害，故此时也可以请求恢复名誉。加害人的行为侵害他人人格权，在一定范围内造成了不良影响，有损受害人名誉的，受害人得请求消除影响、恢复名誉。消除影响、恢复名誉是承担侵权的民事责任的方式之一。一般而言，这种方式适用于侵害他人名誉、隐私、姓名、肖像等方面人格权的侵权行为，尤其适用于侵害他人名誉权的行为。史尚宽先生指出："名誉回复之方法，或令于报纸刊登谢罪广告，或令于法庭当面谢罪，或令提出谢罪文状。其不法由社团被除名者，令其为除名之撤销，或令关系人为撤销之通知，或令于一定场合为撤销公告之回复之方法及范围，依被害人之申请及法院之裁量而定。"[1]

消除影响、恢复名誉可以采用书面形式，也可以采用口头形式。一般说来，消除影响、恢复名誉都应当是公开进行的，其内容须事先经过人民法院审查。恢复名誉、消除影响的范围，一般应当与侵权行为造成不良影响的范围相当。在侵害名誉权的案件中，侵权行为人拒不执行生效判决，不为受害人消除影响、恢复名誉的，人民法院可以采取公告、登报方式，将判决的主要内容和有关情况

---

〔1〕　史尚宽：《债法总论》，中国政法大学出版社 2000 年版，第 213 页。

公之于众，达到消除影响、恢复名誉的目的；公告、登报的费用由加害人承担。消除影响、恢复名誉可以与赔礼道歉合并适用。如果侵害名誉权的行为给受害人造成财产或者精神损害的，该民事责任方式还可以与赔偿损失合并适用。如果加害行为处于持续状态，该民事责任方式还应当与停止侵害合并适用。

消除影响、恢复名誉既是对受害人外部名誉受到损害的救济，也是对受害人内部名誉受到损害的救济。赔礼道歉也是抚慰受害人或其亲属精神损害的一种救济方式，同样也是恢复受害人亲属对自己人格利益圆满状态的方法。赔礼道歉是道德家和法官共同的选择。但道德家与法官对道歉关注的侧重点不同。道德家考虑的是道歉如何抚平侵害人的良心不安；法官考虑的是如何补偿受害者的名誉损失，如何通过强制性道歉对侵害人加以惩罚。虽然道歉源于侵权者的良心，主要是自向关注，但在客观上，道歉具有补偿受害者名誉损失、恢复受害者道德地位、发泄受害者愤恨情绪的他向效果。在强调正义的法律语境里，法律关注的是补偿受害者的损失从而实现校正正义，法律并不关心侵害者的道歉是否发自内心、是否自愿。即使侵害者不愿意，法律也要强制他向受害者作出道歉。在此意义上，赔礼道歉对侵害者来说是一种惩罚。当然，如果侵害者受良心驱使而道歉，道歉对侵害者来说就不是惩罚而是对自己灵魂的解救，是对负罪感的摆脱。显然，法律有时并不考虑侵害者道歉的自向性。正因为如此，民事赔礼道歉具有一般道歉功能的同时，也被赋予一般道歉所不具备的特殊功能：对受害人来说，赔礼道歉具有心理补偿功能；对侵害人来说，赔礼道歉具有自我补偿和道德恢复功能；对于社会来说，赔礼道歉具有道德整合、法律权威再建功能，具有惩罚和教育功能。赔礼道歉能满足社会和受害人的惩罚和报复欲望，这是其他制裁措施所不能替代的。比如，一个教师在学校曝光学生的早恋日记，法律的救济办法是让教师在全校向这个学生公开道歉。教师的道歉是否真诚是次要的，关键是在公开场合，法律的强制性营造了一种惩罚氛围，教师的道歉会使得他感到羞愧，同时，受到伤害的学生也因此而重新获得自尊。在此意义上，强制性道歉具有惩罚功能。它是针对侵权行为的道德谴责。这种强制性道歉比罚款或罚金更能治愈社会和受害人的道德创伤。对于一个财大气粗的侵权行为人来说，强制性道歉比承担损害赔偿金更有威慑力。我们认为，赔礼道歉责任形式在人格权救济制度上，应当具有普遍适用性。

另外，赔礼道歉、恢复名誉、消除影响的主张及完成并不能使人格权恢复到原有的状态，只有使受害人不同程度地平复其精神创伤的作用，也体现为侵权行为受到否定性评价。它所修补的，并非受到侵害的人格权本身，而是人格权人的精神创伤。它类似于精神损害赔偿的作用。就此看来，不宜把赔礼道歉作为人格权的请求权。恢复名誉、消除影响的请求权，直接针对的是受到损害的人格权本体，人格权人的精神创伤因此得到平复，系其反射作用。只要是理性人，就应当因其人格权恢复如初而消除其心头的不快，从而其精神创伤得到平复；而非其人格权因侵权行为而伤痕累累，其人却早已心旷神怡。所以说，恢复名誉、消除影响的请求权直接的功能，是使受害人受到损害的人格权恢复到原有的状态。如此，可以说这两项属于人格权的请求权，类似于物上请求权中的排除妨害请求权和消除危险请求权。

除了《民法通则》和《侵权责任法》所规定的四种非财产性救济手段之外，学理上还存在着请求消除危险的救济方式。请求消除危险，又称防止妨害请求权或防止侵害请求权，是指侵害尚未实际发生，但是具有发生的可能性，在未来可能造成侵害时，权利人有权请求予以消除和预防未来侵害的发生。消除危险的请求权要求侵害人实施了某种行为，虽然没有造成实际损害，但存在发生损害的极大可能性，即存在"不法妨害之虞"。消除危险的请求权，当事人可以直接向对方当事人行使，也可以向法院或行政机关提出请求。消除危险的请求权，并不以损害结果为要件，而是一种预防性的保护措施，一般适用于情形紧迫、需要快速保护，否则可能造成无法恢复的损害结果的情形。

综上所述，对于精神性人格权而言，非财产性的救济方式是不可或缺的保护手段。与物权相比，人格权的一个重要特点就是，除了因侵害生命权造成生命丧失和自然人主体消灭，人格权不存在因被侵害而丧失的问题，只存在一定的人格利益减损的问题。侵害物权，一般会造成标的物的毁损灭失，使得权利人丧失物权，而侵害名誉、隐私等精神性人格权，并不会使人格权本身灭失。因此，对于精神性人格权的法律救济和保护，在财产性的损害赔偿之外，也存在着非财产性救济的法律进路，即本文所论述的恢复名誉、消除影响、赔礼道歉等救济方式。从功能上而言，精神性人格权的财产性救济更多的是抚慰功能，而非财产性救济更多的是关注回复人格权的圆满状态，同时也具有抚慰功能（如赔礼道歉）和预防功能（如请求消除危险），其中的预防功能则更能起到财产性救济难以发挥的作用。从救济效果上而言，精神性人格权的损害主要是产生精神上的痛苦和损害，财产性救济这时并不会起到填补损害和回复权利圆满状态的效果，对受害人而言，财产性赔偿的效果是间接和抚慰性的，很多情形下并不是对当事人最有利的救济方式，而非财产性的救济则可能为受害人提供更为有效的救济。并且，对于人格权的侵害，只要符合法定条件，受害人请求恢复名誉、消除影响、赔礼道歉的非财产性请求权和损害赔偿的财产性请求权可以同时行使，这也是对人格权进行充分保护的必然要求。由于它们分属于不同的民法领域，目的、功能各不相同，故它们为聚合关系。在个案中，受害人可以同时请求。不过，依据请求权基础理论，为方便和经济，受害人宜考虑首先选择恢复名誉、消除影响的请求权，如果实现这些请求权以后使受害人的精神创伤得到平复，就无行使侵权损害赔偿请求权的余地；若其精神创伤仍有残留，则再主张精神损害赔偿请求权。当然，这并非在倡导多次诉讼，而是阐明我们思维的顺序。至于受害人已经遭受的财产损害，则不会因恢复名誉、消除影响的请求权行使与否而受影响，故受害人一直有权主张财产性请求权，人格权请求权已经行使不是侵权行为人的抗辩事由。

（二）财产性救济应考虑的要素

精神性人格权的损害，本质上与金钱无关，这与人格权的本质相一致，在传统意义上，人格权，尤其是精神性人格权是与财产没有直接联系的以人格利益为内容的人身权利。但在实践中，对于精神性人格权的侵害，有时会当然造成受害人的财产损害。如对名誉权的侵害、对隐私的披露，会导致当事人信用下降或者无法自己利用披露隐私获得利益等。除此之外，姓名、肖像、形象等人格特征被商业利用时，也可能因为侵权而贬值。对此，在司法实务中，应该给予必要的重视。

（三）精神损害赔偿数额的确定因素

侵害权利主体的精神性人格权所导致的精神痛苦，属于个体的主观感受，在后果上因人而异，因此，法律需要确立一个客观化的标准。但是这一客观化标准并非是统一、不变的，而是法官在综合考虑各种因素之后，自由裁量的结果。这就难免将法官的个人主观价值判断纳入个案之中，为了防止法官自由裁量的滥用，可以考虑在法律上设立一个最高和最低的赔偿限额。并且，随着社会经济的不断发展，人们权利意识的不断增强，这一限额也应呈现出动态的发展过程。具体内容在精神损害赔偿一章中详细论述。

二、侵害姓名权、肖像权的救济

姓名是自然人之间相互区别的文字符号，是民事主体的外在表征。姓名权是自然人对其姓名所享有的决定、变更和使用的人格权。与其他人格权不同，姓名权在近代就被德国、瑞士、日本等国民法典明确规定，但其着眼点仅在于主体资格和权利的归属。因姓名权的内容包括：命名权、变更权和使用权，所以对姓名权的侵害就表现为干涉、假冒以及非法使用等。干涉他人姓名权的侵权行为多发生于有一定亲属关系的人之间，如干涉养子女或离婚后不与父或母共同生活子女的姓氏等。在德国也曾发生过没有亲属关系的人干涉他人使用某一贵族姓氏的案例。对于干涉他人姓名的侵权行为，受害人有权要求排除妨害、恢复原状。我国法律规定和理论上对于未经本人同意使用他人姓名的行为分为盗用和假冒，并认为盗用指未经本人同意或授权，擅自以他人名义实施有害于他人和社会的行为；假冒是指冒名顶替。[1] 实际上从侵权行为的客观表现以及损害后果上看，区别盗用和假冒意义不大。对于假冒他人姓名的侵权行为，应针对侵权人所从事的违法行为来实施救济，如同样是冒名上大学，因侵权人的冒名剥夺了受害人的上学机会，与没有影响受害人的上学机会，但使受害人其他利益受到损害是不同的。[2]非法使用他人姓名表现为：不正确使用，如故意将他人的姓名使用在自己的宠物身上，或故意在文学作品中将他人姓名使用在反面人物身上等，目前值得注意的是未经他人同意或授权非法使用他人（尤其是著名人士）的姓名于商业广告的行为。在具体认定侵权责任构成上，王利明教授认为，姓名权侵权要求必须为故意，而不包括过失，此观点值得赞同。因为在侵权方式上，干涉、假冒、盗用、非法使用均为故意。

　　肖像，是人们对自然人的面貌通过一定形式的再现后，所形成的作品的视觉形象。肖像也属于标表型人格权，体现肖像人本人的尊严。就肖像权内容而言，对肖像权的侵害行为主要表现为：未经本人同意或授权，擅自制作和使用他人的肖像。在我国司法实践中，长期以来对于肖像权侵权责任的构成皆依据《民法通则》第100条规定，即"公民享有肖像权，未经本人同意，不得以营利为目的使用公民的肖像"，强调"以营利为目的"。但实际生活中，不以营利为目的侵害他人肖像权的现象是普遍存在的，如毁损他人肖像、未经本人同意擅自对他人肖像展览等，而且，从权利内容看，肖像权还包括肖像的制作权。当然对此也可以解释为：只是对

---

〔1〕　王利明：《人格权法研究》，中国人民大学出版社2005年版，第422页。
〔2〕　典型的案例如山东省的齐玉苓案和云南省的罗彩霞案。

"以营利为目的"的侵权构成的规定，并没有否定其他情况的侵权。但至少可以说《民法通则》第 100 条的规定在逻辑上是不周延的。未来民法典中对于"以营利为目的"的限制应该取消，对于肖像权的保护应扩展至"制作"。民法典制定过程中，《人格权法编》三审稿对于肖像权侵权的构成，未坚持以营利为目的要件，而是未经肖像权人同意的"制作、使用、公开"，而对于肖像的著作权人而言，未经肖像权人同意，也不得"发表、复制、发行、出租、展览"肖像，与《民法通则》相比有了长足的进步。

我国现有的法律规范对于肖像权的保护相对完善，主要包括下列内容：《民法通则》第 100 条："公民享有肖像权，未经本人同意，不得以营利为目的使用公民的肖像。"第 120 条第 1 款："公民的姓名权、肖像权、名誉权、荣誉权受到侵害的，有权要求停止侵害，恢复名誉，消除影响，赔礼道歉，并可以要求赔偿损失。"《妇女权益保障法》第 42 条："妇女的……肖像权等人格权受法律保护。……未经本人同意，不得以营利为目的，通过广告、商标、展览橱窗、报纸、期刊、图书、音像制品、电子出版物、网络等形式使用妇女肖像。"《广告法》第 33 条："广告主或者广告经营者在广告中使用他人名义或者形象的，应当事先取得其书面同意；使用无民事行为能力人、限制民事行为能力人的名义或者形象的，应当事先取得其监护人的书面同意。"

除立法外，最高人民法院涉及肖像权保护的相关司法解释也很多，例如：《最高人民法院关于贯彻执行〈中华人民共和国民法通则〉若干问题的意见（试行）》第 139 条："以营利为目的，未经公民同意利用其肖像做广告、商标、装饰橱窗等，应当认定为侵犯公民肖像权的行为。"《最高人民法院关于确定民事侵权精神损害赔偿责任若干问题的解释》第 1 条及第 3 条都明确规定了肖像权受到侵害后的精神损害赔偿请求权问题。

在实施普通法制度的我国香港特别行政区，目前尚不存在"肖像权"这一独立的概念和权利。香港的成文法未对肖像权保护作出全面明确的规定。首先是具有宪制地位的《香港特别行政区基本法》，该法第 28 条、第 29 条和第 30 条分别规定了香港居民的人身自由不受侵犯、住宅和其他房屋不受侵犯、通讯自由和通讯秘密受法律保护的权利，但并无明确提及隐私权，更未具体提及对肖像的保护。其次，未经许可而使用他人肖像的目的可能是多种多样的，比如政治目的、商业目的或其他目的。值得强调的是，针对为政治目的而使用他人肖像，香港法例第 554 章《选举（舞弊及非法行为）条例》第 27 条作出了明确规定，禁止候选人或任何其他人未经书面许可而使用某人肖像，以便使人相信该人是支持某候选人的，否则即属非法行为，应受惩罚。这是香港法律中唯一的关于肖像保护的刑事法律规定。

澳门特别行政区《民法典》第 80 条也规定："①未经本人同意，不得对其肖像或其他在视觉上能认别本人之标志进行摄取、展示、复制、散布或作交易之用；肖像人死后，则由第 68 条第 2 款接顺序所指之人给予许可。②基于肖像人之知名度或担任之职务，或基于安全或司法方面之要求，或为着学术、教学或文化之目的，而有合理理由者，别无须肖像人同意；如该肖像系在公众地方、与公共利益有关之事实或公开进行之事实当中所摄得之影像之一部分，亦无须经肖像人同意。③然而，肖像之复制、展示或作交易之用，按照第 73 条之规定可能侵犯肖像人之名誉权时，即不得为之。④在公众地方为着安全或司法方面之目的而摄取之肖像仅得用于该等目的上，又在无需要时应立即销毁。⑤以上各款之规定，经作出必要配合后，适用于录取、复制及散布某人言词之情况。"

在侵害姓名权和肖像权的救济方式上，财产责任和非财产责任都可适用，只是在具体案件中，并非全部适用。梁慧星教授作为课题负责人主编的《中国民法典草案建议稿附理由书·侵权行为编》中，第 1572 条规定可资参考：自然人的姓名、肖像受到侵害的，受害人有权请求停止侵害、赔礼道歉和适当的赔偿损失。受害人受到重大精神损害或财产损失的，加害人应当对该重大精神损害和财产损失予以赔偿。加害人以营利为目的侵害他人姓名、肖像的，对受害人赔偿的金额应不少于其非法所得金额。这里值得进一步研究的是关于"非法所得金额"问题，因为在实务中，这个"金额"是很难计算的。如果以侵权人所得计算，则必须计算出因为受害人姓名、肖像的使用所产生出的价值，这几乎是不可能的，本文认为，应当以同时期，受害人做类似的广告所获的酬金，或名气大致相同的人的广告酬金为标准予以赔偿，而且非常重要的一点是，一旦受害人主张该类赔偿，就丧失了精神损害赔偿请求权，因为，此时可以推论受害人以获得广告酬金为代价允许他人使用其姓名、肖像。可以物化计算的人格权损失如肖像权、姓名权损害，究竟以精神损害救济，还是以财产利益救济，应由当事人选择。德国的肖像权是在著作权法中规定的，更多地表现为财产利益，所以在"男骑士案"中，当非常富有的受害人以侵害人格权起诉时，法官并没有引用已有的法律规定，因为其认为该案不同于肖像权侵权，而是人格尊严问题，虽然当时也以"如果被允许使用其肖像行为人会取得大概多少数额的报酬"为计算标准，但那实在是因为没有其他可参照的赔偿标准。在该案中，如果受害人是名演员，法官的判决就会非常不同。类似的案例如果发生在我国，情况可能也会有所不同，因为我国长期以来皆视肖像权为人格权，日常生活中就肖像使用订立合同是经常发生的，但对其性质我们往往不去深究。一旦发生纠纷，当事人多以侵犯肖像权主张诉求，事实上，此时并非人格权侵权，而是财产法（合同）问题，因为是否允许使用肖像才是人格尊严问题，已经答应允许使用，只是因其他问题产生纠纷的就不再是人格尊严问题，而是金钱问题了。

所以，在人格特征可以被商业利用的情况下，对于人格权的救济区分财产性和精神性救济是必要的。

三、侵害名誉权、荣誉权的救济

(一) 侵害名誉权的救济

1. 名誉权救济的比较分析

对名誉权进行法律保护应为世界各个国家和地区的共识，但在保护的方式和保护的内容方面各个国家和地区之间还是有区别的。

英美法在有关名誉权的救济方面不是一般性地规定侵害名誉或名誉权的法律责任，而是通过判例确立了诽谤（defamation）这一诉因，并以口头诽谤和书面诽谤作为具体类型。美国 19 世纪末以来还确立了一个诉因——侵害隐私权，也涉及对名誉权的保护。[1]在责任形式方面英美侵权法也将金钱赔偿作为名誉权损害救济的主要方式。对于口头诽谤和书面诽谤，行为人至少要承担名义上的赔偿责任，而对于因名誉损害而导致的受害人实际损害，侵权人应当承担赔偿责任；对于受害人的经过证实的精神痛苦和因此而致的身体伤害，行为人也应当承担赔偿责任。针对司法实践中的巨额赔偿，美国法对陪审团在决定赔偿金的方式上实施限制措施。除赔偿责任外，美国的《侵权行为法（第二次）重述》还提出了非财产的法律责任：公开宣布被告的陈述不真实；撤回被告所作的诽谤性陈述；发布禁止令禁止诽谤性消息的进一步传播；受害人的自力救济。[2]

在大陆法系国家和地区，德国民法典至今没有明确规定名誉权及其救济规则，在实务中，德国是通过两种途径对名誉权给予救济的：一是法院引用一般人格权概念，如著名的"读者来信案""索拉娅案"等；二是法院依据民法典第 823 条第 2 款"违反以保护他人为目的的法律的人负有同样（赔偿）的义务"并结合刑法典有关诽谤罪的规定。虽然这两种方式都起到了对名誉权救济的作用，

---

〔1〕 张新宝：《名誉权的法律保护》，中国政法大学出版社 1997 年版，第 58～59 页。

〔2〕 张新宝：《名誉权的法律保护》，中国政法大学出版社 1997 年版，第 65 页。

但这明显是法院不得已的做法，也不值得为我们所借鉴。

日本民法在第 710 条和第 723 条对于名誉权的救济做出了规定，从规定的内容分析，在名誉权受到侵害时，侵权人要承担财产损害赔偿、财产以外的损失的赔偿以及恢复名誉。在司法实践中，还有"谢罪广告、反驳权和差止请求权"的救济方式。

瑞士民法对于名誉权的保护主要体现在其民法典的第 28 条和债务法的第 49 条，但事实上这两个条文并没有明确的名誉权概念，而是针对全部人格权的一般性规定。被学者称为在大陆法系民法中，对人格权保护最完备的瑞士民法的做法并不一定符合法治的发展趋势。

2. 我国民事法律对名誉权的救济

我国法律中，宪法、民法、刑法等都对名誉权进行了规定，其中民法对于名誉权的救济的规定是比较完善的。从发展的角度看，改革开放以后、《民法通则》颁布之前，我国民法典的四个稿子中，对于包括名誉权在内的人格权保护内容，都采取的是正面规定各种人格权，同时在侵权法中又规定禁止性行为的模式，这种模式为《民法通则》所接受。除《民法通则》外，最高人民法院通过一般性司法解释（如《民法通则意见》）、专门性司法解释（如 1993 年《关于审理名誉权案件若干问题的解答》、1998 年《关于审理名誉权案件若干问题的解释》等）、个别案例批复（如已失效的《关于死亡人的名誉权应受法律保护的函》）等方式，就名誉权问题做出了规范，在名誉权的救济方式上，不仅规定了非财产责任，还都确认了精神损害赔偿责任。就目前而言，我国在名誉权的救济方面应该是规定得比较完善的。我们认为今后的民法典中就名誉权问题需要注意的是下列问题：

（1）言论自由与名誉权保护之间的平衡。言论自由和人格尊严同属我国宪法所确认的人民的基本权利，在民法上表现为自由权（包括知情权）和名誉权（包括隐私权）。但是，言论自由与名誉权之间是存在冲突的。在现代社会中，平面媒体、电视、广播媒体的发展，特别是网络媒体的出现和发展，使得信息的传播发生了重大变革，人们享受到这种变革带来的便利，同时人们生活的方方面面也都被媒体搜索并公开着。在法律制度上，对言论自由保护的越多，就意味着对名誉权、隐私权限制的越多，反之亦然。理论界对于言论自由与名誉权保护孰轻孰重的看法并不一致。总结近几年来的实践，可以看到，我国与美国在处理言论自由与名誉权、隐私权保护之间平衡问题上存在着很大差异。陈志武先生经过对过去十几年的审判实践的总结，得出"我国法院给予名誉权的权重为63%，给予媒体言论自由的权重为37%，而同期的美国法院给媒体的言论自由权重为91%，而给予名誉权的权重仅为9%"的结论，即美国媒体侵害名誉权的案件审理过程大大偏向于对言论自由的保护。而在中国，情况正好相反，对此学者已发出警告，不改革相应的司法程序和实体法标准，年轻的中国媒体将无法面对日益增多的侵权诉讼。

在德国《民法典》中，因"名誉"并未被明文规定为一项受侵权法所保护的法益，如前所述，民法对其的保护，是在判例法引入"一般人格权"这一概念，以"《民法典》第832条第1款结合《基本法》第1条和第2条第1款"为条文依据来实现的[1]。但在涉及个人名誉与言论自由之间利益权衡的过程中，特别在涉及媒体时，权衡天平的另一端所放置的利益也来源于《基本法》，即其第5条所规定的人们发表意见的自由，包括媒体的新闻自由。此时，德国民事法院在利益权衡之前首先要做的事就是判定一篇新闻报道是属于"价值评判（Werturteil）"还是"情况叙述（Tatsachenbe-hauptung）"，这涉及对德国《基本法》中"发表意见"的狭义和广义的理解。

狭义的"发表意见"，是指人们发表对事物主观的认识和评价，

---

[1]　这一判例法的发展历史及基本内容详见齐晓琨："'索拉娅案'评注——德国民法中对损害一般人格权的非物质损害的金钱赔偿"，载《现代法学》2007年第1期，第184~192页。

即所谓"价值评判"。对这种自由的保护，是一种近乎绝对的保护：即使这种评判贬损了当事人的声誉，并且与大多数人对该当事人的评价不同，对它的保护也应当优于"一般人格权"[1]。因为，"一个多元化的民主制度之下，允许个人有自己的价值观念，因而，人们对同一事物具有不同的评判，也是完全正常的；并且，形成和发表自己意见的自由是宪法赋予每个人的平等权利，而人们能够充分行使这一权利，使各种不同意见得以交锋，也正是民主制度的一项必要保障"[2]。因此，对于一个"价值评判"来说，讨论它是否"客观、公正"，在法律上是没有意义的；判断它是"对"还是"错"、"有价值"还是"无价值"、"情绪化的"还是"合理的"，也都是没有必要的[3]。对"价值评判"的限制仅在于：只有当一项表述在例外情况下超出了正常的评价，而是凸现了对人的侮辱，即所谓辱骂性的批评（Schmähkritik），才会构成对一般人格权的损害[4]。但即使在这种情况下，当事人对一些嬉笑怒骂的批评也必须容忍，这主要是指讽刺性作品（Satire）。特别是当作品的创作手法能够使读者或观众明确认识到这是一部夸张甚至歪曲的讽刺性作品，并且该作品涉及的问题关系到公众的利益时，言论自由和艺术自由则要优先于被批评人的一般人格权而受到法律的保护，这种情况最常见的是针对政治事件和政治人物的漫画和讽刺杂文。

　　而广义的"发表意见"，除了上述的"价值评判"以外，还包括"情况叙述"，即对已经发生的事件进行说明的描述性表达，它往往是形成"价值评判"的事实基础。按照德国理论界的通说及判例，《基本法》中所保护的"发表意见的自由"原则上不包括违背

---

〔1〕 Walter, Meinungsfreiheit in der Rechtsprechung des BverfG ［J］. AöR 113 (1988), S. 53, 71

〔2〕 参见 BVerfGE 33, 1, 15（《德国宪法法院判例集》第 33 卷第 15 页）

〔3〕 参见 BVerfGE 61, 1, 7（《德国宪法法院判例集》第 61 卷第 7 页）

〔4〕 参见 Böll-Fall, BverfG NJW 1993, 1462（"伯尔案"，联邦宪法法院判例，刊载于《新法学周刊》［J］1993 年 1462 页）

事实的"情况叙述"。因此,这种不实"情况叙述"出现时,法院不但会支持受害人的"不作为之诉"和"损害赔偿之诉",还可能应受害人的请求,判令加害人"撤回表述(Widerruf)"。后一种法律救济手段是不适用于"价值评判"的案件当中的,因为"法律无论如何不能强迫人收回对自己观点的表达"[1]。而在"情况叙述"的案件中却不存在这样的障碍,因为,事实是客观存在的,对其的叙述应当使受众尽量能够在头脑中还原其发生的原貌;而不实的"情况叙述"违背了公众的知情权,并且对公众舆论的形成是无益的,因此必须予以纠正[2]。总之,在这种情况下,"一般人格权"(名誉权)应当受到优先保护。[3]

我们认为,我国的司法实践反映的问题是历史形成的,与很多法学专家的基本理念相关,如张新宝教授认为:名誉权保护与言论自由之间的冲突,既是一个宪法问题,也是一个民法问题,两种权利之间不存在哪一个更重要的问题;那种认为言论自由当然高于名誉权等人格权保护的观点是不能接受的。一方面,事实上,在立法上言论自由权带有更多政治敏感性,而名誉权则更呈中性,于是就出现了法律界看到的更多是名誉权,新闻界看到的更多是言论和舆论监督权的现象。这一现象造成的结果是法律界从名誉权保护的角度谈媒体的言论自由权,而新闻传播研究界则从媒体言论自由权的保护的角度谈名誉权。这种现象导致立法上更多的是基于名誉权保护而作的规范(法律规定多出自法学界)。另一方面,名誉权与每个人相关,法官对名誉权的理解和接受程度远比抽象的言论自由权要高得多。从我国最高人民法院1993年专门针对名誉权案件的解答,就可以看出这一点:该解答的第8项答道,因撰写、发表批评

---

[1] BGH NJW 1982, S. 2246(联邦最高法院判例,刊载于《新法学周刊》1982年第2246页)

[2] Ralf, Ehrenschutz in Deutschland [M], 1996, S. 158

[3] 上述内容来自于齐晓琨博士在2008年社科院法学所召开的博士后论坛上的发言稿。

文章而引起的名誉权纠纷，如果"文章反映的内容虽基本真实，但有侮辱他人人格的内容，使他人名义受到侵害的，应认定为侵害他人名誉权"。因为对于"侮辱"言论理解上的差异，这种规定基本上剥夺了人们的言论自由权。如果反映问题都是不带任何感情的陈述，首先少有人能够做到，其次在文体上就不会出现"评论"，再次撰写这样的文章的作用就会大大降低。[1]

在此，我们认为我国应借鉴德国法院的做法，在言论自由与名誉权之间区分价值评判和情况叙述两种情况，并做不同的侵权认定。在名誉权救济与言论自由之间求取平衡时至少应注意：在涉及公众人物和一般百姓时标准应有所不同；在涉及公共利益和私人利益时标准也应有所区别。

在涉及政府官员或其他知名人士时，法律应更多地倾向于对言论自由的保护，因此时的言论自由代表着广大群众的知情权，同时也会对这些与人们生活有关联的人起到监督作用，所以对知名人士个人名誉权加以限制是合理的——因为他们从自己的"知名"上获得了一般人所没有的利益，在涉及名誉时，就该让渡一部分利益。对于政府官员或其他知名人士的名誉权问题，最著名的美国"萨利

---

[1]　2002年恒升电脑诉王某、《生活时报》名誉权侵权案中，消费者王某购买的恒升电脑质量问题频出，即在互联网上写道："恒升电脑娇气得像块豆腐，这样的东西和好产品比起来不是垃圾又是什么？"这些言论后被《生活时报》等转载。据此，北京市海淀区人民法院和北京市第一中级人民法院先后判决侵犯名誉权成立，判令王某赔偿恒升电脑公司9万元损失（海淀法院甚至判决王某赔偿50万元！）。案件的最终结果是：王某被以拒不履行法院判决被海淀法院拘留15天，后在朋友帮助下筹齐9万元履行判决。

文诉纽约时报公司案"〔1〕给我们以重要的启示；而在言论自由权与普通人的名誉权冲突时，任何人发表言论都应该特别慎重：如果言论针对的是事情，则应该避免出现当事人的独特个人信息；如果针对人，则应当在查实的情况下发表言论，否则应当承担侵权责任。

在涉及社会公共利益时，通常言论自由应优先于名誉权。在有关社会公共利益的议论监督中，因为媒体不是权力机关，新闻本身又具有时间性，只要不是凭空捏造或怀有恶意的错误报道，就应该给予媒体更多的宽容。

（2）侵权构成上要注意的问题。在我国的司法实践中，对于名誉权侵权的构成存在着不同的观点，其中涉及名誉权救济的基本问题需要在此明确：①侵害名誉权的行为必须针对特定的人。只有针对特定人的侵害行为，才能影响到社会的评价，也才能构成名誉权侵权。如果针对的不是特定的人，而是针对某一类人的侵害，该类人中的任何一个人提出侵权之诉都不能得到法院支持，其理由是侵权法属于私法，是对于具体的私人利益实施救济的法律。实际生活中常常有针对某一类人的评价，称律师为"讼棍"，称目光短浅的人为"农民"等，此时，这些被评价的人不能以自己的名誉权受到侵害而主张救济。个别法院受理这类案件后，实际上是没有法律可

---

〔1〕 该案发生于20世纪60年代美国黑人民权运动时期。1960年3月29日《纽约时报》刊登了一整版的政治广告，声援黑人民权运动并寻求资金援助，其内容指责蒙哥马利市的市政当局对民权运动镇压和压迫。萨利文为该市负责警察事务的行政长官，便以名誉权被侵犯为由对《纽约时报》提起诉讼。在前两次诉讼中，《纽约时报》均败诉，后《纽约时报》诉至美国联邦最高法院。联邦法院做出终审判决，推翻原判。联邦最高法院在此案中申明了一项原则："真正的恶意"，即当政府公职人员因处理公众事务遭受批评和指责使个人的名誉可能受到损害时，不能动辄以诽谤起诉和要求赔偿，除非公职人民能拿出证据。

以适用的。[1] 特定的人也并非只指一个人，还可以是指可以特定化的一群人，只不过此时不能认为任何的一群人都可以因此而享有名誉权，而应认为该群体中的任何一个人都受到了侵害。②侵害名誉权的行为必须为第三人所知悉。名誉属于社会评价，如果某人实施了侵害行为，但是其他人不知道，则不可能产生社会评价降低的损害后果，受害人的其他权利如身体权、自由权可能受到了侵害，但是名誉权并无损害。美国针对名誉权专门设有"公示"规则，即侵权行为人公开将诽谤的言辞向第三人传播或者"公之于社会，传递第三人"，并实际达到了被诽谤者以外的人。这一规则也说明了"必须为第三人所知悉"这一点。

（二）侵害荣誉权的救济

我国《民法通则》和各相关司法解释中，对于荣誉权的救济与名誉权等规定得基本相同，如停止侵害、排除妨害、恢复原状等，侵权人在造成荣誉权人财产损害时，要承担赔偿责任，在造成荣誉权人精神损害时，还需承担精神损害赔偿责任。但值得注意的是：由于我国理论上对荣誉权的认识存在很多的分歧，导致民法典草案与学者的立法建议之间出现明显不同。2002 年 12 月全国人大常委会审议的民法典草案在人格权编中明确规定："自然人、法人享有荣誉权。禁止非法剥夺自然人、法人的荣誉称号，诋毁自然人、法人的荣誉。"但是在侵权责任法编中对于荣誉权救济只字未提。在现行《侵权责任法》中，荣誉权与姓名权、名誉权、肖像权等人格权被并列规定于第 2 条第 2 款，但《侵权责任法》没有专门设置荣

---

〔1〕 2005 年 4 月，因深圳市公安局龙岗分局龙新派出所在辖区内悬挂"坚决打击河南籍敲诈勒索团伙"以及"凡举报河南籍团伙敲诈勒索犯罪、破获案件的，奖励 500 元"的横幅，郑州市民李某、任某认为横幅侵犯名誉权，于 4 月 15 日向郑州市高新区人民法院（以下简称高新区法院）提起诉讼，高新区法院受理了该案件。后经法院主持调解，全国首例地域歧视案双方当事人自愿达成如下协议：被告深圳市公安局龙岗区分局向原告河南籍公民任某、李某赔礼道歉，原告任某、李某对被告深圳市公安局龙岗区分局表示谅解，原告自愿放弃其他诉讼请求。该案受理法院曾称自己有管辖权，但是，该案如果不是调解结案，法院在判决时的适用法律是很难找到的。

誉权救济条款。很多学者视荣誉权为"鸡肋",如杨立新教授和马特博士在王利明教授主持的中国民法典学者建议稿中,对荣誉权部分的说明:"荣誉权的性质,有学者认为属于身份权,而非人格权,但由于在民法典中无法规定这一身份权,因此,认其为人格权,在人格权法编中加以规定。如果不肯定这一权利,对荣誉的保护将会出现问题。"〔1〕在民法典制定过程中,《人格权编》的几次审议稿都有荣誉权的规定,说明我国的立法机关持肯定荣誉权并认为其属于人格权的观点。

人们对荣誉权的命运担忧,还是源自前面论述中提到的荣誉权本身的特点以及与名誉权的交叉。实际上,荣誉权与名誉权虽然都为评价性人格权,但是二者在主体范围、客体内容、取得和消灭方式、侵权方式等各方面的差异也是明显的。以荣誉混同名誉,或以名誉权救济代替对荣誉权的救济是不合理的。学者中很多人认为对人的财产状况和履诺方面加以评价的信用权可以独立于名誉权,却不愿意承认荣誉权的独立性,此点令人费解。

侵害荣誉权的行为一般表现为:非法剥夺荣誉称号、毁损他人荣誉证书、克扣他人因获荣誉称号而同时获得的物质奖励等。对于上述侵权行为,受害人首先应向授予组织提出救济请求,不能得到救济或者授予组织克扣、少发物资利益的,受害人有权直接向人民法院请求权利救济,受到严重精神损害的也有权提出精神损害赔偿请求。

四、侵害隐私权的救济

我国长期以来并未确认隐私权为独立人格权,对于隐私利益的救济采用间接方式,主要借助于名誉权救济。随着隐私利益的特定性逐渐被人们接受,最高人民法院于 2001 年的《关于精神损害赔

---

〔1〕 王利明主编:《中国民法典学者建议稿及立法理由·人格权编、婚姻家庭编、继承编》,法律出版社 2005 年版,第 115 页。

偿的解释》第1条第2款规定："违反社会公共利益、社会公德侵害他人隐私或者其他人格利益，受害人以侵权为由向人民法院起诉请求赔偿精神损害的，人民法院应当予以受理。"此处没有明确指明隐私权可能是因为忌讳"法官造法"，但"受害人以侵权为由"的表述，以及该款与第1款名誉权保护的区别已经十分清楚地表明隐私权独立的态度。只不过在隐私权救济时用"违反社会公共利益和社会公德"作为判断依据或侵权限制是不可取的。隐私权是绝对权利，对其救济不应以侵权方式违反"公序良俗"为标准。

基于隐私的不愿让他人知悉的特点，侵害隐私权的行为一般表现为披露他人隐私。在美国，隐私权主要的含义是个人独处的权利，所以，凡侵害到个人独处利益的皆为侵害隐私权行为，其行为表现为：侵入、监视、跟踪、披露个人信息资料等。大陆法系国家的隐私主要指生活秘密，所以，侵权行为主要表现形式为非法披露他人的私人信息。至于王利明教授所认为的"侵害他人私生活安宁"所包括的"非法骚扰、非法侵入、非法暴露、接触他人身体敏感部位、对私人活动的非法干涉"等，可能构成对身体权、自由权甚至财产权的侵害，而不宜视为侵害隐私权。

隐私权的内容是生活秘密，而该秘密一旦被公开，就无法恢复，所以，在隐私权的救济问题上，不适用恢复原状责任。

隐私权作为一项典型的人格权，当然具有绝对权特性，但是，绝对权的救济也是一种利益衡量的结果，在与其他利益冲突时，隐私权的救济也受到一定的限制，这些限制主要涉及公共利益，如国家机关合法行使职权、维护公共安全利益、正当的舆论监督、公众的知情权行使等。在实际生活中涉及此问题较多的是公众人物的隐私权。对公众人物的隐私权进行限制是各国法律一致的做法，区别主要是在限制的范围和程度上，限制的依据主要还是隐私权与公共利益的冲突，比如言论自由、知情权等。比较而言，美国因更注重人民的表达自由，所以其公众人物的范围广泛，对公众人物的隐私限制也较多，而欧洲一些国家对公众人物的隐私限制相对要少些。

对公众人物的隐私或隐私权救济作出适度的限制，符合公共利益和公众兴趣，在一定程度上甚至也符合公众人物本身的利益。对于政府官员的隐私限制，有利于防止官员腐败；对于著名文体明星的隐私限制，主要是因为公众享有知情权。很多著名的文体明星是其"粉丝"生活的一部分，明星的行为对公众影响巨大；同时，披露明星的某些私人信息，在一定程度上符合"公众人物"的本意。人们的兴趣和公众人物本身的利益密切相连，正因为人们的关注，这些人才可称为"著名"，也正因人们的关注，这些人才获得了更多的利益。在因著名而获得利益的同时，公众人物们也应让渡部分利益，在一定程度上，可以说"公众人物无隐私"。

五、侵害人身自由权的救济

对于自由权我国《宪法》第 37 条有明确宣示，但基于宪法的性质，条文中仅规定了禁止的内容，而在自由权受到侵害时，侵权人承担何种责任，受害人如何救济等实务规范则是交由部门法规定的。可是在作为民事基本法的《民法通则》中，并无明确的自由权规范。到 2001 年最高人民法院《关于精神损害赔偿的解释》中才规定了人身自由权，并规定该项人格权受到侵害后，受害人有权请求精神损害赔偿。

在司法实践中，侵害人身自由权表现为：非法限制自然人人身自由，如非法拘留、非法拘禁、错误采取强制措施（如故意将未患精神病的人送进精神病医院，强行治疗等）等，而侵权责任的构成除此之外还要求侵权行为必须造成了损害后果，即受害人的行为自由被限制。

六、侵害贞操权的救济

贞操权的内容是性行为的自主决定和性纯洁，任何违背当事人意志的性行为都是侵害当事人贞操权的行为。在司法实践中，侵害贞操权的行为主要表现为：①强迫进行性行为，如强奸、强迫卖淫等；②诱骗进行性行为；③胁迫进行性行为，如利用某种优势地位，迫使对方与之进行性行为等。

侵害贞操权的行为主要造成当事人精神痛苦，同时可能造成身体伤害。在侵权责任方式上，对于造成的财产损失自应由侵权人承担，从贞操权救济角度看，最重要的是请求加害人承担精神损害赔偿责任。值得注意的是，侵害贞操权的行为基本都属于刑事犯罪行为，在法律拘束侵权人行为自由或者剥夺其生命的同时，民事责任部分不能因此而免除。

第四章 人格权救济制度之精神损害赔偿

　　精神损害是自然人在生理或心理上受到损害而在精神上所遭受到的痛苦，法人不会受到精神损害，自然也就无精神损害赔偿请求权。从性质上讲，精神损害赔偿主要是对受害人精神的抚慰，不会导致人格商品化。通过比较主要国家有关精神损害的法律规定和司法实践，我们认为各国法律对精神损害赔偿的规定普遍简约，而且适用范围被严格限制，尽管新近有些国家已进行了调整（如德国），但与精神损害赔偿的实践比较仍显谨慎。

　　我国有关精神损害赔偿的法律规定和理论研讨，经过这几年的发展已经日趋成熟，精神损害赔偿概念被学界普遍接受。我们认为，精神损害并非侵权法独有的制度，在警惕精神损害赔偿适用泛滥，从而产生人格商品化风险的前提下，我国未来民法典应将精神损害赔偿范围定位于人格权、身份权和在法律明确规定下的特殊财产权上，而特殊的财产权包括特殊物和特定合同。物的特殊性是其所具有的人的精神利益；特定合同是指以娱乐或主要涉及情感利益为内容的合同，如旅游合同、观看演出合同、特定活动的录音、照相合同、婚丧嫁娶服务合同等。

第一节　精神损害赔偿的一般理论

一、关于精神损害的含义

（一）精神损害的名称

精神，在哲学意义上是与物质相对应，并与意识相一致的概念；在法律上，人们并无过多的有关"精神"含义的讨论，而主要讨论的是精神损害及其赔偿问题，而且，在民法上的精神损害一般是指与财产损害相对立的概念。财产损害一般指一切有形和无形财产所受到的损失，包括现有财产的减损和可得利益的丧失，其基本特征是能够用金钱计算和赔偿；而对于精神损害，我国多数学者认为是指自然人因侵权行为而导致其生理上或心理上的痛苦。精神损害赔偿即是指因精神损害所享有的请求金钱赔偿的权利。在称谓上，域外国家中，英美法系国家一般将损害（loss）分为"pecuniary loss"和"non-pecuniary loss"，"pecuniary loss"一词一般被译成"财产损害"，但对于"non-pecuniary loss"一词，大陆法学界多译为"精神损害"，而台湾地区学者则译为"非财产上之损害"。[1]英美法系国家倾向于对这两个词再进行区分。依据英美法观点，非财产损害包括：①疼痛和痛苦，生活期望和生活乐趣的丧失；②身体的不便和不舒适；③社会的不信任，名誉受损；④精神忧伤；⑤社会关系的丧失；而精神损害主要指以精神打击（nervous shock）为中心的纯粹精神损害，范围要狭窄很多。[2]

日本称精神损害赔偿为"慰谢料"，意为"抚慰金"；而德国

〔1〕　参见程啸："违约与非财产损害赔偿"，载梁慧星主编：《民商法论丛》，金桥文化出版有限公司2002年版，第71~73页。

〔2〕　参见张新宝主编：《精神损害赔偿制度研究》，法律出版社2012年版，第6~10页。

在 2002 年《修改损害赔偿条文第二法》通过之前称其为"痛苦抚慰金"，而之后，学者多主张采用"非物质损害的赔偿"这一称谓。目前，我国在立法上有关精神损害或精神损害赔偿的称谓不一，有慰抚金赔偿、安抚费赔偿、死亡赔偿、残疾赔偿、精神损害赔偿等，理论上除精神损害赔偿外，还多有非财产损害赔偿之说。从逻辑上分析，所谓"慰抚金、安抚费，以及死亡赔偿金、残疾赔偿金"等只是对受害人精神损害的赔偿所支付的金钱，"抚慰金赔偿"和"安抚费赔偿"是从赔偿的功能角度进行的描述，"死亡赔偿"和"残疾赔偿"则是从其他利益（人身利益）损害后果角度进行的描述（事实上，死亡赔偿金、残疾赔偿金也不属于精神损害赔偿，有关此问题，容后面阐述）。从性质上分析，因侵权行为导致自然人生理或心理上遭受到的痛苦是无法通过金钱赔偿的，如果用赔礼道歉、恢复名誉甚至在公法方面使侵权人承受刑事或行政处罚的方式仍然不能"平其愤怒"，那么通过使受害人获得一定数额的金钱来抚慰其受到伤害的心灵，也是解决问题的一种途径。但此种金钱给付的目的并非赔偿财产损失，本质上也非补偿损失，而是精神抚慰。

"非财产损害"并非精神损害的外延概念（我国有很多人认为精神损害即是人格权损害，或者认为就是非财产损害）。在逻辑上，损害包括财产损害和非财产损害，而非财产损害则包括人身损害和精神损害。生命的丧失、身体机能的减低或丧失，社会评价的降低，隐私的被公开等都是独立的利益损害，因这类利益的损害大多会造成民事主体生理或心理的痛苦，即产生精神损害。针对台湾地区司法实务中，"倾向认为非财产损害系等于精神上之痛苦"，王泽鉴教授正确地指出"尚应包括肉体上之痛苦"[1]。事实上，在有些案件中，非财产的损害与精神损害是可以分开的，如国外有因旅行

---

〔1〕 王泽鉴：《民法学说与判例研究（第二册）》，中国政法大学出版社 2003 年版，第 272 页。

社安排失误，导致游客行李迟到，旅游心情大为低落的案件。法院对于时间的浪费判决非财产损害赔偿，但是，此种赔偿并非精神损害赔偿，在理论上，游客心情低落才属于精神损害。

我们认为，从逻辑和事实角度分析，非财产损害对应的是财产损害，而精神损害是非财产损害的一种，是指精神上的痛苦和肉体上的疼痛。除精神损害外，非财产损害还应包括人身和人格损害，前者如生命丧失，身体残损以及肢体、器官功能减丧等，后者如社会评价降低、隐私被披露等。同时应注意的是，因财产的取得主要系人们劳动的结晶，财产上同样也包含了人们的情感，对财产的侵害也系对主体人格的不尊重，对受害人特定财产的毁损，也会导致受害人情绪烦躁、郁闷、愤怒等精神痛苦，就此而言，精神损害不仅可以因人身或人格利益受到损害而产生，也可以因为财产利益受到侵害而产生，所以，虽然对于人身或人格利益的侵害一般都会造成精神损害，但精神损害的发生不应仅限于人身损害情形。[1] 我们认为非财产损害与精神损害是有区别的，但从理论界多数人不做区分，司法实践中也已经普遍接受这种不加区分的现实出发，统一使用"精神损害"更具合理性。

（二）精神损害的内容

精神损害在内容上表现为积极意义上的精神痛苦和肉体痛苦，也包括消极意义上的知觉丧失和心神丧失。对于前者，应首先适用停止侵害、恢复名誉、消除影响、赔礼道歉等非财产方式予以救济，如果仍然不足以救济受害人，则以金钱赔偿方式，即精神损害赔偿的方式抚慰受害人；对于后者，依情形只能适用精神损害赔偿方式救济受害人。

我国有学者认为精神损害是指对民事主体精神活动的损害。依其观点，精神损害最终表现为精神痛苦和精神利益的丧失，进而认

---

[1] 违约可能导致身体、健康、名誉、隐私等人身利益的损害，这部分损害通过违约责任予以救济有清晰的请求权基础，但对因此造成的精神损害，救济规定则是缺失的。

为精神痛苦的产生来源于公民人体的生理损害和心理损害，而精神利益的丧失则指公民、法人维护其人格利益、身份利益的活动受到破坏，因而导致其人格利益、身份利益受到损害。其结论之一即是精神利益与精神痛苦是两个概念，进而认为法人虽无精神痛苦，但有精神利益，即也有精神损害，并可以提出精神损害赔偿要求。[1]也有人从法人的名誉权、名称权和荣誉权受到侵害后会导致"法人决策人员的决策情绪以及对职工的劳动、生产热情等造成精神上的损失"角度，认为"如果否认这种对法人的精神损害并拒绝予以赔偿，则不利于维护法人的合法的人身权益"。[2]这种观点是值得商榷的。事实上，精神痛苦即是精神利益损失，精神损害也不可能包含精神痛苦和精神利益损失两部分，否则，对自然人而言，就有两个损害赔偿请求权了。法人的人格利益，如名誉、荣誉、名称等当然也受法律保护，只是只能以人格权受到侵害提出请求，或者以商誉受到侵害而提出财产损害请求，而不能采用精神损害赔偿请求罢了。至于法人中"决策人员、工作人员"的精神损害显然与法人的所谓"精神损害"不是同一概念。

法人不具有精神损害赔偿请求权的观点已被我国司法实践所接受。这表现在：①最高人民法院《关于审理名誉权案件若干问题的解答》第10条第4款："公民、法人因名誉权受到侵害要求赔偿的，侵权人应赔偿侵权行为造成的经济损失；公民并提出精神损害赔偿要求的，人民法院可根据侵权人的过错程度、侵权行为的具体情节、给受害人造成精神损害的后果等情况酌定。"②最高人民法院《关于确定民事侵权精神损害赔偿责任若干问题的解释》第5条："法人或者其他组织以人格权利遭受侵害为由，向人民法院起诉请求赔偿精神损害的，人民法院不予受理。"这种观点不仅是要对精神损害赔偿范围做谨慎的限制，根本的还在于精神损害本身是

---

〔1〕 杨立新：《侵权法论》，人民法院出版社2004年版，第686页。

〔2〕 关今华：《精神损害的认定与赔偿》，人民法院出版社1996年版，第443页。

指自然人因侵权行为所遭受到的生理或心理上的痛苦。法人，不管是"拟制的"还是"实在的"，都不可能产生以人脑的神经活动为物质基础的心理活动，因为作为一个组织体，它无法对外界的刺激产生生物体特有的反应现象。

二、精神损害赔偿的各种学说

法律上对于精神损害是否可得金钱赔偿一直有肯定说和否定说两种学者观点。其中否定说的理由可以归结为以下几种学说：[1]

（一）否定精神损害赔偿的理论

1. 人格商品化说

人格商品化说认为人不同于商品，人格是高尚的，不能用金钱来对生命、身体、名誉、荣誉、尊严等进行评价，否则就会降低人的价值，是对人格的贬损；人格商品化会将人的主体意义、人格尊严、人的平等和自由精神等利益庸俗化。[2] 在《德国民法典》制定前，学者们认为对人格损害予以金钱赔偿，是人格商品化的表现，将人格利益换算成金钱的做法是下贱和卑鄙的。18 世纪普鲁士普通法中规定，只有下层农民和一般市民因他人故意或过失受到人身损害的，才有权请求金钱赔偿，而身份高的人是禁止提出的。[3] 进入 20 世纪后，以前苏联为首的大多数社会主义国家反对精神损害赔偿，如"把人格商品化与社会主义的崇高思想是大相径庭的，资产阶级把人的尊严变成了交换价值，是资本主义腐朽思想的表现。精神损害的金钱赔偿被认为是一切均具有价值的资产阶级

〔1〕 参见胡平：《精神损害赔偿制度研究》，中国政法大学出版社 2003 年版，第 2~5 页。

〔2〕 事实上，在德国民法典制定前，立法和理论界认为：将人格利益换算成金钱的做法是下贱和卑鄙的，高贵的人应该忍受精神上的痛苦，如果实在无法忍受，为了捍卫自己的尊严，则应发扬骑士的精神拔剑相斗，要求金钱赔偿乃是自取其辱。参见胡平：《精神损害赔偿制度研究》，中国政法大学出版社 2003 年版，第 2 页。

〔3〕 〔日〕加藤一郎：《抚慰金的比较法研究》，载日本《比较法研究》1982 年版。

哲学概念。苏维埃社会中的人的尊严的更深层的含义被认为是禁止这种形式的损害赔偿"。[1] 中华人民共和国成立后照搬苏联的民法理论，认为精神损害的赔偿是违背社会主义性质的，"只有资产阶级才认为感情上的痛苦是可以用金钱医治的，可以像商品那样换取货币。在社会主义国家里，人是社会最宝贵的财富，人的生命健康不能用金钱估价，所以对人身的侵害只能在引起财产上的损失时，行为人才负责任"。[2] "只有坚持不用给付财产的手段对人格损害予以补偿，才能避免马克思早在资本论中就反复论证和批判过的资本主义制度下人格、良心、荣誉等都商品化了的倾向。[3]

2. 道德违反说

道德违反说认为，对精神损害予以精神赔偿是违背社会道德的。"在人身伤害案件中，原告个人失去了幸福生活不是对活着的原告给予合理赔偿的一种实际或正确的理由。一个刚毅的人，不会因为失去一只肢体而不幸福。伤残可以改变他活动的范围，迫使他在别的地方寻求他的幸福。由于意外而致残的人在炉边读书或同朋友谈天，可以和在空气清新的高尔夫球场打高尔夫球的人感到同样程度的愉快。对古代哲学家来说，如果阅读的书籍或谈论的内容是他们所欣赏的，则前一种愉快的性质甚至比后一种更高尚。另一方面，一些怯弱的人却往往因琐碎的小事而失去对幸福的追求。如果一件人身伤害案的审判只是鼓励受害者叫苦，如果拉长脸只是为了得到大笔的赔偿费，那就太可悲了。"[4]

3. 精神损害无法补偿说

精神损害无法补偿说强调建立损害赔偿制度的目的是消除损

---

〔1〕 International Encyclopedia of Comparative Law, Torts, Consequence of Liability Remedies, p. 36.

〔2〕 佟柔等主编：《民法概论》，中国人民大学出版社 1982 年版，第 314 页。

〔3〕 申政武："论人格权及人格损害的赔偿"，载《中国社会科学》1990 年第 2 期。

〔4〕 ［英］丹宁勋爵：《法律的未来》，刘庸安、张文镇译，法律出版社 1999 年版，第 178 页。

害，使权利恢复到损害前的状态，而金钱赔偿是无法使精神损害恢复到正常状态的。"精神损害如何补偿也难掌握标准，故我国《民法通则》未规定精神补偿，而规定了其他责任形式，如消除影响、恢复名誉、赔礼道歉等，这实际上是对造成非财产损害的侵权行为给予处分的责任形式。"[1]

4. 精神损害无法计算说

精神损害无法计算说认为，精神损害的程度及大小是难以评价的，无法在操作过程中进行客观地评价，因而否认精神损害赔偿的可能性。《德国民法典》立法理由书指出："采用精神损害的赔偿制度，将会给予法官很大的评价和计算损害的裁量权（这是一种危险），而且，精神损害赔偿的特征也是不明确的，因此，人们对于打破传统，采用非财产损害金钱评价的新制度还抱有疑问。"[2]

就现有的资料看，国外反对精神损害赔偿的理由与我国的情况大致相当。精神损害难以计算所以也便在此限制法官无自由裁量权。

（二）支持精神损害赔偿的理论

赞成精神损害赔偿的理论，则主要是通过论述精神损害赔偿制度的社会功能来表现的；由于各自的着眼点不同，又形成了各种不同观点：

1. 惩罚功能论

该说以侵权行为的社会谴责性作为立论的依据，强调行为人主观上的过错，进而认为在赔偿的形式下隐藏着的是惩罚。精神损害赔偿通过对侵害人的惩罚实现对受害人的救济。

2. 补偿功能论

该观点认为，在近代法中，民刑责任已经分离，惩罚功能归于刑法，民法的责任制度则以补偿受害人所受的损害为己任。人身损

---

〔1〕　徐开墅等编著：《民法通则概论》，群众出版社1988年版，第232页。

〔2〕　［日］加藤一郎：《抚慰金的比较法研究》，载日本《比较法研究》1982年版。

害和人格损害在本质上是相同的，不同的只是有形与无形的表现形态，所以，精神损害的赔偿制度同样发挥着补偿损害的作用。

3. 满足功能论

满足功能论认为，对于人格权施以财产保护，目的并非在于补偿非财产上的损失，而在于寻求一种均衡。即通过给受害人所受的痛苦以一定的金钱补偿，使其能在物质财产的丰富过程中产生出心理上的满足感，从而自痛苦的体验中解脱出来。

4. 双重功能论

该观点认为精神损害赔偿制度的社会功能是多重的。精神损害赔偿，是将对受害人所受的非财产损害以合理补偿和命令加害人就自己的行为满足受害人的要求这两种功能集于一身的、一个独立的请求权。如果侵权行为侵害的是名誉权、隐私权等人格权，那么满足功能就应提到补偿功能的前面。法院在审理侵害人格权的案件中之所以经常判决加害人向受害人支付明显高于身体损害的赔偿数额，正是基于这一法理。

5. 调整功能论

调整功能论认为，如果硬性算出的财产损害赔偿数额较少，无法满足受害人的要求时，法官可以考虑受害人和加害人双方的具体情况，用精神损害赔偿制度作为一种调整手段，增加精神损害赔偿的数额，补充财产损害赔偿制度的不足。

6. 克服功能论

该观点认为，非生物的外环境与生物的内环境作为可使人体致病的原因，是两个互相作用的系统，而任何一种环境的改变都会使另外一个环境对人体的影响加重或减轻。精神损害赔偿制度以改变人所处的外环境为目的，促进生物内环境向好的方面发展，帮助受害人克服因侵权行为所造成的消极影响，尽快恢复身心的健康。[1]

---

〔1〕 申政武：“论人格权及人格损害的赔偿”，载《中国社会科学》1990 年第 2 期。

各国立法例除对于精神损害赔偿予以明确的法律规定外，判例或者学说也对此提供了理论上的依据。如1955年6月1日德国最高法院大民庭会议决议即指出："民法第847条规定之痛苦金（Schmerzensgeld）请求权，不是通常之损害赔偿，而是特殊之请求权，具有双重功能，对被害人所受非财产上损害提供适当之补偿，但同时由加害人就其所生之损害对被害人予以慰藉。"德国法院的判决，嗣经学说予以肯定，认为作为财产损害手段的慰抚金具有两种作用，即调整作用与慰抚作用。[1] 长期以来，德国的理论界认为，痛苦抚慰金有两个功能，一是补偿功能（Ausgleichsfunktion），即补偿受害人因侵权行为所丧失的生活乐趣；二是对受害人心理的安抚功能（Genugtuungsfunktion）。而法院认为，在损害一般人格权的案件中，痛苦抚慰金的作用主要凸现在安抚功能上面，这一点也体现在痛苦抚慰金的数额方面。传统的痛苦抚慰金的着眼点主要在受害人方面，具体讲就是，侵权后果越严重，持续的时间越长，痛苦抚慰金的数额就越大；而其他法律救济手段发挥作用的可能性越大时，痛苦抚慰金的数额就可能相应地减少。出于法律安全和可操作性的原因，学术界和司法机关不定期地会收集和公布有关案例，这就是所谓"痛苦抚慰金数额表"，对审判实践和学术研究起着重要的参考作用。总之，对于痛苦抚慰金的数额要根据具体案情，基于案件事实进行综合考虑，但考虑的重点在于受害人的情况。但上述情况从1995年开始，在联邦最高普通法院审结的"摩纳哥的卡罗琳娜案（Caroline von Monaco－Entscheidung）"[2] 中发生了变化。在该案中，为了强调与《德国民法典》第253条及第847条的区别，德国联邦最高普通法院在一般人格权的案件中不再使用"痛苦抚慰金（Schmerzensgeld）"的措辞，而是适用了"以金钱消除

---

〔1〕 王泽鉴：《民法学说与判例研究（第二册）》，中国政法大学出版社2003年版，第274~275页。

〔2〕 联邦最高普通法院案例，刊载于德国《新法学周刊》1995年第861页，1996年第984页（BGH, NJW 1995, 861; 1996, 984）

损害（Entschädigung in Geld 或者 Geldentschädigung）"的表述。并且法院认为，在损害一般人格权的案件中，非物质损害的赔偿不但具有痛苦抚慰金的补偿和安抚功能，而且还有"惩戒功能（Präventionsfunktion）"，特别是针对出于经济目的，无所顾忌地损害他人一般人格权而获取利益的人，必须使他们对这种损害赔偿"有所感受（fühlbar）"，也就是说，不能使他们因损害一般人格权而实际上获利，并让他们在将来顾忌这种损害赔偿可能给他们自己造成的经济后果。与上面的观点相对应，在衡量赔偿数额时，除了受害人的情况之外，还要考虑侵害人的情况，即要考虑他的过错程度、因损害一般人格权而获利的数额，以及他本身的经济状况。也可能正是这个原因，在本案中，德国法院对非物质损害赔偿的判决数额第一次超过了 6 位数。只是需要特别引起注意的是，到目前为止，在德国民法的损害赔偿法中，损害一般人格权的非物质损害赔偿，是唯一一个被承认具有惩戒功能的。[1]

法国学者更将精神损害赔偿慰抚金的作用归纳为四个方面：①金钱赔偿具有使被害人获得某种满足的功能。因为金钱所具有的购买力，可以使被害人有所满足而冲销痛苦。此一论点与德国法上所谓调整功能相当。②慰抚金在某种情况下具有惩罚功能。因为金钱的支付，使加害人产生"有所失"感，以赎其加于被害人的痛苦。此一论点与德国法上所谓慰抚的作用相当。③人之存在为一个单元，法律的保护应及于同一单元的各种属性，包括非财产上之属性，损害赔偿如仅局限于其中某些属性，则又难有明确的分界。因此，金钱赔偿应及于各种属性的维护，当然包括非财产上之损害。④损害是否应予赔偿，固然可以视情形而定，但在现代求偿殷切之意识下，不应逆时代潮流而行。既然肯定应予赔偿，除金钱赔偿外，别无他途。

自《民法通则》颁布以来，我国民法理论界的主流观点开始承

---

〔1〕 上述德国司法实践方面的资料由南京大学的齐晓琨博士提供。

认精神损害以金钱赔偿的作为救济方式。事实上以精神损害不能用金钱衡量，不能进行量化计算为理由，否定精神损害的金钱救济方式，不仅在逻辑上不通，恐怕在对精神损害赔偿的性质理解上也存在着问题。如前所述，虽然称"精神损害赔偿"，但其在本质上不是对精神损害的赔偿，而是对受到伤害的自然人生理或心理痛苦的补救、抚慰；对当事人精神损害的救济方式是多种的，理论上金钱补偿的方式并非最重要的，在很多名誉权、隐私权受到侵害所引起的精神损害实例中，赔礼道歉和恢复名誉对于抚慰当事人受到伤害的心灵可能更有效果；在有些案件中，侵权人被处以刑罚或行政处罚对于受害人也能起到心理安慰作用。也就是说，精神损害赔偿不是对精神损害的"赔偿"，自然也就不能以是否能够量化作为是否适用的标准；精神损害赔偿只是对精神损害进行补救的方式之一。

至于人格商品化的担忧恐怕是对精神损害赔偿本身的误解所造成的。精神损害是自然人的合法权益（包括人格权和身份权，在特定的情况下甚至还包括财产权）受到侵害后所产生的一种消极后果，其本身并不是人格（利益），持人格商品化观点的人错误地将人格权遭受侵害后所造成的精神损害的金钱赔偿当成了对人格利益损害的赔偿。实际上，精神损害的金钱赔偿不是对受害人人格损害的交换，而只是对受害人的补偿和抚慰。

另外，正如张新宝教授所言："在我们的社会生活中，金钱除了用于交换等量的商品或者其他对价物之外，无疑还存在其他功能。精神损害赔偿作为侵权的民事责任方式之一种，具有填补损害、惩戒和教育加害人的规范功能。"[1] 实际上，是否采用精神损害赔偿制度，还可以从另一个角度考虑，即在侵权行为造成他人精神损害时，给予金钱赔偿与不给予金钱赔偿有何区别。在我国，民事责任的方式除财产责任外，尚有赔礼道歉、消除影响、恢复名誉等非财产责任，而且根据《民法通则》第 134 条第 2 款的规定，

---

〔1〕　张新宝：《侵权责任法原理》，中国人民大学出版社 2005 年版，第 522 页。

"以上承担民事责任的方式，可以单独适用，也可以合并适用"。也就是说，如果给受害人的精神损害以金钱赔偿，并不影响其他责任方式的适用，而且对于精神损害即便给以金钱赔偿，也不可能使受害人的精神或心理状态恢复至未受侵害前的状态；但是，如果不给予金钱赔偿，受害人获得的救济肯定更少，在有些没有规定赔礼道歉和恢复名誉的国家，如果没有非财产损害赔偿，受害人可能什么也得不到。有学者还指出，"受害人可以使用所获得的金钱赔偿或补偿，进行一些有利于身心健康的活动，从中得到乐趣，达到消除或者减轻精神痛苦的目的"。[1] 所以，我们应该正视精神损害赔偿在救济受害人方面的独特作用："财产损害赔偿制度是消极的，因为它的赔偿总是指向过去，而精神损害赔偿制度则是积极的，因为它的赔偿永远指向未来。前者的目的在于消除损害，而后者的目的在于帮助受害人战胜痛苦和精神上的打击。"[2]

第二节　精神损害赔偿的比较法上的考察

精神损害赔偿从世界各个国家和地区法律的发展看，"就立法例而言，扩大抚慰金请求权，实为近代法律的发展趋势"[3]。但各国做法并不完全一致，通过对比其他国家和地区先进的法律规定和理论观点，或许对于我国有关精神损害赔偿的立法会有所启示。

一、法国民法中的精神损害赔偿

《法国民法典》中并无精神损害赔偿的专门规定，司法实践中，

---

〔1〕　张新宝：《侵权责任法原理》，中国人民大学出版社 2005 年版，第 523 页。

〔2〕　申政武：《论人格权及人格损害的赔偿》，载《中国社会科学》1990 年第 2 期。

〔3〕　王泽鉴《民法学说与判例研究（第一册）》，中国政法大学出版社 2003 年版，第 68 页。

涉及非财产损害赔偿问题直接适用第 1382 条"任何行为使他人受损害时，因自己的过失而致，行为发生之人对该他人负赔偿责任"的规定。据说在 1833 年的判例中，法国就确立了这样一个原则：非财产上之损害赔偿所适用之规定与财产上损害赔偿并无不同。[1]所以，法国通说认为民法典第 1382 条中的"损害""包括了所有类型的损害，并要求对损害作出赔偿"，即非财产损害及其赔偿被涵摄于该条款中。从这个意义上讲，法国民法是广泛承认精神损害赔偿的。然而这种观点曾在 1931 年被法国最高法院加以限制："精神损害得请求赔偿者，除人格权受侵害外，应以因亲属关系所引生之感情上利益受侵害为限，未婚夫妻关系、同居关系或朋友关系之感情上利益受侵害者，不得请求精神损害赔偿。"[2]但最高法院的见解并未获得普遍的支持，现在的法国法仍维持其原貌，对于非财产上损害之赔偿依旧并无法律明文规定者为限之观念，凡有非财产上损害存在之情形，不问其因人格权、身份权或财产权受侵害，均得请求赔偿。[3]

二、德国法中的精神损害赔偿

1900 年的《德国民法典》对于人格权本身缺乏应有的重视，在人格权受到侵害时，对请求损害赔偿（尤其是慰抚金）的限制甚严。按照《德国民法典》原第 847 条第 1 款的规定，在侵害身体、健康以及剥夺自由的情形下，受害人也可就非财产损害请求合理的金钱赔偿。此处所谓"非财产损害的金钱赔偿"即为精神损害赔偿。百余年来，抚慰金条款的适用一直局限于该法典所确认的侵权行为法范围之内，并且依德国民法的规范，只有在法律有明文规定

---

〔1〕　曾世雄：《非财产上之损害赔偿》，台湾元照出版有限公司 2005 年版，第 44 页。

〔2〕　胡平：《精神损害赔偿制度研究》，中国政法大学出版社 2003 年版，第 28 页。

〔3〕　曾世雄：《非财产上之损害赔偿》，台湾元照出版有限公司 2005 年版，第 44 页。

的情况下，受害人才得以非财产损害请求赔偿。这种对于非财产损害采取谨慎做法的原因，"主要是基于法律政策上的考虑，就被害人言：此种损害通常不若财产上损害重要，有无轻重，难以衡量；就加害人言：此种损害难以预见，责任不易限定；就法院言：此种损害，若皆许以金钱赔偿，诉讼群起，增加讼累，同时难免造成法官自由裁量权的滥用"[1]。但是，正如之前的论述中所提到的，此种做法随着科学技术的进步和人们权利意识的增强，人们要求加强对人格利益保护的呼声愈发高涨，特别是第二次世界大战后，人们基于对纳粹践踏人格尊严的反思，要求通过法律手段保护人格权利。德国在立法修改之前，通过"读者来信案""骑士案""人参案"以及"伊朗废黜皇后访问案"等一系列著名的案例，创设了一般人格权，并对受害人给予了非财产损害赔偿。这种为解决立法上对于人格权保护的缺陷，通过判例并援引基本法规定确立一般人格权概念的做法，在法学方法上也曾招致学者批评：有人认为联邦法院超越了法院的权限创造法律；有人认为如此自由地解释法律，对法律的安定性殊有影响；有人认为波恩基本法第 1 条及第 2 条系公法的规定，不具有私法性质，不能依此直接创设人民的权利义务关系。[2] 但从结果看，对于非财产损害的赔偿除了法官的创造性活动外，在学者的推动下，1958 年德国联邦司法部起草《民法上保护人格及名誉规定修正草案》，1967 年德国司法行政部在《损害赔偿规定修正补充草案》中修改了民法典第 823 条和 847 条，在立法上完善了对人格权的保护，扩大了精神损害赔偿的适用范围。

与上述通过扩大人格权范围的司法活动来达到扩大非财产损害赔偿范围的"小打小闹"相比，更值得重视的是，根据德国议会 2002 年 7 月 19 日颁布的《关于修改损害赔偿法规定的第二法》的规定，自 2002 年 8 月 1 日以后，《德国民法典》中关于抚慰金请求

---

〔1〕 王泽鉴：《民法学说与判例研究（第七册）》，中国政法大学出版社 2003 年版，第 177 页。

〔2〕 王泽鉴：《民法学说与判例研究》，中国政法大学出版社 2003 年版，第 56 页。

权的规定有了重大调整，取消了这个历史悠久并开创现代大陆法系关于非财产损害金钱赔偿具体规定之先河的抚慰金条款。当然该取消不是否定非财产损害赔偿内容，而是将其修改并调整于《德国民法典》第253条，将原第253条内容作为第1款。修改后的第253条分为两款，内容为：①损害为非财产损害的，仅以法律上有规定为限，才能请求以金钱赔偿。②由于侵害身体、健康、自由或性的自我决定而须损害赔偿的，也可由于非财产损害而请求公平的金钱赔偿。由此可见，原第253条的内容没有任何变化地被保留在第253条第1款中，而原第847条第1款的主要内容已经转移到了第253条第2款中，并形成一个新的抚慰金条款。

关于调整抚慰金条款的理由，德国联邦司法部在《关于修改损害赔偿法规定的第二法草案》中给予了充分的说明。首先，这种调整是为了消除法律上的不一致状态。在调整前，德国民法典仅仅在合同之外的过错责任中规定了抚慰金请求权（即在侵权行为法中有明确规定）；相反，在不取决于过错的危险责任中除了个别例外并没有规定抚慰金请求权，如在药品法、产品责任法、环境责任法和道路交通法等重要法律中都不涉及抚慰金请求权的规定。同样，在合同责任的范围内也没有规定抚慰金请求权。由于在危险责任和合同责任中排除了非财产损害金钱赔偿请求权，那么在这些领域因身体、健康和自由受到严重侵害而产生的非财产损害就不能得到赔偿，因此，存在责任上的漏洞。另外，从受害人的角度看，这样的区分也是不能理解的。同样的侵害，由于非财产损害的责任基础不同，有的非财产损害可以通过抚慰金的给予得到补偿，有的则因不能得到抚慰金而不能得到补偿。法律上的调整正是要消除这种差别，即在身体、健康、自由或性的自我决定受到侵害而出现非财产损害时，一个统一的抚慰金请求权将被创设，它将不再按照责任以哪一种法律基础为依据而区分。其次，这种调整也是为了与欧洲其他国家的法律相适应。如在法国和英国，并没有将抚慰金请求权限制在合同之外的明确规定。[1]

德国法的调整修订明确并明显扩大了长期以来非物质损害的金钱赔偿的适用范围问题，但并未扩展该规定所列举的保护的客体。而且，新法的立法者搁置了另外一个重要问题，即损害"一般人格权（allgemeines Persönlichkeitsrecht）"的金钱赔偿问题。无论是原法的第253条和第847条，还是新法的第253条，都属于排除性的规定，也就是说，因为没有将一般人格权列举在保护的客体之内，按照这种规定的条文内容，因损害一般人格权所造成的非物质损害被明确地排除在金钱赔偿之外。对于这一问题，新法的立法者在立法理由中认为：最初，法院曾经类推适用过原法第847条"痛苦抚慰金（Schmerzensgeld）"的规定，这显然是与原法第253条的条文内容相矛盾的；但是，审判实践后来放弃了这种方法，而是以"《民法典》第823条第1款结合《基本法》第1条和第2条第1款"为依据，以"金钱消除损害（Geldentschädigung）"这一法律制度来解决损害一般人格权的金钱赔偿问题，新法的规定无意改变上述司法实践。[2]

虽然德国法没有将一般人格权列入非财产损害赔偿客体范围，也没有将所有的权利损害都列入可提出非财产损害的范围，但毕竟比之原来仅在特定的侵权行为情形下始得提起非财产损害赔偿的做法有了巨大的进步。另外，依据《德国民法典》第12条的规定，姓名权受到侵害的，权利人可以请求他人除去侵害。可能会继续受到侵害的，权利人可以提起不作为之诉。其中并无精神损害赔偿规

---

[1] 韩赤风："德国非财产损害赔偿制度的最新发展及其启示"，载《人民司法》2007年第9期；另还可以参见韩赤风的："精神损害赔偿制度的划时代变革——《德国民法典》抚慰金条款的调整及其意义与启示"，载《比较法研究》2007年第2期；以及[德]马克西米利安·福克斯：《侵权行为法》，齐晓琨译，法律出版社2006年版，第224页。

[2] 齐晓琨："'索拉娅案'评注——德国民法中对损害一般人格权的非物质损害的金钱赔偿"，载《现代法学》2007年第1期。

定，而依据德国关于非财产损害赔偿的原则性规定，可以得出结论，在德国姓名权受到侵害时，不适用精神损害赔偿。

三、瑞士民法中的精神损害赔偿

《瑞士民法典》和《瑞士债务法》对于精神损害赔偿的规定比较完备，但在制定民法典时，也存在如德国一样的顾虑，即广泛承认抚慰金请求权可能导致新闻自由受到限制，增加诉累，人格商品化等问题，同时，立法上也排除了财产权受侵害之抚慰金请求权。所以，《瑞士民法典》第 28 条规定：①任何人在其人格遭受侵害时，可以诉请排除侵害；②诉请损害赔偿或给付一定数额的抚慰金（Leistung einer Geldsumme als Genugtung）时，只有在本法明确规定的情况下，始得允许。其中的"本法明确规定"的情形包括：第 29 条第 2 项他人盗用姓名肇致损害之情形；第 93 条第 1 项违反婚约之情形；第 151 条离婚之情形；第 318 条生父母同居前曾约定结婚，或同居对生母构成重罪或因生父滥用权势而然，或同居时生母尚未成年之情形。[1] 当然，仅以上述范围认识瑞士民法对精神损害赔偿的规定是不够的，瑞士民法对人格权的保护还体现在其 1911 年制定的《瑞士债务法》，该法第 47 条和第 49 条分别对生命权、身体权以及抽象的人格关系予以规定，其内容主要为：对于不法致人死亡或伤害，法院得斟酌特殊情事，许给被害人或死者之遗族以相当金额之赔偿；因过失侵害他人人格关系，应负损害赔偿责任；人格关系受侵害时，以其侵害情节及加害人过失重大者为限，得请求抚慰金。

总结瑞士民法有关精神损害赔偿的规定可以得出这样的结论：只有人格权或"人格关系"才能作为非财产损害赔偿的客体。关于"人格关系"所指为何，是人格权抑或是人格间之身份权，虽不明

---

〔1〕 胡平：《精神损害赔偿制度研究》，中国政法大学出版社 2003 年版，第 26~27 页。

确,但根据其民法典第 28 条第 2 项的规定,得请求非财产上损害赔偿之情形,以法律有明文列举者为限,所以,在瑞士,权利人的财产权受到侵害时,即便有非财产上的损害,也无获得赔偿之可能。

四、日本民法中的精神损害赔偿

对于精神损害赔偿,日本理论界有如民法典所称"财产以外的损害"者,也有称无形损害、无法以金钱计算的损害、精神损害等。现在,一般所说精神上、肉体上的痛苦与此相当,认为是"因侵权行为使主体者感觉到痛苦、不快感那样的,作为人的精神的安定状态受到破坏"[1]。有关精神损害赔偿的规定体现在其民法典的第 710 条:"无论侵害他人身体、自由或者名誉的场合,还是侵害他人的财产权,依照前条(第 709 条)负损害赔偿之责者,对于财产以外的损害也要予以赔偿。"对于"财产以外的损害"具体包含什么损害,民法的起草人并没有直接说明,只是论述道:"正当的人的感情、感觉是所有的人的生活上一个非常重要的部分,它必须得到正当的保护,因此,可以想象只限于财产上的损害是多么过分狭窄。"这种模糊的解释至少说明"财产以外的损害"并非等同于"精神损害",而是包括精神损害在内的所有的无形损害,只是对于非精神损害的赔偿不能称作"抚慰金"而已。在精神损害赔偿的范围问题上,除《日本民法典》第 710 条外,第 711 条规定:"侵害他人生命者,对被害人的父母、配偶者及子女,即使没有侵害其财产权也要赔偿损失。"该条是在审议民法典第 709 条时,参加立法的横田国臣委员提出的。他认为子女被杀时对于父母的悲痛应该给予精神损害赔偿,但是,父母没有让子女活下去的"权利",如果以"权利侵害"为损害赔偿的要件,在侵害生命场合,受害人近亲属的抚慰金请求权就没有适用的余地。因此,他主张民法典第 709

---

〔1〕 于敏:《日本侵权行为法》,法律出版社 1998 年版,第 384 页。

条应以"损害"为要件,而不应以"权利侵害"为要件。但是,大多数立法委员担心取消"权利侵害"要件将不适当地扩大损害赔偿责任,于是,立法者决定例外地在民法典第711条规定,在不能称之为权利侵害的场合下也承认精神损害赔偿。[1] 就日本立法和司法的做法看,在精神损害赔偿的范围上,日本法保护的范围最为广泛,体例上也非常独特。

五、美国法中的精神损害赔偿

英美法中的精神损害赔偿制度也经历了一个漫长的发展过程。"美国法院传统上不愿支持个人精神损害赔偿方面的请求,但后来逐渐认识到无论遭受人身或精神损害的人都应当获得赔偿,所以原告只要能证明被告对其人身的有形影响,就有权要求基于这一影响而导致的精神痛苦请求赔偿。"[2] 在美国,请求精神损害(emotional distress)赔偿的诉讼包括两种类型:故意或严重不负责任地致人精神损害赔偿之诉和过失精神损害赔偿之诉。前者主要针对被告的行为恶劣程度判断,只有"极端和无法容忍的"行为才能成为诉讼的依据和理由;而后者则只有在原告所受精神损害确属性质严重的情况下才能成立。[3] 但是,无论是对行为程度的判断,还是对损害后果程度的判断,其实都很难确定一个具体的标准,美国各级法院对于精神损害赔偿仍有下列限制:①必须因被告的过失行为而导致了原告的生理上的损害,并附随有精神痛苦;②如果没有生理上的损害,则必须存在身体上的接触,并因此产生精神损害;③如果精神损害产生了身体上的症状,法院也可以允许原告请求赔偿。尽管有这些限制,但是随着人们权利意识的不断提高,精神损

---

〔1〕 胡平:《精神损害赔偿制度研究》,中国政法大学出版社2003年版,第30页。

〔2〕 转引自王利明:《人格权法研究》,中国人民大学出版社2005年版,第708页。

〔3〕 [美]文森特·R.约翰逊:《美国侵权法》,赵秀文等译,中国人民大学出版社2004年版,第172~173页。

害赔偿范围也在逐步扩展。

通过上述考察可以看出，各国和地区有关精神损害赔偿的规定条文比较简约，在制度设计上，有仅适用于非财产权并以法律明文规定做限制的，也有不区分财产权与非财产权均得适用的。另外，对精神损害赔偿的范围各国及地区都有扩大的趋势，比较而言，法国和日本在立法方面对于受害人的精神损害的救济最为全面。日本民法的法律规定精神损害赔偿的范围广泛，不仅人格权和身份权受到侵害时得提出，在财产权受到侵害时，如果受害人尚有精神痛苦，也可以提出精神损害赔偿，此与法国民法的概括性规定做法也不相同。德国民法典通过修改，将精神损害赔偿的范围由侵权行为扩大至整个债权法，尽管对于因财产损害而产生的精神损害仍无救济规定，但其谨慎态度仍值得学习。

第三节　我国民法中的精神损害赔偿制度

我国有关精神损害赔偿的法律规定，同样经历了一个从无到有，从简约到较完善的过程。从精神损害赔偿发展的趋势看，我国未来的民法典中，对于精神损害赔偿的确认是无疑的，但是，对于该制度的适用范围，赔偿数额的确定与归责等仍需进行深入研究。

一、精神损害赔偿的适用范围

有关精神损害赔偿的适用范围一直是民事立法和民法理论中存在巨大争议的问题。其实，精神损害赔偿的范围问题包括两方面：主体范围和客体范围。主体范围所要讨论的是哪些人得提出并获得精神损害赔偿的问题。从大陆法国家的立法规定上看，任何受害人在出现法律规定的情形时，均可提出精神损害赔偿请求。本部分要讨论的赔偿权利主体是指以下情况：①法人是否得为精神损害赔偿的权利主体（有关问题在前面论述中已经说明）；②受害人死亡时精神损害赔偿的权利主体；③受害人伤残时的精神损害赔偿权利主体；④"对痛苦无感受能力"的人能否成为精神损害赔偿的主体。客体范围问题是指哪些权利受到侵害时，当事人得提出精神损害赔偿请求。尤其是除人格权、身份权外，某些财产权利受到侵害时是否会产生精神损害，以及产生了精神损害是否适用损害赔偿等都是需要深入探讨的问题。参考域外经验并总结我国司法实践经验，精神损害赔偿的客体应包括：人格权、身份权和特定财产权。

（一）精神损害赔偿的主体范围

1. 死者无精神损害赔偿资格

死者有无精神痛苦是人类目前无法经历的事情。但从普通伤害到因伤致残再到心神丧失，受害人都存在一定程度的精神损害，那么可以由此推断，比前者更为严重的死亡发生时，受害人当然承受了精神痛苦。但是，有精神痛苦与有权主张精神损害赔偿是两回事。基于民事法律关系的基本观念，严格来讲，明确主张死者有精神损害赔偿资格的人不多，倒是有些学者主张死者有名誉权、肖像权等人格权，并提出要对死者的人格权给予保护。[1] 这种主张在司法实践中也得到了体现，如在"荷花女名誉权案""海灯法师名誉权案"等案中，最高人民法院的批复意见都认可了"死者的名誉权"概念，并都给予了救济。事实上，如前所述，从权利的本质以及权利能力与民事权利的关系角度分析，死者是无法享受到权利带来的利益，也无法行使法律赋予他的权利的。至于精神损害，死者生前很可能遭受到了生理或心理的痛苦，但是精神损害赔偿是对于受害人受伤害的心灵的抚慰，受害人已经死亡，这种"抚慰"也就没有了意义，所以确定死者没有精神损害赔偿资格是正理。最高人民法院在 2001 年 3 月 10 日实施的《关于确定民事侵权精神损害赔偿责任若干问题的解释》中也没有将死者作为精神损害赔偿的权利

---

[1] 孙加锋："依法保护死者名誉的原因及方式"，载《法律科学（西北政法学院学报）》1991 年第 3 期。

主体。

2. 死者精神损害赔偿请求权的转让和继承

理论界对于死者的精神损害赔偿请求权能否转让或继承有不同的观点。多数人认为精神损害赔偿请求权具有专属性,与权利主体的人身不可分离,因此一般不得转让和继承。其理由主要有:其一,精神损害赔偿请求权可以说是受害人人身权受侵害的结果,是对人身权的救济,而人身权具有专属性,因此依据其发展而来的精神损害赔偿请求权也就当然具有专属性;其二,精神损害抚慰金是对受害人精神痛苦的慰藉,至少是对某种损害的补偿,而这种痛苦和损害将随着受害人死亡而消失,因此是不能转让和继承的;其三,精神痛苦具有很大的主观性,如果受害人本身并未感到受到损害或者由于个人事由不行使该权利,则此时应不存在继承的余地。

上述肯定专属性的理由,我们认为并不充分:就主张专属性的第一条理由而言,其是支持专属性的强有力论据。非财产上的损害赔偿请求权由自然人的人格权、身份权转化而来,和人身权利有很强的联系,但在实际上,非财产上损害赔偿请求权属于请求金钱给付的债权,虽然由人身权演变而成,但其内容已经是金钱给付,与人身权的内容已有本质的区别。金钱债权并不具有专属性。对非财产上的损害,法律赋予受害人损害赔偿请求权并不能够使受害人的人身权利恢复到损害如同没有发生一样,赔偿的金钱并不等于受损的人身权利,肯定其专属性并不是法律的唯一选择。第二条理由首先怀疑受害人死亡之前是否受到了损害,主张即使有损害,也因死亡而消失,受害人还可能基于自身的理由而不行使权利,进而认为肯定继承违反了受害人的本意。受害人死亡之前受有非财产损害,这种损害与主观感受无关。在得请求非财产损害赔偿时,基于自身原因而放弃权利的虽然有之,但在现代社会毕竟属于少数,以少数人的放弃权利而否定继承并不合适。第三条理由,其强调的权利人是否行使权利的意思自由,尊重受害人对金钱的态度,此属正确。但是,权利人的意志并不是非财产损害赔偿请求权"由静而动发挥权利应有功能"的决定性因素，法律甚至常常忽视权利人行使的意志，它并不否定没有行为能力者的非财产损害赔偿请求权不得由他人代为行使。即使应该强调受害人的意思自由，但受害人受到伤害后昏迷不醒时，其所谓的意思自由是不存在的，在成为植物人的场合，受害人更无所谓的意思。此时的受害人与胎儿、无行为能力人及限制行为能力人在意思能力上并无不同，对法律赋予他们的损害赔偿请求权，只能由他人代为行使。

强调受害人行使请求权的主观意愿本身并无错，但这种意志自由只有受害人有自主选择的可能性时才有意义。在这种期待不可获得时，否定该请求权可以由他人代为行使，否定其可继承性就等于否定了这些损害的可赔偿性，也等于否定了受害人的请求权。这不是合理的结果。当然，在可以期待受害人行使请求权时，他不行使的，否定其继承性才有合理的基础。如果以自己行为放弃权利的，则该权利归于消灭，继承性当然无从谈起。

另外，这种不能表达行使权利的意思状态是由于加害人的行为造成的，如果否定此时的请求权可以由他人代为行使，那么只要加害人一直阻止受害人行使非财产损害赔偿请求权，至受害人死亡后，他就无需再承担赔偿责任。这无异于肯定加害人可以自己的非法行为获益，这样的结果与法律的正义性不符合，也违背了民众的一般感情。即使受害人在死亡之前意识清醒，"法律不能无视，一个在与死亡做斗争的人的忧虑绝不是能否以及如何主张其请求权的问题。要求他去积极实现自己的法定利益在作者看来是荒唐的。"[1]

从上文可以看出，主张非财产上损害赔偿请求权具有绝对专属性的观点是需要修订的，"仅仅因为一个人在死亡之前没有及时行使无形损害请求权即否定此种权利的可继承性，在理论上是无说服

〔1〕　〔德〕克雷斯蒂安·冯·巴尔：《欧洲比较侵权行为法》，焦美华译、张新宝审校，法律出版社2001年版，第78页。

力的"[1]。

2001 年最高人民法院《关于精神损害赔偿的解释》虽然跟随了大陆法系的主要潮流,但是却不无反思的余地。根据该解释的规定,在致人死亡的场合,因忙于救治或因加害人逃逸导致受害人不知道加害人为谁者亦有,因此难于起诉或与加害人达成赔偿协议,使得该权利落空。受害人受到伤害后丧失意思能力的,更无法以自己的行为主张权利,此时的赔偿请求权更成为一个空壳。为此,有必要对该规定进行修改,使加害人承担赔偿责任成为常态,在受害人不能够行使请求权或者难于期待其行使权利时,在其死亡之后由其近亲属继承其赔偿请求权。只有在受害人有足够的时间并且可以合理地期待其行使权利时,受害人没有行使权利的,该权利才随着其死亡而消灭。

诚然,当事人的精神痛苦是其主观的感受,这种感受和痛苦是不能转让和继承的,但是精神损害抚慰金毕竟以一种财产责任的形式表现出来,兼具补偿和抚慰的功能。因此,在一定条件下,当这种感受和痛苦外化于受害人的主观范畴,而可以以一定的客观事实判断这种感受和痛苦的存在和大致范围的时候,这种精神抚慰更类似于一种财产赔偿,此时就可以发生转让和继承。同时随着社会保险制度尤其是责任保险的发展,一定条件下精神损害抚慰金的转让和继承,对于加害人不公平的担忧也大大的弱化。因此,对于精神损害抚慰金的专属性应有所突破,但是这种突破并非没有限制。正如学者所说:"衡量行使专属之标准,本可从宽亦可从严。标准从宽时,凡被害人表示行使之意愿即为已足,方法上为诉讼上或诉讼外,单纯之请求或依契约达成,以口头或书面,自己为之或授权他人为之均无不可。标准从严时,可以将上述之标准酌加限制。从宽从严各有利弊,从宽可以符合完全尊重被害人意愿之本旨,从严可

---

[1] 张民安:《过错侵权责任制度研究》,中国政法大学出版社 2002 年版,第 478 页。

以借助契约或起诉之具体事实亦即藉证据法之运用，使确否表示行使之意愿易于认定，以杜纠纷。"[1] 可见，精神损害抚慰金在一定条件下可以发生转让或继承。这"一定条件"，亦以"当事人契约承诺或已经起诉"为标准，此时已有初步证据表明受害人的精神痛苦存在并已为主张，受害人的精神损害已经外化于当事人的主观感受而进入到客观判断的范畴。并且，精神损害赔偿一般情形下不能转让，但是其本质依然是一种债的关系，因此可以在一定程度上适用"私法自治"的原则。书面承诺就是义务人同意赔偿，这种赔偿既可以向原来的受害人赔偿，也可以向受让人赔偿，如果其是向受害人做出的赔偿承诺，则可以认定其也愿意向受让人赔偿。

在死者生前遭受到的精神损害能否转化为赔偿权利并被其继承人继承问题上，从比较法角度看，主要有三种立法例：

第一，完全肯定说。奥地利、葡萄牙、卢森堡、比利时、法国、英格兰、苏格兰等国家和地区均认为非财产损害赔偿请求权可以继承。例如，英格兰1976年《损害赔偿法案》第2条第1项规定：人身损害赔偿请求权中死者生前已直接既得的请求权（包括精神损害赔偿请求权）应由死者继承人继承。日本理论界通说认为对于精神损害赔偿请求权，受害人之继承人当然得为继承。日本学者我妻荣主张对精神利益的损害发生抚慰金请求权，只要受害人没有放弃权利等特别情况就应该可以继承。[2]

第二，有限制的承认。采取这种立法例的主要有德国、希腊、丹麦、中国。修订前的《德国民法典》第847条第1项规定："侵害人的身体或健康，或侵夺人的自由者，被害人亦得基于非财产上的损害请求相当的金钱赔偿。此项请求权不得让与或继承之；但以契约承认或已就该请求权提起诉讼者，不在此限。"2002年《德国民法典》修订后，该项的前句被归入第253条第2项，但是，后句

〔1〕 曾世雄：《损害赔偿法原理》，中国政法大学出版社2001年版，第317页。
〔2〕 参见于敏：《日本侵权行为法》，法律出版社1998年版，第390页。

有关非财产损害赔偿请求权的"让与"和"继承"的规定，并没有随之并入第253条，而查其继承法部分也无相关规定；另一种做法是在是否可被继承的问题上，法律上不作明文规定，如瑞士民法。从德国民法修订的事实看，德国法也开始倾向于不做明文规定了。

限制说的主要理由是非财产损害赔偿请求权具有专属性，其行使与否由受害人本人进行意思表示，除非侵权人承诺给付或者受害人已经提起诉讼，否则不能发生继承。

第三，否定说。采取这种立法例的主要有爱尔兰、芬兰和瑞典。即否认死者本身的精神损害赔偿问题。

我国也有学者从精神损害赔偿功能的多元性角度分析，认为受害人死亡前所遭受到的痛苦，不能因为没有做出意思表示就推定受害人没有精神损害赔偿的愿望，进而否定该项请求权的继承性。有学者主张："对于受害人生前的精神损害赔偿请求权，只要受害人没有放弃权利，应承认其继承人当然继承。"[1] 上述观点有一定道理，只是，精神损害赔偿毕竟是对于受害人精神的抚慰，受害人死亡后对其抚慰显然已无必要，所以通常该请求权随受害人死亡而消灭，而不能转化为遗产由继承人继承，或者作为财产转让给他人。但也不能就此一概否定精神损害赔偿请求权的可继承性，在下列情况下，精神损害赔偿金或请求权可以转让或继承：①受害人生前已经获得的精神损害赔偿金；②有充分证据证明侵权人已经承诺给予受害人精神损害赔偿金，此时，赔偿义务人的承诺使得死者生前获得了一项债权，在其死后，自然即转化成遗产；③法院已经做出给付精神损害赔偿判决。对此，最高人民法院《关于人身损害赔偿的解释》第18条第2款规定："精神损害抚慰金的请求权，不得让与或者继承。但赔偿义务人已经以书面方式承诺给予金钱赔偿，或者

---

[1] 胡平：《精神损害赔偿制度研究》，中国政法大学出版社2003年版，第266页。

赔偿权利人已经向人民法院起诉的除外。"其中的"赔偿权利人已经向人民法院起诉"条件过于宽松。因为，"起诉"只是说明受害人有了请求的意思表示，在没有做出判决之前，受害人并没有获得该项权利，又因为该项诉讼的目的是对受害人精神损害的救济，诉讼过程中如果其死亡，该项诉讼的目的将无法实现，所以此时应该终结审理。国外对此问题虽做法不尽相同，但是，"死者生前尚未产生的权利也就不能为继承人继承"是在司法实践中被广泛运用的原则。[1] 事实上，只有受害人生前已经直接既得的请求权（包括精神损害赔偿请求权）被作为遗产继承，才不仅符合法律规定的遗产本质，也才不会使人们陷入"亲属从死者的不幸中获取财产利益"的道德谴责中。

我们认为，完全否定继承的做法与世界各国及地区不断注重保护自然人的生前利益和死后利益的潮流相违背，实不足采。而部分肯定说强调尊重受害人行使权利的意思固然没错，但要求一个受到伤害的人去起诉，或者与加害人谈判妥当并就赔偿达成契约，这种标准过于苛刻，法律怎么可强求一个正在与死亡作斗争的人去积极争取其请求权呢？如果加害人已经逃逸，或者受害人不知道加害人是谁，或者受害人忙于接受医治，仅仅因为一个人在临死之前没来得及表示要行使就消灭这项权利，明显是不讲道理的。基于专属性人格权产生的非财产损害赔偿请求权，其性质上属于请求金钱给付的债权，与其产生的基础权利已明显不同，只要受害人没做出放弃的意思表示，作为一项债权当然得以让与或继承。因此，应当肯定死者的精神损害赔偿的让与和继承。

对受害人死亡时精神损害赔偿请求权是否可以继承的问题，现在主流的观点认为其不得转让或继承。《最高人民法院关于审理人身损害赔偿案件适用法律若干问题的解释》第18条第2款明确规

---

〔1〕 〔德〕克雷斯蒂安·冯·巴尔：《欧洲比较侵权行为法》，焦美华译、张新宝审校，法律出版社2001年版，第74页。

定"精神损害抚慰金的请求权，不得转让或继承。但赔偿义务人已经以书面方式承诺给予金钱赔偿，或者赔偿权利人已经向人民法院起诉的除外"。这种观点的主要理论基础是，精神损害是否存在及损害的大小只有当事人才能明了，当事人不提出请求说明他不认为这是一种侵害，因此，不应该允许当事人转让或继承该请求权。当赔偿义务人已经以书面方式承诺给予金钱赔偿，或者赔偿权利人已经向人民法院起诉时，就表明当事人受到了损害，此时应该加以赔偿。笔者认为这种观点在当事人没有死亡时有一定的合理性，但在处理死亡赔偿时，这种观点对受害人的保护便显得无力。受害人受侵害而死亡时，享受生命的权利明显受到侵害，但他不可能有机会向法院提出诉求，也不可能和加害人达成协议。在这种情况下，出于对受害人权利的全面保护，立法应当对此做出特别规定，允许这种请求权的继承。

3. 死者近亲属精神损害赔偿的资格

亲人的死亡，对于死者的近亲属而言，通常会带来巨大的精神伤痛，此时加害人除应赔偿由此而发生的物质损失外，还应向受害人的近亲属支付精神损害抚慰金，以抚慰其失去亲人的痛苦。侵害生命权的行为在使生命权人丧失生命的同时，也破坏了正常的亲属身份关系，直接侵害了死者近亲属的身份权，意味着近亲属相对于死者所具有的特定身份的丧失，造成其精神损害和亲属身份利益的丧失，两者同时发生，也无直接或间接的差异，故近亲属的救济权是其作为侵权行为的受害人由法律直接赋予的，并不依赖于死者。其实，死者近亲属在死者因侵权行为意外死亡后，之所以会产生精神痛苦，乃是因为他们与死者的特殊身份关系，他们基于长期以来形成的深厚的感情，在亲人因加害人的行为而死亡后，必然遭受巨大的精神痛苦。所以，死者近亲属的精神损害赔偿请求权的乃是基于这种特殊的身份关系。死者近亲属的精神痛苦是由侵权人之行为造成，精神痛苦与侵权行为之间具有法律上的因果联系，所以这种精神痛苦当属精神损害的范畴。

因受害人死亡而使与其有一定身份关系的人精神受到损害，进而向侵权人请求精神损害赔偿也为多数国家和地区所承认。《日本民法典》第711条将请求权人限制在"父母、子女及配偶"范围，而《葡萄牙民法典》则将范围限定于父母和子女。但在司法实践中，各国及地区的"请求权人决不仅限于配偶、父母及子女"。[1]在意大利的司法实践中甚至还包括了生活伴侣（同性恋人）。我国的传统观点认为，仅在直接受害人死亡的情形，限定范围内的间接受害人可以获得赔偿，这个范围包括：配偶、父母、子女以及其他近亲属，如祖父母、外祖父母、兄弟姐妹等，都可以请求精神损害赔偿。依《最高人民法院关于确定民事侵权精神损害赔偿责任若干问题的解释》第7条规定，这种身份依婚姻关系、血缘关系的远近，其行使权利的顺位也有所不同：死者的配偶、父母、子女是第一顺位；死者没有以上近亲属的，才可以由其他近亲属提起诉讼，其他近亲属指与死者具有赡养、抚养和扶养关系的人，即兄弟姐妹、祖父母、外祖父母、孙子女、外孙子女。可见，我国对于请求权主体的范围限制得较为严格。我们认为，这并不利于对赔偿权利人的全面保护。在这个问题上，我们可以借鉴英美判例法中的"第三人休克损害"这种侵权类型对间接受害人的精神损害请求权予以支持。"第三人休克损害"的构成要件是：①间接受害人直接感知受害人遭受人身损害，如目睹事故场面、耳闻事故消息；②间接受害人遭受有证据证明的精神损害，如因惊骇而休克、心脏病突发、血压升高等，但是不包括一般的痛苦、沮丧、惊恐、情绪不安等；③间接受害人的范围满足合理性以及可预见性测试标准。第三人休克损害的赔偿权利人的范围较为广泛，不受近亲属范围的限制，但要符合其构成要件，最重要的一个要件就是加害者能够合理地预见间接受害人将会因此侵权行为而受到精神损害，即有一个可预见伤

---

〔1〕〔德〕克雷斯蒂安·冯·巴尔：《欧洲比较侵权行为法》，焦美华译、张新宝审校，法律出版社2001年版，第89页。

害事故而遭受精神损害的赔偿权利人。通常未婚妻、未婚夫也在预见范围之内，可以成为赔偿权利人。这种侵权类型的出现有它的合理性，将来我们的立法和司法是否会吸收其合理因素，扩大赔偿权利主体的保护范围，值得理论和实务的双重关注。当然，如果有证据证明死者的近亲属没受或少受精神痛苦，如分居多年、视为路人甚至仇人、多年不相往来的养父母子女、继父母子女、非同胞或者非完全同胞的兄弟姐妹等，这些近亲属不能成为权利主体。法官对这些间接受害人范围也应依客观标准作出严格限定，不得任意扩大。

我国的司法解释将间接受害人范围限制在近亲属范围内。如最高人民法院《关于精神损害赔偿的解释》第 3 条规定："自然人死亡后，其近亲属因下列侵权行为遭受精神痛苦，向人民法院起诉请求赔偿精神损害的，人民法院应当依法予以受理：①以侮辱、诽谤、贬损、丑化或者违反社会公共利益、社会公德的其他方式，侵害死者姓名、肖像、名誉、荣誉；②非法披露、利用死者隐私，或者以违反社会公共利益、社会公德的其他方式侵害死者隐私；③非法利益、损害遗体、遗骨，或者以违反社会公共利益、社会公德的其他方式侵害遗体、遗骨。"第 7 条也有相同的范围限制。《侵权责任法》第 18 条第 1 款也表达了同样的意思："被侵权人死亡的，其近亲属有权请求侵权人承担侵权责任……"以近亲属作为限制标准自然有其道理，因为在我国，具有法律上权利义务关系的亲属范围皆以近亲属为判断标准，但是，在精神损害问题上，因近亲属范围过窄，以此为限似乎过于严格了些。在实际生活中，"四世同堂"者并不稀奇，叔侄、甥舅之间也大都是非常亲近的关系，一方死亡对于另一方的影响也是客观存在的。除此之外，对于已经确立过恋爱关系的，或者有特殊身份关系的（如师徒关系等），就他们之间的关系所实施的侵害行为，也应具体考虑，如针对死者在担任教练期间的行为进行的诽谤、贬损，通常会导致当时为该教练的队员的人精神受到损害。总之，精神损害赔偿的主体范围不能仅限于"近亲属"。而且依最高人民法院《关于精神损害赔偿的解释》第 7 条规定，这种身份依血缘关系、婚姻关系的远近，其行使权利的顺位也有所不同：死者的配偶、父母、子女是第一顺位，没有以上近亲属的，才可以由其他近亲属提起诉讼，其他近亲属指与死者具有赡养、抚养和扶养关系的人，即兄弟姐妹、祖父母、外祖父母、孙子女、外孙子女。这种限制是没有道理的，精神损害赔偿与财产继承属于两个完全不同的法律制度，其社会功能有很大差异，不能采用相同的制度结构。从实际生活看，并非在有"配偶、父母、子女"时，死者的其他亲属就没有了精神痛苦，另外，"配偶、父母、子女"的损害赔偿请求权也不能代替其他近亲属的赔偿请求权。所以，该条规定应该被修改。

上述内容中当事人的精神损害是被侵权人直接侵害的结果。在民法理论和实践中还有一种"反射性精神损害"，它是民法理论上以侵权行为是否直接针对受害人为标准，将精神损害分为直接精神损害和反射的精神损害的结果。

所谓反射的精神损害是指：因侵权行为而使与受害人关系密切的人所遭受到的精神损害。如丈夫受到伤害导致性功能丧失，妻子因此而遭受的精神损害；以及子女受伤害死亡，其父母遭受到的精神痛苦等。反射性精神损害并非因自己直接受到侵害而产生，而且仅限于精神损害，与"纯粹财产损害"相对应，该种精神损害其实可以称为"纯粹精神损害"。对此种损害原则上都不予承认，只在特别案例中才予以救济，例如美国和德国的司法实践中的"精神打击"（nervous shock）案例。[1] 当然，为防止这种"纯粹的精神损

---

[1]　在美国要求：行为人向第三人施于极端无礼之行为，如符合下列要件时，亦负赔偿责任。即①行为人系以致该第三人之在现场最近亲属受严重精神上痛苦之故意或鲁莽置不顾之意思为之者（不论该精神痛苦是否引起身体上伤害）；②行为人系以致其他在现场之任何第三人受严重精神上痛苦之故意或鲁莽弃置不顾之意思为之者，如该精神上痛苦而引起身体上伤害。参见《美国侵权行为法（第二次）重述》第 46 条第 2 项，引自胡平：《精神损害赔偿制度研究》，中国政法大学出版社 2003 年版，第 72 页。

害"赔偿范围的无限扩张,各国司法实践都以当事人在受害人受到伤害时身处现场为限,即当事人目睹了直接受害人的受伤害过程。

我国立法和司法实务中,还没有"精神打击"的规范和案例,在理论上,有学者提出了有限度适用的建议。我们认为,"精神打击"的范围难于把握,而且,如果确实造成了损害,间接受害人可以通过与直接受害人之间的近亲属身份获得救济,无需单独作为救济类型。

4. 近亲属的精神损害赔偿的顺序

最高人民法院《关于精神损害赔偿的解释》第7条规定:"自然人因侵权行为致死,或者自然人死亡后其人格或者遗体遭受侵害,死者的配偶、父母和子女向人民法院起诉请求赔偿精神损害的,列其配偶、父母和子女为原告;没有配偶、父母和子女的,可以由其他近亲属提起诉讼,列其他近亲属为原告。"该条当然使人明确诉讼了主体的范围为"近亲属",但据说同时也解决了近亲属中精神损害赔偿的顺序问题,有学者认为依据该规定,"只有在配偶、父母和子女不存在的情况下,其他近亲属才有权起诉"[1]。这种观点是值得商榷的。近亲属的精神损害赔偿与财产继承不同,它是各近亲属自己遭受的损害,而非是自死者处继承而来,这种损害一般随亲属关系的疏离而逐渐减轻,所以,法律作"近亲属"限制,但在该范围内,应当认为每一位亲属因受害人死亡都产生了精神损害,因此,都应有权独立为诉讼。因亲疏程度不同可能受到的损害程度也不同,但是,不能以一部分人的精神损害代替他人的精神损害,进而剥夺亲等稍远的亲属的精神损害赔偿请求权利。既这样,在受害人的配偶、父母或子女放弃精神损害赔偿请求时,其他近亲属也当然还有权对侵权人提出精神损害赔偿请求。

5. 受害人伤残时的精神损害赔偿权利主体

受害人伤残,即其身体权、健康权受到侵害并且不能恢复时,

---

〔1〕 唐德华主编:《最高人民法院〈关于确定民事侵权精神损害赔偿责任若干问题的解释〉的理解与适用》,人民法院出版社2001年版,第57~58页。

受害人本人自然有权提出精神损害赔偿请求，值得讨论的问题是与伤残者有近亲属身份关系的人是否也有精神损害赔偿请求权。《侵权责任法》第 22 条规定：“侵害他人人身权益，造成他人严重精神损害的，被侵权人可以请求精神损害赔偿。”联系该法第 18 条第 1 款“被侵权人死亡的，其近亲属有权请求侵权人承担侵权责任”可以得出，在侵权行为造成受害人残疾时，只有受害人本人有权提出精神损害赔偿。这样的规定是欠妥当的。在逻辑上和事实上，侵权行为造成当事人死亡，会使其近亲属等受到精神损害，其近亲属可以依此提出精神损害赔偿请求；侵权行为造成当事人伤残，同样可使其近亲属受到精神损害，为什么此时其近亲属就不能提出赔偿请求？因为直接受害人的精神损害与其近亲属的精神损害是两个不同人的损害，前者不能吸收后者。学者中早已有人提出了建议，如梁慧星教授主编的《中国民法典草案建议稿》第 1566 条第 2 款对此建议：“侵害未成年人造成残疾或者其他严重后果的，受害人的父母或其他抚养人有权单独请求适当的精神抚慰金。”当然，此条建议中的“父母”权利是可以接受的，但“其他抚养人”范围并不确定；而请求权人究竟是出于精神损害赔偿目的还是财产损害赔偿目的，抑或是二者兼有请求赔偿则不得而知。

对此，正确的做法应是在侵权行为造成受害人伤残情况下，除直接受害人有精神损害赔偿请求权外，其近亲属也应被赋予精神损害赔偿请求权。就现在《侵权责任法》第 22 条规定看：“侵害他人人身权益，造成他人严重精神损害的，被侵权人可以请求精神损害赔偿。”其中第一句中的“他人”与第二句中的“他人”甚至后面的“被侵权人”，因为第一句话中的“他人”死亡与否就可能有不同指代。再联系该法第 18 条的规定分析，如果第一句中的“他人”死亡，那么后一句的“他人”以及“被侵权人”应该为死者的近亲属，如果第一句中的“他人”没有死亡，那么三句话中的人应指同一人，这显然忽视了与受害人有亲密关系的人受到的精神损害也应得到救济。

6. 对痛苦无感受能力的人

精神损害是指因侵权行为所导致的受害人生理上或心理上遭受的痛苦，因此，"不能感受痛苦"的人是否具有精神损害赔偿请求权，在理论上有不同观点。反对者认为，精神损害赔偿要求请求权人对痛苦必须有感知力，否则，不得请求抚慰金赔偿。英国著名的法官丹宁勋爵认为："这对伤害赔偿是一种误解。为补偿痛苦、苦恼和享受生活方面的损失而给予金钱，毕竟不是赔偿。它属于苏格兰称作安慰金一类的东西。这种制度一经实现，我们就可摆脱理论上的争论。我们可以判给原告（他完全能够意识到他损失了什么）一笔合理的赔偿费作为抚恤金。但是不能用此方法给予没有知觉的原告（他意识不到他所损失的是什么）以抚恤金。这样对本人并无好处，无非是增加他死后的财产，而这财产将落入近亲手中。我建议对于没有知觉的原告不应予以赔偿费。"[1]

肯定者认为，精神损害赔偿不以受害人对痛苦有感知能力为必要。史尚宽认为："无痛苦知觉之幼童及心神丧失人，亦有无形的损害赔偿请求权。盖此不独精神上之痛苦，其他因被害人之死亡所蒙受不得以财产估计之一切损失，均包含在内，不得以其不知痛苦而否定其此项请求权，而且无痛苦知觉之幼童或心神丧失人，如年事稍长或于意识状态回复之时，必然感觉痛苦，尤其此种失怙失依之人，所关更为深切也。"[2] 除此之外，曾世雄的说明更具说服力："痛苦之感受即为身体机能之反应，照理说，应已赔偿权利人有知觉为前提。或因对于有无知觉认定不易有同一之标准，或因对于外表上无知觉之人究竟有无痛苦之感受难下恳切而否定之断言，或因对于无知觉之人表示同情，认定痛苦之有无时，外国判决暨台湾地区学者几乎偏向于否定知觉之存在为其前提。此一倾向，无异

---

〔1〕 ［英］丹宁勋爵：《法律的未来》，刘庸安、张文镇译，法律出版社1999年版，第178~179页。

〔2〕 史尚宽：《债法总论》，中国政法大学出版社2000年版，第218页。

将痛苦感受之认定转向于客观认定。"[1]

　　学术界持肯定观点者较多,在各国的司法实践中,也基本肯认无痛苦感知能力人的精神损害赔偿请求权。事实上,精神损害赔偿的功能是多元的,不能仅依其主要功能作为判断标准。对心神丧失者实施身体或健康侵害,其同样存在身体机能的疼痛感觉,只是由于正常的反射神经系统被破坏,有时他们实际的感受会降低,或者其表达痛苦的方式与常人不同而已。或者说,精神病人只是存在妨碍其感觉痛苦的特别情形,并不能说其没有精神痛苦。而对于某些精神病人、痴呆人的精神性人格权的侵害,在他人看来并没有造成受害人的精神损害,但受害人自己是否有精神痛苦,实际上是很难分析清楚的。从一个极端的角度看,对于侵权人的侮辱、诽谤都无动于衷,甚至看起来还很高兴的人,是一个连"疼痛"这样正常人基本的反应都不能感知的人,说明他痛苦到了极点,即也可以从消极形态的精神痛苦角度分析认为,这些人感受生命幸福、生活圆满,体验生活的美好的能力丧失。从社会功能角度看,如果对无感知能力的人实施的伤害,反而要比侵害一个正常的人承担更轻的责任,这种法律的社会效果一定是不好的。

　　另外,精神损害是指受害人因为他人侵害而产生的精神方面的痛苦、疼痛或者严重的精神反常现象。精神上的痛苦系自然人身体机能的自然反应,与自然人有无意思能力或心神是否丧失无关,精神反常是与正常人相比较的结果,因此植物人及其他心智丧失者仍有精神上痛苦。从我国法律规定角度看,关于精神损害赔偿问题,从来没有否定精神病人的精神损害救济问题。人是自然的存在和社会的存在的统一,法律规则的制定也必须从社会意义上考虑。所以,精神病人、痴呆人、植物人或其他心神丧失的人同样是精神损害赔偿的主体。

---

〔1〕　曾世雄:《损害赔偿法原理》,中国政法大学出版社 2001 年版,第 331 页。

（二）精神损害赔偿的客体范围

1. 我国精神损害赔偿客体范围的法律规定

有关精神损害赔偿的客体范围问题，是指有哪些权利受到侵害后，受害人得以提出精神损害赔偿。通过前面对世界各国及地区的比较分析看，精神损害赔偿的范围呈现逐渐扩大的趋势。我国现行法律中，《民法通则》第120条将精神损害赔偿的客体限定于"姓名权、肖像权、名誉权和荣誉权"中，该范围明显过于狭窄，现在司法实践中，确定精神损害赔偿的客体范围基本依据最高人民法院《关于精神损害赔偿的解释》，该解释规定精神损害赔偿的客体包括：①第1条规定的：下列人格权受到非法侵害的，受害人享有精神损害赔偿请求权：生命权、健康权、身体权；姓名权、肖像权、名誉权、荣誉权；人格尊严权、人身自由权。除此之外，隐私以及其他人格利益在遭受行为人违反社会公共利益、社会公德方式侵害时，也属于精神损害赔偿法救济范围。②第2条规定的：在设有监护的情况下，亲权以及近亲属关系等身份权也属于精神损害赔偿的客体。③第3条规定的：非法利用或侵害的遗体、遗骨。④第4条规定的：发生永久性灭失或者毁损的具有人格象征意义的特定纪念物品。

对于上述范围，显然全国人大法律委员会并没有完全接受，在《侵权责任法》制定过程中，曾仅规定了人格权和身份权受到"故意"侵害，并造成"严重"精神损害时，受害人才能请求精神损害赔偿；并通过独立条文规定了具体的物质性人格权（生命、健康、身体）受到侵害时的精神损害赔偿问题。这一规定的范围，明显较之以前要窄。最终我国通过《侵权责任法》第22条规定，"侵害他人人身权益，造成他人严重精神损害的，被侵权人可以请求精神损害赔偿"，除删除了"故意"这一构成要件的限制外，也将适用范围扩大至所有人身权益。但其不足之处也正是将范围仅限于人身权领域，对于财产的侵害，即便造成精神损害也不能主张赔偿。

理论界的通说也认为精神损害赔偿应限定于人身权领域，而在财产权领域则无精神损害赔偿适用余地。

我们以为：随着社会需求范围的不断扩大和层次的不断提高，人们在精神层面的权利不断增强。在世界上，非财产损害赔偿范围呈逐渐扩张趋势也是不争的事实，虽然我们应当谨慎地防止人格商品化，但是为避免如"文革"期间对人格尊严的蔑视所造成的严重后果再次发生，为多方面救济受害人，适当扩展精神损害赔偿范围是必要的。虽然我们不能如同日本法那样规定一个广泛的精神损害赔偿客体，但也不能把精神损害赔偿仅限于人格权范围之内。在人格权中应不加限制地适用，对于某些没有明确为权利的人格利益受到侵害时，也应赋予受害人以精神损害赔偿权利；对于身份权，因为其范围广泛，所以应以法律规定有权利义务关系为限得请求精神损害赔偿。除人格权、身份权外，①应用例外条款方式规定旅游合同的权利人有权请求精神损害赔偿。②对侵权行为导致特定的物品的毁损也可提起精神损害赔偿。

2. 违约造成的精神损害

对于违约造成的精神损害赔偿问题，英美法上的违约非财产损害赔偿的实践模式仍然是延续多年的"原则—例外"模式，即原则上对债务不履行引起的非财产损害不予赔偿，在符合特殊条件的例外情形下，才对违约的非财产损害予以赔偿；大陆法系国家中，法国在立法上虽未区分违约精神损害赔偿与侵权精神损害赔偿，但根据学者的研究，其在判例上对违约精神损害赔偿是承认得十分消极的，虽有些微发展，但也仅在1932年若干案例中得以见识。[1]1900年的《德国民法典》首次以立法的方式明确对人格权的保护，实现人身权与人格权的分离并提出非财产损害的概念，确立精神损害赔偿制度，[2]但当时的法律认为非财产损害赔偿仅存在于侵权

〔1〕　参见韩世远："非财产上损害与合同责任"，载《法学》1998年第6期。
〔2〕　参见胡平：《精神损害赔偿制度研究》，中国法制出版社2003年版，第1页。

法领域。[1] 2002 年《关于修改损害赔偿法规定的第二法案》生效实施后，其将非财产损害赔偿由第 847 条前置于第 253 条即债法总则部分，此举可以认定建立了一般性的违约非财产损害赔偿制度。《国际商事合同通则》《欧洲合同法原则》等统一的合同法文件明确肯定了违约的非财产损害赔偿请求权，体现着全球范围内强化非财产权益保护的趋势。

在中国大陆，违约非财产损害赔偿是一个有激烈争议又悬而未决的问题，学者之间存在着明显的分歧。传统的观点认为违约责任的基础不存在非财产损害的问题，但新近已有部分学者对传统的观点提出质疑，强调合同责任基础上同样应当包括非财产损害的形式。立法上，并未明确规定违约之诉可以请求非财产损害赔偿，但在司法实践中，从 20 世纪 90 年代初司法判例中即存在依违约请求精神损害赔偿的案例，[2] 随后这类案件不断增多。但总体而言，司法实践中对此认识差异巨大，只不过反对违约非财产损害赔偿的理由主要是法律没有明文规定，却并未否认违约精神损害的客观存在；而支持违约精神损害赔偿的理由或从侵权责任考虑，或从维护社会公平正义的角度出发，而实务案例则主要集中在：旅游合同、旅客运输合同、特殊的承揽合同（如丢失结婚活动照胶卷案）、特殊的保管合同（如骨灰盒丢失案）、医疗服务合同、美容服务合同、婚庆服务合同等。

对于违约所发生的精神损害能否适用精神损害赔偿问题，我国立法中没有规定，理论界主要有三种观点：

第一，以王利明教授为代表，明确否定违约精神损害赔偿，其理由主要有：①提供精神损害赔偿是违约责任和侵权责任的根本区

---

〔1〕 当然，如果将身份契约也归入本文讨论范围的话，《德国民法典》第 1299 条、《瑞士民法典》第 93 条等均有一方违反婚约，他方得请求非财产损害赔偿的规定。

〔2〕 例如 1992 年"肖青等诉旭光彩扩服务部丢失胶卷赔偿纠纷案"，摘自最高人民法院中国应用法学研究所编：《人民法院案例选：1992~1999 合订本》，中国法制出版社 2000 年版。

别；②精神损害与合同法上的等价交换原则不相符；③当事人在订立合同时难以预见精神损害，即精神损害是难以预见的风险；④当事人对精神损害有侵权法的救济；⑤以金钱衡量精神损害难度巨大，对此不宜赋予法官过大的自由裁量权。[1]

第二，以崔建远教授为代表，主张概括肯定违约精神损害赔偿，并针对否定观点提出了自己的理由：①是否可以主张违约精神损害赔偿属立法政策问题；②合同未必遵循等价交换原则，而在违约救济中同样也有不遵循这一原则的情况；③在若干类型的合同中，如骨灰盒保管等合同，违约方能够预见其违约对非违约方的精神损害；④在违约和侵权竞合的场合，提起违约之诉主张精神损害赔偿有时比提起侵权之诉更具实益；⑤精神损害赔偿的裁量权过大问题客观存在于对违约的裁判，但可通过明确主张违约精神损害赔偿的合同类型和构成要件加以限制。[2]　程啸教授也认为："对非财产损害的赔偿根本不足先验地永恒地属于侵权法的问题，英美国家多年的司法实践已经表明了这点。在一定的情形下必须给予因违约遭受非财产损害的当事人以赔偿。"[3]

第三，以李永军教授为代表，提出对于精神享受等目的性合同可适用违约精神损害赔偿制度，而对于加害给付中造成的精神损害，应按《合同法》第122条区分是否构成独立的侵权之诉来处理，若加害行为符合侵权行为要件构成独立诉因，则不能适用违约精神损害赔偿。[4]　"在遵守限制规则的前提下，在一定条件下应给予因违约造成的包括精神损害在内的非财产性损害以救济，是生活

---

〔1〕　参见王利明：《合同法研究·（第二卷）》，中国人民大学出版社2011年版，第612~618页。

〔2〕　参见崔建远："精神损害赔偿绝非侵权法所独有"，载《法学杂志》2012年第8期。

〔3〕　程啸："违约与非财产损害赔偿"，载王利明主编：《民商法理论争议问题——精神损害赔偿》，中国人民大学出版社2004年版，第28页。

〔4〕　李永军："非财产性损害的契约性救济及其正当性——违约责任与侵权责任的二元制体系下的边际案例救济"，载《比较法研究》2003年第6期。

逻辑的必然要求。"[1]

支持违约责任适用精神损害赔偿的观点还认为：在以实现或维持精神利益为主要履行利益的合同（如旅游合同）中，违约导致精神损害是订立合同时当事人所能够预见的。[2]违约责任中适用精神损害赔偿也不会产生不当得利，因为，判处违约方承担财产损害赔偿与精神损害赔偿，弥补了受害人的财产损失之后，其非财产损失也得到补偿，并未得到双重赔偿。[3]

我们认为，在某些特定的合同中，违约方承担精神损害赔偿责任是合理的。在整个法律体系中，原则上坚持违约责任和侵权责任的二元责任是没有问题的，但是这种划分并不是针对精神损害的适用问题。既然违约行为会给当事人造成精神损害的观点被普遍接受，既然对精神损害应该给予赔偿，就无须以违约还是侵权给予限制，也不必累述成"如果违约行为已经构成侵权行为，则因此引发的精神损害应受侵权法的保护"[4]。至于合同的可预见规则，首先，仔细分析《合同法》第113条规定的"损失赔偿额""不得超过违反合同一方订立合同时预见到或者应当预见到的因违反合同可能造成的损失"，其中所指内容应仅指财产损害，而并没有对非财产损害进行指示；其次，虽然人们没有明确说明，但这里所说的适用精神损害赔偿的违约责任并非指全部合同应该是不言而喻的。一方面，通常如果合同的目的是满足精神利益、追求精神享受，这种目的双方当事人在订立合同时是明确的，一旦违约会使另一方遭受精神痛苦也是当事人事先可以预见到的。从另一方面看，这类合同

〔1〕 李永军："非财产性损害的契约性救济及其正当性——违约责任与侵权责任的二元制体系下的边际案例救济"，载《比较法研究》2003年第6期。

〔2〕 沈晓鸣："完善我国现行精神损害赔偿制度的若干构想"，载《法律适用》，2004年第5期。

〔3〕 姜作利："美国合同法中的精神损害赔偿探析"，载《法学论坛》2001年第6期。

〔4〕 王利明：《人格权法研究》，中国人民大学出版社2005年版，第746页。

的内容本身是一方为另一方提供身心愉快的服务，义务人不履行或不完全履行合同给权利人造成的不愉快——精神损害，其实也是违约。至于担心违约要负精神损害赔偿责任会使合同当事人承担极大风险以及担心法官的自由裁量权会过大等都是不必要的，因这类案件适用范围较窄，而凡涉及精神损害赔偿问题也都存在法官裁量权问题。违约责任中有关精神损害赔偿的主要问题其实是适用范围问题，即究竟哪些合同中可就违约请求精神损害赔偿问题。从国内外的司法实践看，在旅游合同中承认精神损害赔偿是很普遍的。德国新修订的民法典第 651f 条第 2 款规定："旅行遭到破坏或显著受到侵害的，旅客也可以因徒然花费休假时间而请求适当的金钱。"该款规定构成《德国民法典》第 253 条第 1 款的例外情况，即属于非财产损害赔偿。而且，如前面曾阐述过的那样，德国在 2002 年 8 月 1 日生效的《修改损害赔偿规定第二法》对民法典中的损害赔偿，特别是对侵权的损害赔偿进行了修改。其中最重要的是将非财产损害赔偿条款由过去的侵权法位置，提前至债法总论位置，这基本上意味着，非财产损害赔偿的适用范围扩展到包括合同在内的一切债权。除立法规定外，在德国、英国等都有类似的案例，有关案件可以参见王泽鉴教授所撰"时间浪费与非财产上损害之金钱赔偿"[1]。虽是在论"时间浪费"的非财产损害赔偿问题，但在王教授所列外国案例中，基本都是旅游合同。我国在司法实践中也有判例证明，旅游合同中当事人的精神损害赔偿请求获得了支持。

　　所以，我们认为对债务不履行给予非财产损害赔偿具有正当性。现代合同法的中心已经不仅是合同自由的问题，也包括合同正义的问题。从合同法发展历史来看，合同所保护的利益是不断扩展的，存在着信赖利益、履行利益和维持利益的分类。[2] 就如法国学者于埃所指出的那样，"一方面，合同责任可使债权人获得预期

---

〔1〕　王泽鉴：《民法学说与判例研究（第七册）》，中国政法大学出版社 2003 年版，第 167~192 页。

〔2〕　参见韩世远：《合同法总论》，法律出版社 2004 年版，第 724 页。

但未实现的给付的等值利益,给予其失去的预期的合同利益以相应的补偿。这表现了合同责任与侵权责任的根本区别;另一方面,合同责任具有类似于侵权责任的'修复'功能,可以使债权人因合同的不履行而遭受的损失得以弥补"[1]。因信赖利益的特殊性,对其造成的损失只可能是财产利益损失,而对履行利益和维持利益的损害则可能是精神损害。

合同履行利益损失为非财产利益损害的这类合同,其债权人的主要目的是追求一定的非财产利益,或者说对非财产利益的追求重要性远远超过财产利益,即合同的履行利益主要是达到某种程度的非财产利益,典型的如旅游合同、婚庆服务合同、骨灰盒保管合同、观看演出合同等。在这类合同中,当事人对合同的期待实际上就是非违约方在合同得到履行后所应处的精神上的利益状态。比如在旅游合同中,旅客向旅行社支付费用,目的就是得到约定的旅游服务从而达到心理愉快和精神放松,此即其履行利益。如果旅行社违约而使这种目的无法实现,旅客受到的真正损失不仅是其已经支付的合同费用(这部分损失可以通过返还财产方式救济),更重要的是对合同得到履行后精神应处状态的履行利益的损害。虽然作为非财产利益其具有一定特殊性,然而只要该非财产利益是双方在订立合同时对合同的合理预期并能够成为合同的履行利益时,受损害的一方当事人就应该得到赔偿。因此,对于该类非财产损害,理所应当在合同责任中予以赔偿。并且随着时代的发展,以非财产利益为履行利益的合同也会不断地发展。

合同维持利益损失即固有利益损失,指违约方违反保护义务造成相对人的人身、财产的损害。即当事人可以通过约定主给付义务为精神利益的合同条款;另一方面,即便合同的主给付义务非为精神利益,但履约过程中负的顾及契约相对人人身、其他财产法益不受侵害也系不言自明的义务,在完全赔偿原则指引下,涉及身

---

〔1〕 尹田编著:《法国现代合同法》,法律出版社1995年版,第287~288页。

体、健康的损害，可能导致非财产利益损害，而且，此类损害甚至超过履行利益损害。作为对合同维持利益的损害所产生的非财产损害，如果其符合违约责任的构成要件，也应该提供合同法上的救济。这是由合同的利益构造所决定的，既然是合同法所保护的利益受到损害，那么也应该在合同责任的范围内予以适当赔偿。

实际上，违约责任与侵权责任的划分与违反义务的行为造成的是何种损害无关，无论是财产损害还是非财产损害，其意义仅在于说明两者所违反义务的来源与性质不同。因此，在违约责任中适用非财产损害赔偿，既可能是违反给付义务的后果，也可能是违反保护义务的后果。尤其后者是合同法向侵权法渗透的结果，也是合同义务扩展的必然结果。

责任竞合理论与完全赔偿原则冲突。确定损害赔偿范围时采完全赔偿原则为各国通例。具体的立法模式有的依因果关系、有的依可预见性、有的依过错程度。[1]《德国民法典》第 249 条第 1 项、《法国民法典》第 1149 条都表达了"完全赔偿"原则的含义。我国学者大多认为我国《合同法》第 113 条是有关完全赔偿原则的规定。[2]

通过损害赔偿使权利人恢复到合同订立以前的状态，或恢复到合同如期履行的状态，是大多数国家遵循的完全赔偿原则的必然要求。在侵权责任中，完全赔偿原则体现为对财产损害及人身伤害的赔偿；在违约责任中，完全赔偿原则如果仅仅体现为对财产损失的赔偿，将非财产损害排除在损害赔偿范围之外，则完全赔偿原则并非"完全"。在合同中，仅注重财产损失的赔偿，而忽视了人之所以为人的那些人格权益，忽视对主体自身的精神状态与人格尊严的保护，同样的精神痛苦因责任基础的不同而结果各异，是有违公平正义的。正如有的学者所言："人类通过主张权利来实现其物质和

---

〔1〕 韩世远：《合同法总论》，法律出版社 2004 年版，第 734 页。

〔2〕 参见江平主编：《民法学》，中国政法大学出版社 2003 年版，第 665 页；韩世远：《合同法总论》，法律出版社 2004 年版，第 734 页。

精神的存在，除了对外界事物及对自身的支配权外，还有诸如因为是人才属于人的那些权利和法益。因此，对精神的伤害特别对那些故意的蔑视人格和权利践踏，只要是不习惯于事实上无权利状态的人，无论对谁都将以精神痛苦的形式表现出来，并给予肉体上的痛苦同样的警告。"[1]这种精神痛苦并非只在不法情形下产生，违约行为同样可造成精神伤害。

根据完全赔偿原则，权利人受到非财产损害时，其非财产性利益（如精神状态）也应恢复到未受损害之前的状态或合同预期履行应达到的状态。违约中的非财产损害是客观存在的。排除对非财产损害的赔偿，权利人不可能恢复到权利未获损害前的状态，有违完全赔偿原则的正当性。

另外，立法和理论上还存在责任竞合制度。学者认为：从保护债权人的角度出发，应采用侵权行为与违约责任竞合理论，使债权人能依具体情况，选择对其最有利的根据请求损害赔偿。[2] 立法上，我国《合同法》第 122 条是有关责任竞合的规定，根据该规定：同一个违反民事义务的行为，既符合违约行为的要件，又构成侵权行为时，受害人只能择其一行使损害赔偿请求权。责任竞合理论，旨在合同中引入侵权救济，当违约行为构成侵权时，可依侵权救济制度保护受害人的人身、财产权益。然而责任竞合理论貌似赋予权利人完美的救济方式，其实存在严重漏洞，选择侵权救济则合同预期利益难获赔偿；选择违约救济则对自身固有利益无法请求赔偿。即无论选择哪种救济方式，权利人只能就部分损害提出赔偿请求。对此，即便那些反对非财产损害违约救济的学者也承认责任竞合制度的这类固有缺陷，即在某些情况下，受害人只能提出一种而不能提出两种请求，不能使受害人遭受的损失得到完全的补偿。[3]

---

〔1〕 胡艳香："违约精神损害赔偿的法理思考"，载《求索》2005 年第 12 期。

〔2〕 参见王利明：《违约责任论》，中国政法大学出版社 2003 年版，第 278 页；王家福主编：《中国民法学·民法债权》，法律出版社 1991 年版，第 169 页。

〔3〕 王利明：《违约责任论》，中国政法大学出版社 2003 年版，第 361 页。

此外，在违约责任与侵权责任竞合中，对于未获赔偿的那部分损害可否另行提起诉讼获得赔偿，学者之间仍有争议。[1] 我国司法实践中存在大量违约行为构成侵权的案件，大部分法院建议原告变合同之诉为侵权之诉，而那些坚持合同之诉的原告基本难以获得非财产损害赔偿。司法实践中的尴尬情形也是法律的模糊和学界的争议造成的。

因此，确立违约的非财产损害赔偿请求权才能实现对权利的周延保护。毕竟在民法体系中，如果不同当事人同样地受到非财产损害，却因责任基础不同而结果各异，依侵权可获赔而依违约却无法获赔，实在有违民法公平正义的法律价值。当然，在我们仍承认违约与侵权的二元救济的体系下，违约中构成侵权独立诉因的非财产损害仍可以侵权请求救济。此时，依靠侵权提供非财产损害赔偿足以维护受害人的合法权益，"只有当违约一方造成相对方的非财产损害，但致害行为本身不能成为独立的诉因时，非财产损害的合同救济才是合同正义的当然要求"[2]。

综上所述，在民法责任体系中，责任竞合理论难以完全保护权利人的履行利益和固有利益。在二元救济体系的前提下，需要寻求违约非财产损害赔偿的正当化。"有选择即是自由"，当违约行为构成侵权时，这类非财产损害可由侵权法施以救济，权利人可选择基于违约或侵权责任基础获得赔偿。若权利人选择侵权之诉，对合同履行利益的损害应另行提起违约之诉。此时，权利人并不会获得双重利益，因为赔偿内容并无重合部分：一为基于违约的履行利益，另一为基于侵权的固有利益。这种救济方式固然稍显复杂，但不能为了诉讼的简单化而牺牲实体法的科学体系，毕竟我们仍坚持违约与侵权的二元救济模式。只有在违约行为并不构成侵权的情形下，

〔1〕 肯定观点参考李永军：《合同法》，法律出版社 2005 年版，第 782 页；否定观点参考王利明：《违约责任论》，中国政法大学出版社 2003 年版，第 359 页。
〔2〕 周悦丽："违约非财产性损害赔偿的正当化证成"，载《政法论丛》2007 年第 5 期。

确立违约的非财产损害赔偿制度，才能弥补责任竞合理论的缺陷，周延保护权利人的各项权益。

合同法的可预见性规则适用于非财产损害赔偿。可预见性规则是反对非财产损害赔偿的一个有力的理由。在确立违约的非财产损害不予赔偿的英国先例"Addis 案"中，法官提出的一个很重要的理由就是"非财产损害无法被当事人在订约时合理预见"。[1] 可预见性规则又被称为应当预见规则，是指违约方承担赔偿责任，其范围不得超过他订立合同时所预见到或者应当预见到的损失的规则。[2] 可预见性规则是限制损害赔偿范围的一项重要标尺，大部分国家和地区均采用可预见性规则。[3] 我国《合同法》第 113 条第 1 款对可预见性规则作出了规定，但对于非财产损害是否一定无法被当事人在订约时合理预见仍存在疑问。

事实上，在有些合同中，非财产损害不仅是能预见到的，甚至比财产损害的预见要容易得多。在当事人订立合同的主要目的就是追求精神利益等非财产利益的情况下，因违约而导致的非财产损害是违约方在订立合同时应当而且完全可能预见到的。例如，在旅游合同中，旅游者不是为了获取某种经济利益，而是追求一种期待的精神享受，在旅途中观赏自然风光、人文景观，通过旅游活动、旅游项目丰富自己的人生经历，愉悦自己的精神世界；而旅行社作为专门从事旅游服务的工作机构，其对旅游者对此种特殊履行效果的期待在订立合同时是非常明确的，因此旅游者精神利益的满足是旅游合同本身所包含的基本和主要内容，也是旅行社应当提供的对价义务。因此导致旅游者的期待精神利益严重受损时，旅行社应该承担相应的违约责任，这是完全符合合同法的可预见性规则的。

---

〔1〕 程啸："违约与非财产损害赔偿"，载王利明主编：《民商法理论争议问题——精神损害赔偿》，中国人民大学出版社 2004 年版，第 204 页。

〔2〕 范在峰、张斌：《两大法系违约损害赔偿可预见性规则比较研究》，载《比较法研究》2003 年第 3 期。

〔3〕 参见韩世远：《合同法总论》，法律出版社 2004 年版，第 738 页。

在医疗整形服务合同中，提供整形服务的一方，对另一方委托实施的整形行为目的更是清楚无误的，对手术失败会给对方造成精神打击也是十分清楚的。因此，在"目的性合同"中，可预见性规则不仅不是阻却在违约责任中适用非财产损害的理由，而恰恰成为了应当适用的理由，因为这种情形下非财产损害是完全可以也应该预见到的。这种情形属于"预期利益＋可预见性"公式的涵摄范围。[1]

综上所述，在"目的性合同"中，非财产性利益不仅是合同的履行利益，违约人在订立合同时亦可预见到这类损害。即便那些不同意违约的非财产损害的学者，也认为在某些特殊的合同关系中，合同的履行与当事人的精神利益有密切的联系，甚至当事人订立合同的目的是为了满足某种精神利益，而违约方在缔约时也可能预见到其因违反合同可能造成受害人的精神损失。在这类特殊的合同关系中不能完全以可预见性规则解释对精神损害不予补救的合理性。[2] 因此，可预见性规则根本不能成为反对违约的非财产损害赔偿的理由，反而是肯定的理由之一。

我们认为，对债务不履行非财产损害赔偿的适用范围应当进行限制：

第一，纯商业合同中不适用非财产损害赔偿。一般来说，债务不履行导致的非财产损害赔偿仅存在于非商业合同中，这已成为大多数国家通行的做法。非财产损害在普通的商业交易中是不可能给予赔偿的，即使原告属于普通消费者。[3] 因为商业合同的双方当事人以追求经济利益最大化为目标，出于逐利的本能，如果违约行

---

〔1〕　参见李永军："非财产性损害的契约性救济及其正当性——违约责任与侵权责任的二元制体系下的边际案例救济"，载《比较法研究》2003年第6期。

〔2〕　参见王利明："违约责任和侵权责任的区分标准"，载《法学》2002年第5期。

〔3〕　[英] P. S. 阿狄亚：《合同法导论》，赵旭东等译，法律出版社2002年版，第470页。

人格权及其救济制度研究

为能使违约方在承担违约责任的同时获得更大的利益，其很可能会
选择违约，而违约的后果也只是承担经济上的赔偿责任，这是由商
事主体的特性所决定的——这也就是为什么说违约自由是契约自由
的当然内容。在这类合同中，尽管商事主体会因对方违约而遭受不
安与不便，但商事主体都是比一般消费者更具有商业头脑和风险意
识的，对商业风险有更高的承受能力，交易失败应当在其承受范围
之内。将商业合同与非商业合同进行区分是一个重要且必要的限制
规则，如果在纯粹的商业合同中也被允许给予精神损害赔偿，则任
何情感和不愉快都会得到赔偿，最终将使合同这一交易工具不堪重
负而走向死亡。[1]正如英国的 Bingham 法官在 "Watts v. Morrow"
案[2]中对于违约非财产损害赔偿的论述中说道：当法官面临违约
之诉中请求非财产损害赔偿时，应该根据当事人签订合同的目的来
裁判。如果合同目的不是为了商事交易的经济利益，而是为了追求
精神层面的愉悦、享受，更加注重人的身心价值，当出现违约情
形，合同目的严重不达，反而遭受严重精神困扰的，违约方应当承
担法律责任。

第二，适用非财产损害赔偿的合同类型。当然，在非商业合同
中，也并非所有的违约都需要适用非财产损害赔偿，对违约的非财
产损害赔偿需要进行类型化研究。在类型化的合同下建立起债务不
履行的非财产损害赔偿制度。对此，可以大致分为两类。

（1）与精神安宁紧密联系的合同。在运输合同、住宿合同、医
疗合同、特殊保管合同中，合同内容主要不是关于精神享受，但是
其与精神的安宁有非常紧密的联系。在这一类型合同中，合同履行
的利益部分或全部在于精神利益。当合同履行的利益部分在于精神
利益时，应当结合侵权精神损害赔偿的判断标准对违约而致的精神
损害进行考量；若合同履行的利益全部在于精神利益，当履行利益

---

〔1〕 李永军：《合同法》，法律出版社 2005 年版，第 783 页。
〔2〕 Watts v. Morrow [1991] 1 WLR 1421.

得不到满足时就应当得到赔偿，如骨灰盒保管合同等。这类合同主要包括下列几种：

第一，客运运输合同。客运运输合同的合同目的在于承运人为乘客提供安全便捷的行程，若承运人违约，尤其是违反安全保障义务的情形下，可能会造成乘客的人身损害和精神的刺激。在重大的交通事故中会导致人身体的严重损伤，同时也会伴随着精神损害，当损害达到严重程度时，请求精神损害赔偿是合理的。这样的判例在实践中已经出现。

第二，住宿合同。单纯的住宿合同中，双方当事人的权利义务明确，住宿人对住宿条件的基本要求是安全、安静，能够舒适地休息。这部分利益显然是非财产性的，一旦受到严重侵害，提供住宿的当事人应该承担包括精神损害在内的违约责任。

第三，医疗合同。医疗合同的目的则是为病患去除痛苦或提供更好的健康状态等，而如果医务人员违反诊疗规范，提供有瑕疵的诊疗服务，未能为患者除去病痛，甚至加剧其病痛时，精神损害是现实存在的。尤其在如整形、美容合同等与受治疗者的外观或与其精神状态关系重大的合同上，合同的目的主要体现为精神上的利益，一般而言，整形医疗的接受者是外表上有缺陷且心理上不能接受这种缺陷的人，而整形医疗一旦失败，可能会导致原缺陷的加重或增加新的缺陷，其后果的精神损害性是无可争辩的。但欲通过侵权责任救济，则其举证责任的困难性也是无法回避的。如果以违约责任涵括精神损害的救济，则传统如整形、美容等医疗合同救济制度的缺陷可得弥补。

第四，特殊保管合同，以保管的标的物的特殊性为特征。该类保管合同标的物本身的财产价值并非重要，重要的是标的物上依附的精神利益，委托人的利益在于保管物所具有的精神寄托功能。最典型、也是目前产生纠纷最多并被多个法院判决支持的是骨灰保管合同。当然，目前法院的判决多依据 2001 年施行的最高人民法院《关于确定民事侵权精神损害赔偿责任若干问题的解释》中提到的

"具有人格象征意义物品的毁损",并以侵权为由支持当事人的精神损害赔偿请求。毫无疑问,骨灰在悼念逝者、寄托哀思的活动中起到不可替代的作用,因为其是逝者在生者心中具有人格象征意义的纪念物,殡仪馆或陵园与逝者家属等签订的骨灰保管合同最重要的条款便是对骨灰盒的妥善保管。当骨灰盒及骨灰产生了毁损、灭失或其他损坏时,受委托人同时构成了违约和侵权,而根据《合同法》的规定,受害人只能在违约之诉与侵权之诉中任选其一提起诉讼,若请求了违约金的赔偿,那么精神损害赔偿的请求只可放弃或另案提起,这严重影响了诉讼的效率和公平性。在此类案件中,骨灰的毁损、灭失无疑构成违约,其损害后果几乎完全是精神损害,而相对于造成的精神伤害而言,骨灰盒本身的损失根本不值一提,这一点双方当事人在订立合同时都是心知肚明的。对于这类保管合同以违约之诉救济精神损害是合理的、正当的,也是必要的。

(2)关乎精神享受的合同。这类合同中,一方当事人订立合同的目的主要是为获得精神享受,合同内容是一方以通过一定的价金为对价以获取对方提供服务,进而满足其精神利益。主要包括下列几种:

第一,旅游合同。旅游合同是与违约非财产损害赔偿制度密切联系的一类合同,因为旅游合同主要以提供精神享受为目的,且并非必然与侵权行为法相联系。同时,由于受害方往往明显因被告的违约遭受精神上的损害,对此完全不予赔偿与起码的公平正义有违,因而在旅游合同中违约的非财产损害赔偿请求权比较容易得到支持。然而,我国由于立法上的空白,实践中法院的判决也并非一致,有的法院认可了旅游合同违约时的精神损害赔偿请求,有的法院则予以否定,因而表现出一定程度的混乱。而法院在决定是否准许受害人对违约行使非财产损害赔偿请求权时,往往拥有较大的自由裁量权。我国法院在旅游合同下的精神损害救济上表现出了与绝大多数国家不同的犹豫。[1]

实际生活中，导游擅自更改旅游路线使旅行变得艰难而无趣，合同中并未写明的购物活动被强加给游客的事件层出不穷，甚至还有旅客在旅行中被导游的行为激怒引发心脏病而身亡的惨痛事故。[2] 2013 年颁布的《中华人民共和国旅游法》仍然回避了违约精神损害赔偿事宜。旅游合同中义务的违反导致精神损害的根源在于合同的目的为精神享受，根据一般理论，合同的全部意义在于履行，在享受型合同中得不到享受，合同就并没有得到履行或履行有瑕疵，旅游者的利益应该得到填补，但违约金只能补偿合同的价金，不及于对旅游者精神上的抚慰，这不符合合同正义的价值。[3]

旅游合同中，旅游者、接受服务者付出金钱换取服务等非财产对价从而享受精神上的愉悦，在对方违约的情形下，应当被赋予提起精神损害赔偿之诉的权利。与上述精神安宁型合同类似，以旅游合同为代表的精神享受型合同的履行利益全部在于精神利益，在一方违约情形中，如果要满足对方的履行利益，那么精神损害赔偿的请求就是合理的。

第二，观看演出合同。一般而言，观看演出的主要目的是欣赏艺术、放松心情，合同内容的精神利益是明确的，提供演出服务一方如果违约，造成对方精神损害的后果也是显而易见的，所以观看演出合同也属于可得主张精神损害赔偿的合同。

第三，特殊服务合同。这类合同约定的内容是：提供的服务项

---

[1]　宁红丽："旅游合同研究"，载梁慧星主编：《民商法论丛（第 22 卷）》，金桥文化出版有限公司 2002 年版。

[2]　2010 年，来自湖南的 65 岁旅客陈某与太太参加"四天游"旅行团来港旅游，翌日随团到一家珠宝店购物。其间，陈某无意购物欲走出店外，遭导游阻止其离开，陈某与对方发生争执后心脏病发，在送院途中死亡。摘自中国新闻网："内地旅客'气死'香江 港府将彻查事件"，http://www.chinanews.com/ga/ga-stwx/news/2010/06-02/2319939.shtml，访问日期：2014 年 3 月 13 日。

[3]　参见周悦丽："违约非财产性损害赔偿的正当化证成"，载《政法论丛》2007 年第 5 期。

目本身包含有某种精神利益，负载重大感情价值，如婚庆服务合同，特殊加工承揽合同等。倘若婚庆公司提供的服务不符合约定，导致婚礼现场的照片、录像资料毁损或灭失；以及像实践中有饭店把新郎、新娘照片挂错导致婚礼无法按时举行的案例，这类情形提供服务的一方无疑构成违约，其行为本身也必然会给当事人造成无法弥补的精神损害。因此，在特殊服务合同中，违约方应当赔偿其违约行为给对方造成的精神损害。

以上是有关合同类型上对非财产损害赔偿的限制。除此之外，当然在绝大多数情况下，在违约精神损害赔偿的上述类型合同中，因合同本身的特殊性（一方享受服务，另一方取得价金）所决定，只有提供服务的一方违约时会对接受服务一方造成精神损害，而不是反过来，这是因为提供服务一方签订合同的目的是获得财产利益，所以一旦对方违约，使对方承担赔偿责任即可满足其利益，无精神损害赔偿适用余地。另外，债务不履行致非财产损害赔偿也只适用于接受服务一方当事人为自然人的合同中，而不包括双方都为法人或其他组织的情形，因为法人或其他组织并不具有精神损害品质。

3. 特定物品毁损时的精神损害

精神损害赔偿是伴随着人格权的发展而产生的，其目的在于对人格权受到的侵害提供救济，因此其主要是人格权的保护方法。如前所述，德国的非财产损害赔偿被严格限制，在范围上通常仅限于人格权保护。一般情况下，因物本身价值的可计算性，侵害物造成的损失，贯彻同质救济原则，能恢复原状者，首先适用恢复原状责任方式；在不能恢复时，以损失多少即赔偿多少为标准给予赔偿，当事人不能主张精神损害赔偿。但是，对于有些特殊物而言，在其上不仅存在经济意义上的价值，有些物的价值甚至不主要体现在经济意义上，而体现在精神意义上。物的毁损或灭失对于当事人的精神打击巨大，此时，如果仅以物的经济学价值予以赔偿，是不足于弥补受害人的损失的，所以最高人民法院《关于精神损害赔偿的解释》第 4 条规定："具有人格象征意义的特定纪念物品，因侵权行为而永久性灭失或者毁损，物品所有人以侵权为由，向人民法院起诉请求赔偿精神损害的，人民法院应当依法予以受理。"这种规范是具有创新性的，也是有法理基础的。只是这里的"特定物品"的范围不宜扩大，一般应指对受害人具有特定意义的物品，如定情物、结婚照、特殊纪念意义的物、与人身分离并欲用于专门用途的物、宠物等，此应由当事人举证并由法官根据一般社会观念判断，为防止泛滥，可采取适当列举方式限定。我国也有学者提出"具有人格利益的财产"概念，并认为其范围包括：具有人格象征意义的财产、寄托特定人情感的财产、源于特定人身体的财产和源于特定人智慧的知识产权。[1] 其观点值得赞同，但是这四种财产仍是抽象的，在具体案件中如何确认某一财产具有"人格利益"则应坚持——通常情况下——以一个理性人标准判断，对一般人而言该财产是否会存在人格利益。在例外的情况下，还必须注意个体差异：同样是一条"京巴狗"，对于不同的人来说意义会有巨大差异，在适用精神损害赔偿规则时都需考虑。但即便是这样，《侵权责任法》还是该内容予以删除。可喜的是，在制定民法典过程中，对《侵权责任编》的修改于三审稿第 960 条又将对"具有人身意义的特定物品"的侵害作为精神损害赔偿的客体，只不过在构成上限定为"故意或重大过失"。

（三）刑事附带民事诉讼中的精神损害赔偿

2002 年最高人民法院在给云南省高级人民法院的《关于人民法院是否受理刑事案件被害人提起精神损害赔偿民事诉讼问题的批复》（法释〔2002〕17 号）中明确规定：对于刑事案件被害人由于被告人的犯罪行为而遭受精神损失提起的附带民事诉讼，或者在该刑事案件审结以后，被害人另行提起精神损害赔偿民事诉讼的，人民法院不予受理。最高法院的这种态度是我国长期以来不认可刑事

---

〔1〕 易继明、周琼："论具有人格利益的财产"，载《法学研究》2008 年第 1 期。

附带民事诉讼案件的受害人有精神损害赔偿请求权的集中体现。

不同法律部门承担的社会功能不同，同一侵权行为可能同时侵犯了不同的社会利益，这些利益当事人或其代表均应从维护自己或其所代表人的利益出发提出诉讼，追究侵权人的不同法律责任。如果各法律责任可以互相代替，各国也无需指定那么多的部门法律，所以"打了不罚，罚了不打"的观念是错误的。正因如此，《民法通则》第 110 条才规定："对承担民事责任的公民、法人需要追究行政责任的，应当追究行政责任；构成犯罪的，对公民、法人的法定代表人应当依法追究刑事责任。"而上述"批复"意见明显违反法律规定。从另一方面讲，承担刑事责任可以免除民事责任，对受害人也是不公平的。在侵权行为给受害人造成精神损害时，由国家代表人民追究侵权人的刑事责任，拘束其行为自由或剥夺其生命，对受害人自然也是一种抚慰，但在实际生活中，这种抚慰往往不足救济受害人。所以，未来我国民法典应赋予受害人及其近亲属向侵害民事权利并构成犯罪或应承担行政责任的人请求精神损害赔偿的权利。

至于《侵权责任法》第 4 条规定："侵权人因同一行为应当承担行政责任或者刑事责任的，不影响依法承担侵权责任。因同一行为应当承担侵权责任和行政责任、刑事责任，侵权人的财产不足以支付的，先承担侵权责任。"这里的"侵权责任"应包括精神损害赔偿。

二、精神损害赔偿数额的确定

对于精神损害赔偿数额，因该损害本身的特点，只有少数国家规定了具体计算标准。英国针对特定的损害，规定了固定精神损害赔偿数额，如当事人配偶死亡或者失去父母时，精神损害赔偿的金额固定为 3500 英镑。[1] 也有些国家对精神损害赔偿规定一个最高限额，如瑞典法律规定，精神损害赔偿的最高数额为 1.9 万美元；《埃塞俄比亚民法典》第 2116 条规定：精神损害赔偿数额最高不能超过 1000 埃塞俄比亚元。规定限额不仅有防止精神损害赔偿数额泛滥的作用，也有防止人格商品化的作用，它使得精神损害赔偿被限定在抚慰的功能范围内，在一定程度上也便宜法官的司法统一。依照弗莱明（Fleming）的观点，采用最高限额的规定还有一个重要的政策上的考虑，即确定赔偿的标准金额有助于当事人和解，因为有人所共知的价目表，所以争议可以限制在较小的范围内。[2]这种观点所倡导的观念是值得重视的。由于精神损害本身具有的抽象性特点，每个案例中的受害人所遭受到的精神损害是不同的，可又都是无法做精确的横向比较的，因此，法律不可能像对待财产权救济那样设立明确具体的规范。可是如果没有任何限制，造成的后果可能更为混乱。

我国目前采取与大多数国家相同的做法，即综合案件的具体案情酌定赔偿数额。对于精神损害赔偿的数额问题，我国《民法通则》只在第 120 条确认了精神损害赔偿，但没有就赔偿数额作出任何规定；《侵权责任法》对此也没有明确规定。现在司法实践中，人民法院的适用依据是 2001 年最高人民法院《关于精神损害赔偿的解释》第 10 条的规定："精神损害的赔偿数额根据以下因素确定：①侵权人的过错程度，法律另有规定的除外；②侵害的手段、场合、行为方式等具体情节；③侵权行为所造成的后果；④侵权人的获利情况；⑤侵权人承担责任的经济能力；⑥受诉法院所在地平均生活水平。法律、行政法规对残疾赔偿金、死亡赔偿金等有明确规定的，适用法律、行政法规的规定。"还有第 11 条规定："受害人对损害事实和损害后果的发生有过错的，可以根据其过错程度减

---

〔1〕　转引自胡平：《精神损害赔偿制度研究》，中国政法大学出版社 2003 年版，第 272~273 页。

〔2〕　John G. Fleming, An Introduction to The Law of Torts, p. 127.

轻或者免除侵权人的精神损害赔偿责任。"可见，在确定财产性救济时，应当综合考虑以下因素：

1. 侵权行为人的主观过错

一般而言，在侵权法上，行为人的主观故意或过失是责任的成立要件，并不是确定赔偿数额时所考虑的因素。"在财产上损害采此原则，确有所据。至于非财产损害抚慰金之量定，加害人的故意过失（包括行为之动机及加害之方法）似有斟酌之必要。盖被害人苦痛、怨愤之慰藉与加害人故意过失之轻重具有密切之关系。在以预谋残酷手段毁人容貌之情形，被害人怨愤深，苦痛难忘，其因一时疏懈肇致伤害者，被害人容有宽恕之心，被害人感受有异，慰藉程度亦应有所不同也。"[1] 在侵权后果大致相同的情况下，过错类型及程度直接影响受害人的精神损害程度，在确定赔偿数额上自然也应有所区别。可见，在精神性人格权的财产性赔偿上，加害人的主观过错程度是确定赔偿数额时应当考虑的因素。不仅是加害人的主观过错对赔偿数额有影响，受害方的主观过错也对此产生影响，此即赔偿法上的"过失相抵"原则的适用。如果受害人对于损害的发生或扩大也存在过错，则法院可以根据其过错程度减轻或者免除加害人的赔偿义务。同时还应注意的是，按照《关于确定民事侵权精神损害赔偿责任若干问题的解释》第 10 条第 2 款的规定，当其他法律、行政法规另有规定时，则适用其他法律、行政法规的规定。比如高度危险作业侵权损害赔偿适用无过错责任，此时并不考虑当事人的主观过错程度如何。

2. 侵害的手段、场合、行为方式等具体情节

这与王泽鉴教授所说的"行为之动机及加害之方法"具有相似的意义，要求侵权人承担精神损害赔偿责任的一个重要方面，是基于对侵权人的侵害行为的可归责性及道德上的可责难性作出的法律

---

[1] 王泽鉴:《民法学说与判例研究（第二册）》，中国政法大学出版社 2003 年版，第 293~294 页。

评价。精神损害赔偿本身具有抚慰功能，也具有惩罚功能和一定的调整功能。因此，精神损害的后果及精神痛苦是多种因素造成的。加害人侵害的手段、场合和行为方式对于损害影响的范围和受害方的精神痛苦程度密切相关。在公开场合、采用残忍手段对他人实施侮辱、诽谤等就可以认定为侵权的道德上可谴责性较大，确定赔偿数额时就应当予以考量。在实际生活中，侵权的手段、场合、行为方式等对于财产损害赔偿影响不大，但这些具体情节却是对造成受害人心理创伤具有重要影响的因素，事实上，侵权行为的手段、场合及方式往往决定了精神损害的后果。

3. 侵权行为所造成的后果

对于侵权后果的判断，可以从两个方面加以考虑：一是侵权行为造成的社会影响，二是受害人自身的精神痛苦程度。精神痛苦是受害人的主观感受，可能会因人而异，并且在特殊情形下，比如受害人属于精神病人、未成年人等无法感知精神痛苦的人群，如何认定侵权行为对其所造成的后果就涉及精神损害后果即精神痛苦的客观化问题。"按精神上之痛苦系机能之自然反应，与常人之意识、意思能力之有无无关；精神上之痛苦，如因第三人之受侵害而发生时，多系基于感性之反应，与有无常人之意识，有无意思能力，有无知觉，乃属两事。因此，非财产上损害之认定宜从客观。"[1] 这一客观化的出路，在于以一般人在此情形下可能遭受的痛苦为准。当然这属于法官自由裁量的范畴，也就必然将法官的个人主观价值判断引入其中，进而造成赔偿结果不平衡的现象。为了克服这一缺陷，"惟若各法院能够适时公布其判决，判决理由并能详述算定慰抚金所斟酌之一切情事时，则必能逐渐形成类型，在某种程度上，对于促进慰抚金算定之客观化，当有重大助益。"[2]

---

〔1〕　曾世雄：《损害赔偿法原理》，中国政法大学出版社 2001 年版，第 295 页。
〔2〕　王泽鉴：《民法学说与判例研究（第二册）》，中国政法大学出版社 2003 年版，第 307 页。

4. 侵权人的获利情况

这主要是指对于一些具有财产因素或者商品化的人格权的侵害，需要综合考虑行为人在侵害他人人格权之后所获得的利益。侵权人的获利情况，可以在一定程度上反映出侵害人格权的影响范围和造成的精神痛苦的严重程度。

5. 侵权人承担责任的经济能力

是否应当将侵权人承担经济责任的能力作为确定精神损害赔偿数额的因素考虑，是引起争议较多的一个问题。持反对意见的人认为，将侵权人的经济承担能力作为确定精神损害赔偿金数额的依据，造成的直接后果是，实施同样侵权行为的人，有钱的就多赔，无钱的就少赔；对于受害者来说，受到有钱的行为人侵害，就可以多获赔偿，受到没有钱的行为人的侵害，就要少得赔偿或得不到赔偿，这种做法直接违反法律面前人人平等的原则。其实，这种观点是片面的。民法的一项基本功能就是平衡当事人之间的经济利益。其中的公平责任原则就是在特定情况下，授权法官基于公平的考虑，斟酌侵权人与受害人双方的经济情况，判令侵权人赔偿受害人一部或全部损失的一项法律规定，目的是使双方当事人之间失去的利益平衡得到恢复。精神损害有着许多不同于财产损害的特点，一是精神损害是无形的，其中本身无法以金钱数额的多少进行计量，因此，不能单纯以给付数量的多少体现判决是否公平；二是从精神损害抚慰金的功能上看，受害人是否从精神上得到满足，往往也不是由精神损害抚慰金的绝对数额决定的，只要能够给侵权人以惩罚，就能够起到安抚受害人的作用。如果受害人看到侵权人因为他的侵权行为而承担的责任对于其经济状况来说已经属于一种惩罚，常常能够感到安慰从而接受这样的裁决。相反，如果法院判决加害人支付的精神损害抚慰金远远超过其支付能力而使受害人得不到实际的赔偿，则不利于起到安抚受害人的作用，精神损害赔偿的另一个功能是调整作用，目的是平衡双方当事人之间的经济利益。如果法官在作出裁决时不考虑侵权人的责任承担能力，使判决的结果在当事人之间造成新的重大的利益失衡，就会使判决的执行变为不可能，从而导致人民法院裁决的公平性、公正性受损。

6. 受诉法院所在地平均生活水平

在我国，城乡之间、地区之间差别较大，各地的收入和生活水平等区别，都影响到加害人的赔偿能力。最高人民法院下发全国法院贯彻执行的《全国民事案件审判质量工作座谈会纪要》指出："各地在判令侵权人赔偿此类赔偿金（指精神损害赔偿金）的数额和标准时，要从国家经济社会和文化发展形势以及当时当地的实际情况出发，赔偿数额不宜过高，但允许经济发展状况不同的地区因地制宜确定不同的赔偿参数，以求做到既对侵权人的行为予以制裁……"并且，处理侵权赔偿纠纷案一般要适用侵权行为地法，但侵权行为地又可以分为侵权行为发生地和侵权行为结果地。根据民事诉讼法的规定，受害人可以选择在侵权行为发生地或侵权行为结果地提起民事诉讼。又由于侵权人和受害人可能分属两个不同的国家或地区，所以受诉法院常常在确定损害赔偿数额时就参考哪一地的平均生活水平而产生分歧。由于精神损害赔偿不同于财产损害赔偿，不需要针对受害人的实际经济损失的大小作出准确的裁决，本着诉讼经济的原则，为了免去法官就精神损害抚慰金数额作出裁决时考察受害人或侵权人住所地平均生活水平的麻烦，最高人民法院《关于确定民事侵权精神损害赔偿责任的解释》明确规定法官在确定精神损害抚慰金的数额时可以只将受诉法院所在地的平均生活水平作为考虑因素。当然，这样做的一个直接的后果就是可能产生相同的侵权事件由于城乡和地区的差别，最终的赔偿结果并不相同的不公平现象出现。

从上述分析可知，我国目前有关精神损害赔偿没有规定最高或者最低限额，这种既不"封顶"，也不"保底"的做法，有人认为更有利于对精神利益的保护，因为赔偿数额有很大弹性，在某种意义上也警示人们谨慎约束自己的行为。而时任最高人民法院民事主管的副院长唐德华解释道："因为案件千差万别，各地经济发展水平和生活水平也相差很大，而且社会还处在不断的发展变化之中，因此，应该由法官根据案件具体情况决定。"[1] 依据唐副院长的理解，精神损害的赔偿，是法官对加害行为的可归责性及其道德上的可谴责性，结合精神损害后果的严重程度作出的司法评价，所以，精神损害赔偿应当根据当地社会经济文化发展水平，考虑社会公众的认可程度，合理确定赔偿数额。精神损害赔偿的目的是抚慰受害人，同时也具有一定的教育惩戒侵权人的作用，因此将精神损害赔偿数额限定在一定范围内，是必要的，只是在我国这样一个社会文化、经济发展方面东西差距、城乡差距巨大的现实情况下，制定统一的精神损害赔偿标准或限额是行不通的。不如将此项任务交由各地法院，针对当地的实际情况具体确定[2]。上述观点及做法当然有一定道理，但是，这种做法也导致各地判决差异巨大，甚至同一地区内的法院作出的判决差异也十分巨大[3]，法律的严肃性受到了损害。所以为维护法律的统一，克服标准过分分散这一弊端，笔者认为可以考虑对精神损害赔偿设立一个最高和最低的限额。精神损害赔偿最高和最低限额的确定，并不是一成不变的，随着社会物质和精神文明程度的提高，精神损害赔偿最高数额呈上升趋势。确定此最高和最低限额应该与当时当地的社会发展和经济水平相联

〔1〕 唐德华主编：《最高人民法院〈关于确定民事侵权精神损害赔偿责任若干问题的解释〉的理解与适用》，人民法院出版社 2001 年版，第 5 页。

〔2〕 实际上，我国的司法实务界为了克服精神损害赔偿在数额上的无法可依以及法官的过大自由裁量权弊端，许多法院都"内部"规定了精神损害赔偿的最高数额。如北京市高级人民法院曾规定，名誉权案件的赔偿金额原则上不得超过 5000 元人民币；西安市中院对新闻侵害名誉权案件的赔偿掌握在 100 元～1000 元之间；上海市卢湾区法院对于肖像权侵权的赔偿数额一般掌握在 200 元以下；天津市各级法院对肖像权侵权赔偿掌握在 30 元～300 元之间。参见关今华：《精神损害的认定与赔偿》，人民法院出版社 1996 年版，第 529 页。

〔3〕 上海市曾就一起超市搜身侵害名誉权的案件作过判决，原告请求精神损害赔偿数额为 40 万元，一审法院认可了案件的事实，判决被告赔偿精神损害 25 万元，而二审法院同意损害事实却判决精神损害赔偿数额为 1 万元。我国还有些法院判决精神损害赔偿仅 1 元。

系，并尽量使两者相匹配，即使这个限额被实践证明可能过高或过低，亦可通过立法机关、司法解释和判例活动进行矫正。确定这种最高和最低限额不仅是出于实践上的需要，而且可以有效地节制法官自由裁量权的滥用。我们认为，确定限额幅度的原则是，最低点和最高点之间幅度要相当之大，裁量时灵活空间也要大，这样才不致发生偏差。另外，也可以参照德国法院的做法，德国为解决非财产损害赔偿的不确定性，避免出现反差太大的判决，从 20 世纪 50 年代开始，每年将各地法院有关精神损害赔偿的案例进行总结，列出案情概要、发生时间、地区、赔偿数额等，由最高人民法院公布，使各级法院能够参考使用。我国最高人民法院最近也在积极推进"案例指导制度"，一些省市的某些领域已经开始试点。精神损害赔偿问题实际上是比较适合采用"案例指导"的。

三、未来我国民法典中有关精神损害赔偿的制度的规范

总结上述分析，并参考各个国家和地区有关精神损害赔偿制度的规定模式，可以分析得出：对于精神损害赔偿，在法律规范中采用列举方式规定，并以法律明文规定为限制的做法是值得改进的，德国相关规定的演变充分证明了此点；而采取法国或日本的做法，用概括规定模式使精神损害赔偿得以广泛适用，在法理上有过于草率之嫌。"非财产上之损害，与财产上之损害，虽不能肯定其本属二事，但各自独具其特质，明显亦无法肯定二者系一体。概括主义下，将非财产上之损害与财产损害，原则上置于同一标准，体例上忽视非财产损害之特质应有之安排。"[1] 作为对非财产利益加以救济的重要法律制度，我国未来的民法典中，有关精神损害赔偿的制度结构应该在有一般规定的情况下，对于重要的、特别的客体内容通过列举的方式予以规定。包括以下内容：

---

〔1〕　曾世雄：《损害赔偿法原理》，中国政法大学出版社 2001 年版，第 327 页。

（一）精神损害赔偿的一般规定

从世界民法的发展趋势看，精神损害赔偿的范围正逐步扩大，虽然本人同意只有在法律有明文规定时，当事人始能提起精神损害赔偿请求，但完全寄希望于列举式的具体规范方式，很难覆盖新出现的利益要求，所以，我国应顺应时代发展的潮流，借鉴法国、瑞士、日本，甚至德国的经验，设立精神损害赔偿的一般条款。我国《侵权责任法》草案第二次审议稿第 24 条规定："故意侵害他人人格权、身份权，造成他人严重精神损害的，受害人可以请求精神损害赔偿。"该条规定被认为属于精神损害赔偿的一般性规定，但其存在的问题是：①条文位置处于物质性人格权之下，不符合逻辑。该草案第 23 条规定："侵害他人生命权、健康权，造成死亡的，受害人的近亲属可以请求精神损害赔偿；造成残疾的，受害人可以请求精神损害赔偿。"因生命权、健康权也属于人格权，所以，在该条又以"人格权"表述是与前一条之间存在逻辑问题的；②对于侵权行为普遍限制为"故意"太过严格，实际生活中，因对他人权利的疏忽导致严重后果的情况并非少见，精神损害赔偿的主要目的是对受害人的抚慰和补偿。不同的权利在内容和保护上应有所区别，是否以"故意"限制应视具体权利而定。而且，在制度内容的协调上，可以将过错问题作为赔偿数额考虑的因素，而不用在该一般条款中体现；③在结果上要求"严重"并无实际意义。2009 年通过的《侵权责任法》第 22 条规定："侵害他人人身权益，造成严重精神损害的，被侵权人可以请求精神损害赔偿。"该条规定较前述草案第 24 条的规定便有了进步，体现在并未坚持"故意"的构成要件，而将"过错"作为赔偿责任的考虑范畴，这在一定程度上是有利于被侵权人救济的。但该条仍坚持须为"严重精神损害"，有值得考量的空间。总体而言，《侵权责任法》关于精神损害赔偿的规定是相对单薄的。民法典草案《侵权责任编》（三审稿）第 960 条第 1 款规定"侵害自然人人身权益造成严重精神损害的，被侵权人有权请求精神损害赔偿。"该条规定较《侵权责任法》第 22 条的规定并未有进步。

除此之外，《民法总则》既然规定了"民事责任"章，其中却对精神损害责任只字未提，这显然没有道理。既然在侵权法中规定有精神损害赔偿责任，在个别合同的司法实践中也承认了精神损害赔偿，那么，在民法总则部分就应明确予以规定。有鉴于此，该条可以设计为："因侵害人格权导致精神损害的，受害人有权请求精神损害赔偿；因亲子关系、配偶关系以及其他近亲属关系遭受破坏，导致相对方精神损害的，受害人有权请求精神损害赔偿；对精神损害赔偿，法律、法规另有规定的，从其规定。"

（二）物质性人格权受到侵害时的精神损害赔偿规范

对于物质性人格权的精神损害赔偿问题，《侵权责任法》制定过程中，其草案二审稿第23条曾规定："侵害他人生命权、健康权，造成死亡的，受害人的近亲属可以请求精神损害赔偿；造成残疾的，受害人可以请求精神损害赔偿。"在物质性人格权中，除生命权外，我国学者比较热衷于详细区分身体权和健康权，事实上，在涉及精神损害赔偿问题上，区别身体伤害和健康损害意义不大，因为，只要侵权行为的结果被界定为其中任何一项都会导致侵权人负担法律责任。有鉴于此，有些国家立法上对身体权和健康权就不做区分，如《奥地利民法典》第1325条仅规定"身体伤害"，其含义为"一切对身体或精神健康或者身体完好性的不利影响"。《侵权责任法》最终选择了一个概括规范的模式，删除了对物质性人格权受到侵害时的精神损害赔偿请求权的单独规定。其实，在解释对于物质性人格权侵害的赔偿问题时，仍然要区分对生命权的侵害和对身体权、健康权的侵害，因为主张的主体不同了。就精神损害赔偿而言，受害人死亡的，其近亲属当然有精神损害赔偿请求权；在受害人伤残时，其本人享有精神损害赔偿请求权也无异议，有争议的是此时的近亲属是否有精神损害赔偿请求权。我们坚持，受害人伤残时，其近亲属也遭受了精神损害，法律也应赋予其精神损害赔偿请求权。

（三）精神性人格权受到侵害时的精神损害赔偿的规范

1. 侵害姓名权、肖像权的精神损害赔偿规范

姓名权与肖像权的功能体现于主体之间的相互区别，基于姓名权中姓名的非独占性，单纯的姓名权侵权并非常见，所以少有因过失侵害姓名权者。姓名权、肖像权往往与名誉权、荣誉权、隐私权相联系，此时，使用受害人姓名和肖像只是侵害其他权利的手段，这种情况下的姓名使用对于受害人和侵权人都不是主要的。所以，在姓名权和肖像权的保护问题上，应该严格限制精神损害赔偿的适用。从侵权责任构成上看，在侵权造成严重后果时，才赋予受害人精神损害赔偿权利。

在商品经济浪潮的推涌下，姓名、肖像的商业化程度越来越严重，与此同时，姓名权、肖像权侵权案件也呈增长态势。从实务角度分析，姓名权、肖像权侵权往往与经济利益有关，所以侵害姓名权、肖像权经济利益与精神损害往往交织在一起，在确定精神损害赔偿时，必须考虑两种利益救济的协调，在保护受害人利益的同时，也要注意对行为人的公平对待。笔者同意学者提出的在计算损害赔偿时，应当将商业化利用所获得的经济利益与受害人的精神损害分开计算的观点，但是不同意其所主张的行为人对受害人的肖像从事商业化的利用，所获得的利益本来应是受害人所获得的，并将该部分利益视为受害人的经济损失的观点。[1] 姓名权、肖像权侵权只在在造成严重精神损害后果时，才能提出精神损害赔偿。如果仅仅是因为履行肖像使用合同而产生的纠纷，则属于合同法规范内容，不能提出精神损害赔偿要求。

鉴于上述考虑，应该规定："侵害自然人姓名权、肖像权造成严重精神损害的，受害人有权请求精神损害赔偿。如果属于姓名、肖像使用合同纠纷的，不适用前款规定。"

---

〔1〕 王利明：《人格权法研究》，中国人民大学出版社 2005 年版，第 474~475 页。

2. 侵害名誉权、荣誉权、隐私权的精神损害赔偿规范

如前所述，名誉是社会对于特定当事人的综合评价。人生活在社会中，内心的感受总是与外界的评论密切联系的，要求社会的正当评价是人们的基本权利。侵害名誉权通常都会造成受害人的精神损害，因此，名誉权是精神损害赔偿的主要客体。当然，在理论上，王利明教授认为："名誉本身的损害虽然在广义上也是一种损害，但并不能够当然产生损害赔偿责任，因为从损害赔偿的类型来看，仅包括财产损害和精神损害，两种损害都要求在名誉权遭到损害之后引发了财产损害或精神损害，才能够对其赔偿。单纯的名誉受损，并没有引发此两种损害的，不能够主张赔偿。"王教授担心"如果名誉本身也可以作为赔偿的对象，将导致人格利益商品化的后果"，主张："如果名誉受损，没有产生财产损害或精神损害，只能够采取其他损害赔偿方式，而不能够采取恢复名誉等精神损害赔偿。"[1] 这种观点具有一定道理，但实际生活中，受害人名誉受损后是否受到精神损害很难区分。当然，基于名誉内容的广泛性，在精神损害赔偿制度中，可以将行为程度限制在"严重"范围内。具体表述为："以侮辱、诽谤以及其他方式侵害自然人名誉权情节严重的，受害人有权请求精神损害赔偿。"

因荣誉的授予性、可放弃性、可被剥夺性所决定，对于荣誉权的精神损害赔偿救济，也应该要求严格。其条文可以设计为："以非法剥夺荣誉称号等手段侵害他人荣誉权造成严重后果的，受害人有权请求精神损害赔偿。"

将来我国的民法典中，隐私权作为一项独立的人格权，必将占据重要地位，对隐私权的侵害法律应提供较充分的救济。在精神损害赔偿方面，应注意区分财产损害赔偿和精神损害赔偿，另外，不能如最高人民法院的司法解释那样，将侵害隐私权的精神损害赔偿作"违反社会公共利益、社会公德"限制，只要行为人因故意或者

---

〔1〕 王利明：《人格权法研究》，中国人民大学出版社 2005 年版，第 535 页。

过失非法披露他人隐私，造成精神损害的，即应赋予受害人精神损害赔偿权利。对侵害隐私权造成的精神损害救济规范可以为："因非法披露他人隐私，以及其他侵害隐私权的行为造成受害人精神损害的，受害人有权请求精神损害赔偿。"

3. 侵害自由权、贞操权的精神损害赔偿规范

对于自由权，侵权表现方式和损害程度差异巨大，所以，对于侵害自由权的精神损害赔偿应进行适度的限制："非法侵害自然人人身自由，造成严重精神损害的，受害人有权请求精神损害赔偿。"

贞操权受到侵害，通常会使受害人产生巨大的精神痛苦，在精神损害赔偿规范中，无需作"严重性"限制："以违背当事人意愿情形发生的性行为，受害人有权请求精神损害赔偿。"

（四）特定合同违约时的精神损害赔偿

如在前文"精神损害赔偿的客体"部分中所指出的那样，某些特定合同中的违约行为会给受害人造成精神损害后果，对此，法律仅以违约责任和侵权责任在理论上的"楚河汉界"为由拒绝给予精神损害赔偿是不合理的。我们应该借鉴国内外的司法实践经验，对于特定合同中的违约责任适用精神损害赔偿。当然，为防止该项权利的滥用，可以通过三方面限制：①在适用范围上，以法律规定为限。建议列举：旅游合同、观看演出合同、特定的委托录像、照相合同；②必须在适用财产性违约责任以及赔礼道歉等非财产责任仍不能充分救济受害人时适用精神损害赔偿；③在后果上，与第②项限制相协调，应要求精神损害后果严重。

具体条文可以设计为："在旅游合同、委托录影、照相合同，以及观看演出、游园活动以获取精神利益为内容的合同中，提供服务的合同当事人因违约而导致另一方严重精神损害时，受害人有权获得精神损害赔偿。"

值得注意的是：《人格权编》三审稿第779条明确规定了违约时的精神损害赔偿，该条规定："因当事人一方的违约行为，损害对方人格权造成严重精神损害，受损害方选择请求其承担违约责任

的，不影响受损害方请求精神损害赔偿。"这对精神损害赔偿制度而言是一个巨大的进步，但因其规定在人格权编，其适用范围是否仅限于有关人格权的合同关系，尚需明确。

（五）特定物品损害时的精神损害赔偿

对于特定物品损害时的精神损害赔偿肇始于 2001 年最高人民法院的《关于精神损害赔偿的解释》，但《侵权责任法》并没有予以接受，而在民法典制定过程中，《侵权责任编》在二审稿和三审稿中都重拾相关司法解释观点，明确"因故意或者重大过失侵害自然人具有人身意义的特定物造成严重精神损害的，被侵权人有权请求精神损害赔偿"。对此要注意的是，某一物品对不同的人意义不同，是否具有"人身意义"需个案研判。据此，对于特定物品的损害所导致的精神损害救济应当严格限制，具体制度规范可以为："对于当事人具有重大情感价值的特定物品，因侵权行为而造成毁损或灭失，受害人确有严重精神损害的，有权请求精神损害赔偿。"是否具有"重大情感价值"应由受害人证明，并经法院认可。

参考书目

一、专著类

1. 王利明主编：《人格权法新论》，吉林人民出版社 1994 年版。

2. 王利明：《人格权法研究》，中国人民大学出版社 2005 年版。

3. 王利明主编：《民法典·人格权法重大疑难问题研究》，中国法制出版社 2007 年版。

4. 王利明主编：《民法·侵权行为法》，中国人民大学出版社 1993 年版。

5. 王利明、杨立新、姚辉编著：《人格权法》，法律出版社 1997 年版。

6. 王利明主编：《中国民法典学者建议稿及立法理由·人格权编、婚姻家庭编、继承编》，法律出版社 2005 年版。

7. 梁慧星：《民法总论》，法律出版社 2017 年版。

8. 王泽鉴《民法学说与判例研究（第一册）》，中国政法大学出版社 1998 年版。

9. 王泽鉴：《民法学说与判例研究（第二册）》，中国政法大学出版社 1998 年版。

10. 王泽鉴：《民法学说与判例研究（第四册）》，中国政法大学出版社 2005 年版。

11. 王泽鉴：《民法总则》，中国政法大学出版社 2001 年版。

12. 张新宝：《侵权责任法原理》，中国人民大学出版社 2005 年版。

13. 张新宝：《名誉权的法律保护》，中国政法大学出版社 1997 年版。

14. 张新宝主编：《人身损害赔偿案件的法律适用》，中国法制出版社

2004 年版。

15. 李永军：《民法总论》，法律出版社 2006 年版。

16. 张俊浩主编：《民法学原理》，中国政法大学出版社 2000 年版。

17. 马俊驹：《人格和人格权理论讲稿》，法律出版社 2009 年版。

18. 唐德华主编：《最高人民法院〈关于确定民事侵权精神损害赔偿责任若干问题的解释〉的理解与适用》，人民法院出版社 2001 年版。

19. 张民安：《过错侵权责任制度研究》，中国政法大学出版社 2002 年版。

20. 胡平：《精神损害赔偿制度研究》，中国政法大学出版社 2003 年版。

21. 于敏：《日本侵权行为法》，法律出版社 1998 年版。

22. 徐开墅等编著：《民法通则概论》，群众出版社 1988 年版。

23. 佟柔等主编：《民法概论》，中国人民大学出版社 1982 年版。

24. 杨立新：《人身权法论》，中国检察出版社 1996 年版。

25. 杨立新：《侵权法论》，吉林人民出版社 2000 年版。

26. 杨立新：《侵权法论》，人民法院出版社 2004 年版。

27. 杨立新主编：《中国人格权法立法报告》，知识产权出版社 2005 年版。

28. 马特、袁雪石：《人格权法教程》，中国人民大学出版社 2007 年版。

29. 关今华：《精神损害的认定与赔偿》，人民法院出版社 1996 年版。

30. 黄松有主编：《最高人民法院人身损害赔偿司法解释的理解与适用》，人民法院出版社 2004 年版。

31. 黄松有主编：《侵权法司法解释实例释解》，人民法院出版社 2006 年版。

32. 张民安：《现代法国侵权责任制度研究》（第二版），法律出版社 2007 年版。

33. 邓曾甲：《日本民法概论》，法律出版社 1995 年版。

34. 史尚宽：《债法总论》，中国政法大学出版社 2000 年版。

35. 史尚宽：《民法总论》，中国政法大学出版社 2000 年版。

36. 龙显铭：《私法上人格权之保护》，中华书局 1949 年版。

37. 邱聪智：《新订民法债编通则（上）》，中国政法大学出版社 2003

年版。

38. 刘春堂：《判解民法总则》，台湾三民书局 1984 年版。

39. 王伯琦编著：《民法总则》，台北中正书局 1979 年版。

40. ［德］克雷斯蒂安·冯·巴尔：《欧洲比较侵权行为法（上卷）》，张新宝译，法律出版社 2001 年版。

41. ［德］克雷斯蒂安·冯·巴尔：《欧洲比较侵权行为法（下卷）》，焦美华译、张新宝审校，法律出版社 2001 年版。

42. ［美］文森特·R. 约翰逊：《美国侵权法》，赵秀文等译，中国人民大学出版社 2004 年版。

43. ［德］马克西米利安·福克斯：《侵权行为法》，齐晓琨译，法律出版社 2006 年版。

44. ［德］迪特尔·梅迪库斯：《德国债法总论》，杜景林、卢谌译，法律出版社 2004 年版。

45. ［德］卡尔·拉伦茨：《德国民法通论》，谢怀栻等译，法律出版社 2003 年版。

46. ［意］彼德罗·彭梵得：《罗马法教科书》，黄风译，中国政法大学出版社 1992 年版。

47. ［英］丹宁勋爵：《法律的未来》，刘庸安、张文镇译，法律出版社 1999 年版。

二、论文类

1. 郑永流："人格、人格的权利化和人格权的制定法设置"，载《法哲学与法社会学论丛》，北京大学出版社 2005 年版。

2. 梁慧星："制定民法典的设想"，载《现代法学》2001 年第 2 期。

3. 梁慧星："中国民法典编纂中的几个问题"，载《人民法院报》2003 年 4 月 30 日。

4. 姚辉、邱鹏："论侵害生命权之损害赔偿"，载王利明主编：《民法典·人格权法重大疑难问题研究》，中国法制出版社 2007 年版。

5. 姚辉："民法上的'停止侵害请求权'——从两个日本判例看人格权保护"，载《检察日报》2002 年 6 月 25 日。

6. 姚辉："人格权的研究"，载杨与龄主编：《民法总则争议问题研究》，台湾五南图书出版公司 1998 年版。

7. 王利明："人格权制度在中国民法典中的地位"，载《法学研究》
2003 年第 2 期。

8. 申政武："论人格权及人格损害的赔偿"，载《中国社会科学》1990
年第 2 期。

9. 马俊驹、张翔："人格权的理论基础及其立法体例"，载《法学研
究》2004 年第 6 期。

10. 马俊驹："论人格权的支配权性质"，载王卫国主编：《21 世纪中国
民法之展望》。

11. 薛军："人格权的两种基本理论模式与中国的人格权立法"，载
《法商研究》2004 年第 4 期。

12. 尹田："论人格权的本质——兼评我国民法草案关于人格权的规
定"，载《法学研究》2003 年第 4 期。

13. 尹田："论人格权独立成编的理论漏洞"，载《法学杂志》2007 年
第 5 期。

14. 米健："人格权不宜独立成编"，载《人民法院报》2004 年 10 月 15 日。

15. 袁雪石："人格权不宜独立成编？——与米健先生商榷"，载《人
民法院报》2004 年 11 月 12 日。

16. 张新宝："人格权法的内部体系"，载《法学论坛》2003 年第 6 期。

17. 周晨、张惠虹："中德民法中一般人格权制度之比较"，载《德国
研究》2003 年第 2 期。

18. 史浩明："关于名誉权法律保护的几个理论和实践问题"，载《学
术论坛》1990 年第 3 期。

19. 郭林等："试论我国民法对死者名誉权的保护"，载《上海法学研
究》1991 年第 6 期。

20. 陈爽："浅论死者名誉与家庭名誉"，载《法学研究生》1991 年第
1 期。

21. 易继明、周琼："论具有人格利益的财产"，载《法学研究》2008
年第 1 期。

22. 姜作利："美国合同法中的精神损害赔偿探析"，载《法学论坛》

2001 年第 6 期。

23. 陈明添等："精神损害赔偿法律关系之客体探究"，载《福建政法管理干部学院学报》2002 年第 3 期。

24. 沈晓鸣："完善我国现行精神损害赔偿制度的若干构想"，载《法律适用》2004 年第 5 期。

25. 郭林登："试论我国民法对死者名誉权的保护"，载《上海法学研究》1991 年第 6 期。

26. 孙加峰："依法保护死者名誉的原因及方式"，载《法律科学（西北政法学院学报)》1991 年第 3 期。

27. 齐晓琨："'索拉娅案'评注——德国民法中对损害一般人格权的非物质损害的金钱赔偿"，载《现代法学》2007 年第 1 期。

28. 韩赤风："德国非财产损害赔偿制度的最新发展及其启示"，载《人民司法》2007 年第 9 期。

29. 韩赤风："精神损害赔偿制度的划时代变革——《德国民法典》抚慰金条款的调整及其意义与启示"，载《比较法研究》2007 年第 2 期。

30. 葛云松："死者生前人格利益的民法保护"，载《比较法研究》2002 年第 4 期。

31. 邵世星："间接受害人制度初探"，载《国家检察官学院学报》2001 年第 4 期。

32. 孙鹏："'生命的价值'——日本死亡损害赔偿的判例与学说"，载《甘肃政法学院学报》2005 年第 4 期。

33. 陈现杰："《关于确定民事侵权精神损害赔偿责任若干问题的解释》的理解与适用"，载《人民司法》2001 年第 4 期。

34. 林存柱："我国死亡赔偿制度的演变与趋势"，载《东岳论丛》2004 年第 4 期。

35. 朱晔："论人身损害赔偿请求权与继承"，载《环球法律评论》2006 年第 2 期。

36. 胡春丽："精神损害赔偿法定性的突破与扩张"，载王利明总主编、杨立新主编：《民商法理论争议问题——精神损害赔偿》，中国人民大学出版社 2004 年版。

37. 刘国涛：“死者生前人格利益民法保护的法理基础——读《死者生前人格利益的民法保护》后的再思考”，载《比较法研究》2004年第 4 期。

38. 杨立新、王海英、孙博：“人身权的延伸法律保护”，载《法学研究》1995 年第 2 期。

39. 王泽鉴：“人格权的具体化及其保护范围·隐私权篇（上）”，载《比较法研究》2008 年第 6 期。

40. 孙森森：“论贞操权之侵害”，载《法令月刊》，第 25 卷第 1 期。

41. 陈计男：“论人格权之侵害与损害赔偿案例研究”载《法令月刊》第 25 卷地 3 期。

42. ［日］星野英一：“私法中的人”，王闯译，载梁慧星主编：《为权利而斗争：梁慧星先生主编之现代世界法学名著集》，中国法制出版社 2000 年版。

43. ［日］加藤一郎：“抚慰金的比较法研究”，载《比较法研究》1987 年版。

44. ［日］加藤一郎：“民法的解释与利益衡量”，梁慧星译，载梁慧星主编：《民商法论丛第 2 卷——谢怀栻先生从事民法五十周年特辑》法律出版社 1994 年版。

45. ［德］霍尔斯特·埃曼：“德国民法中的一般人格权制度——论从非道德行为到侵权行为的转变”，邵建东等译，载梁慧星主编：《民商法论丛》，金桥文化出版有限公司 2002 年版。

46. ［德］汉斯·哈腾鲍尔：“民法上的人”，孙宪忠译，载《环球法律评论》2001 年第 4 期。

三、外文资料

1. John G. Fleming, *An Introduction to The Law of Torts*.

2. International Encyclopedia of Comparative Law, Torts, Consequence of Liability Remedies.

3. Fuchs, Deliktsrecht, Springer Verlag, Berlin, 5. Aufl. 2004.